A*t*V

Katzen gelten als unabhängig und klug, und das wissen sie selbstverständlich. Man sagt ihnen nach, daß sie neun Leben hätten. Manche von ihnen müssen jedoch lange suchen und recht bittere Erfahrungen machen, bis sie endlich ein gutes Katzenleben am warmen Kaminfeuer gefunden haben. Aber sie sind dann auch bereit, es zu verteidigen und für Herrchen oder Frauchen einzutreten, selbst mit mörderischen Methoden. Natürlich geht immer alles gut aus, zumindest aus der Sicht der Katze oder des Katers.

Miau! Mio!

Die frechsten Katzengeschichten

Herausgegeben von
Lesley O'Mara

Aufbau Taschenbuch Verlag

Titel der Originalausgabe
Greatest Cat Stories

Aus dem Englischen, Amerikanischen und Französischen

ISBN 3-7466-1337-X

2. Auflage 1997
© Aufbau Taschenbuch Verlag GmbH, Berlin 1997
Greatest Cat Stories © 1993 by Michael O'Mara Books Limited
Hinweise zu den Inhabern der Original- und Übersetzungsrechte am
Schluß des Bandes
Umschlaggestaltung Torsten Lemme
unter Verwendung einer Illustration von Superbild
Satz LVD GmbH, Berlin
Druck Elsnerdruck GmbH, Berlin
Printed in Germany

Inhalt

Teresa Crane
Dieser verdammte Kater 7
Deutsch von Elga Abramowitz

Gottfried Keller
Spiegel, das Kätzchen 17

Stella Whitelaw
Der Vorstadtlöwe. 55
Deutsch von Justine Hubert

Charles Perrault
Der gestiefelte Kater 66
Deutsch von Ulrich Friedrich Müller

James Herriot
Olly und Ginny 72
Deutsch von Elga Abramowitz

Margery Sharp
Die Amethystkatze. 77
Deutsch von Elga Abramowitz

Jane Beeson
Der Wolf und die Katzen 92
Deutsch von Heidi Scheuerle

Lynne Bryan
Katzengespräche 110
Deutsch von Elga Abramowitz

Dinah Lampitt
Piccolo Mac 119
Deutsch von Heidi Scheuerle

Rudyard Kipling
Die Katze geht ihre eigenen Wege 137
Deutsch von Hans Rothe

Charles McPhee
Die Katze im Feigenbaum 148
Deutsch von Barbara Woite

Elisabeth Beresford
Impeys neun Leben 156
Deutsch von Elga Abramowitz

Brenda Lacey
Der Eindringling 174
Deutsch von Barbara Woite

Charlotte Wallace
Der Glücksbringer 178
Deutsch von Elga Abramowitz

Peggy Bacon
Der Schneider und sein Kätzchen 189
Deutsch von Heide Scheuerle

Mark Twain
Dick Baker und sein Kater 193
Deutsch von Otto Wilck

Ann Granger
Der Geist vor dem Kamin 197
Deutsch von Elga Abramowitz

Ernest Thompson Seton
Die Müllkatze 215
Deutsch von Max Pannwitz

Era Zistel
Mildred 246
Deutsch von Elga Abramowitz

Teresa Crane
Dieser verdammte Kater

Es wäre wirklich nicht so schlimm gewesen, hätte sich der Kater nicht als ein so unverschämter Tyrann erwiesen. Von Anfang an terrorisierte er meine arme kleine Tabs, die sich noch nie hatte behaupten können und die mit dem Umzug und dem schwierigen Sich-Anpassen an eine fremde Umgebung weiß Gott schon fast überfordert war. Jedesmal, wenn sie sich vor der Haustür blicken ließ, fiel das verdammte Biest über sie her. Außerdem war er ein frecher Dieb; zweimal fand ich das elende Geschöpf auf dem Küchentisch, wo es sich an Resten, die meine wohlerzogene Tabs nicht einmal im Traum angerührt hätte, genüßlich gütlich tat. Es war ein riesiges und, das muß ich zugeben, schönes Tier, schwarz wie die Sünde, mit hellgrünen Augen, die wie Lampen in seinem unverschämten Gesicht leuchteten, und einem buschigen Schwanz, den es wie eine Fahne aufrecht trug. Ach, es gab keinen Zweifel daran, wer in den Gärten von Hill View Cottages der Herrscher war.

Seit drei Wochen wohnte ich jetzt in Nr. Fünf am Ende der Häuserzeile, und immer noch in einem fürchterlichen Durcheinander. Das Häuschen war winzig; zwei Zimmer und ein Badezimmer oben, ein Zimmer und eine Küche unten. Nach der klaustrophobischen und gartenlosen Stadtwohnung, die in den letzten zwei Jahren unser Heim gewesen war, fanden Tabs und ich es herrlich.

Der einzige wirkliche Nachteil war dieser verdammte Kater.

Er kam aus dem Haus Nr. Eins am anderen Ende der Straße. Er verachtete Einrichtungen wie Katzentüren, und oft sah man ihn auf den kleinen Apfelbaum vor Nr. Eins hinaufklettern und sich durch das Küchenfenster hineinzwängen – offensichtlich seine bevorzugte Methode, sich Einlaß zu verschaffen, denn bereits zweimal war es ihm auf diese Art gelungen, den Rest meines Abendessens zu stehlen. Sein Besitzer war die Woche über nicht oft da, nur an den Wochenenden hatte ich ihn manchmal erspäht, meist in der Sonne in einem alten Liegestuhl ausgestreckt, die Füße hochgelegt, auf einer gerodeten Stelle in dem verwilderten Dickicht, das als Garten gelten mochte, die Nase in einem Buch und ein sehr großes Glas Bier neben sich. Kein Wunder, daß der gesegnete Kater ein Räuber und Rohling war.

An jenem dritten Wochenende, nachdem ich den größten Teil des Sonnabends damit verbracht hatte, Tabs' eingerissenes Ohr zu baden und ihre verständlicherweise arg strapazierten Nerven zu beruhigen, war meine Geduld fast erschöpft, so daß ich, als ich aus dem Dorfladen zurückkam und den jungen Mann in seinem Garten sah, nahe daran war, ihm ein paar deutliche Worte hinsichtlich der terroristischen Aktivitäten seines Lieblings zu sagen. Doch meine guten Manieren – gemischt vielleicht mit einem Gran Feigheit – trugen den Sieg davon. Ich begnügte mich damit, sein Winken zu erwidern und sein fröhliches Grienen mit der, wie ich hoffte, schwachen Andeutung eines außerordentlich frostigen Lächelns, und steuerte weiter auf meine eigene Gartenpforte zu. Ich bin nie für Zusammenstöße, außer wenn mein Geduldsfaden wirklich reißt, und ich überlegte mir, daß es wohl kaum ratsam wäre, mein Dasein in Nr. Fünf mit einer heftigen Auseinandersetzung mit einem meiner Nachbarn zu beginnen, obwohl der Anblick von Tabs' eingerissenem Ohr und ihrem verzweifelten Ausdruck, als ich durch die Küchentür ins Haus trat, mir meinen Entschluß sehr schwer machte.

Ich verbrachte den Tag so, wie ich seit meinem Einzug jeden Tag jedes Wochenendes verbracht hatte: mit dem Auspacken von Teekisten, die immer noch in jeder freien Ecke des Häuschens aufgestapelt standen. Ich konnte mich nicht bewegen, ohne über irgend etwas zu fallen. Das einzige, was meine frühere Wohnung aufzuweisen hatte, waren Regale; das einzige, was Nummer Fünf nicht hatte, waren Regale. Überall lagen Bücher, Zeitschriften und Stapel von Papier herum. Ich stand gerade auf dem winzigen Treppenabsatz und versuchte aus ein paar Ziegeln und zwei Brettern, die ich im Schuppen gefunden hatte, etwas halbwegs Brauchbares zu bauen, da ließ mich ein Knall im Erdgeschoß heftig zusammenfahren. Die Ziegel wakkelten. Das Brett, das ich so vorsichtig balanciert hatte, rutschte auf den Boden und riß dabei die Haut an meinen Händen auf. Ich schrie, fluchte und steckte einen mit Splittern gespickten Finger in den Mund. Einen Augenblick später raste Tabs die Treppe hoch und wischte an mir vorbei, als wären Höllenhunde hinter ihr her. Ich trapste die enge Treppe hinunter und in die Küche, und dort stand, wie ich es vermutet hatte, der Feind, riesengroß und unglaublich frech, und leckte die Milch auf, die aus einem umgekippten Glaskrug vom Tisch auf den gefliesten Boden rann.

»Verdammter Kater!« Ich stürzte auf ihn zu.

Ich schwöre, er griente mich an, bevor er, ein schwarzer Streifen, durch die Tür verschwand, am Haus entlang lief und den Gartenweg hoch zur Gartenpforte sprintete. Ich keifte wie ein Fischweib und sann auf Rache. Ich packte die nächste Waffe – einen großen Holzlöffel – und rannte hinter ihm her. »Verdammtes Biest! Ich mach Hackfleisch aus dir, du Satan!« Ich hielt inne.

Auf der anderen Seite der kurzen Straße, schräg gegenüber von Nummer Fünf, stand ein kleines, gepflegtes, aus Ziegeln gebautes Einfamilienhaus mit Lattenzaun und Gartentor. Es gehörte einer reizenden älteren Dame, die mir immer nur freundlich begegnet war, seit ich vor drei Wochen mit zwei großen, von ungeübten Fahrern gelenkten gemieteten Möbelwagen und handverlesenen lärmenden Freunden hier erschienen war, um in Nummer Fünf einzuziehen. Damals war mir der Gedanke gekommen, daß sie, obwohl sie uns sehr entgegenkommend mit Tee und Nizza-Keksen versorgt hatte, vielleicht doch einige Zweifel gehegt haben mochte, ob ich eine angenehme Nachbarin sei; der Gedanke kam mir jetzt wieder, als ich, puterrot vor Anstrengung und Wut, vor meiner Gartentür stehen blieb.

Mrs. Lovelace, eine Baumschere in der Hand, blickte auf und lächelte freundlich.

»Guten Morgen«, sagte ich strahlend, nach Atem ringend. »Immer noch so herrliches Wetter!«

Der Kater hob arrogant seinen buschigen Schwanz, griente und stolzierte anmutig die Straße hinunter.

»Das stimmt, meine Liebe.« Die alte Dame blieb ganz gelassen. Man hätte meinen können, daß sie morgens sehr oft mit aufgelösten, schmutzigen und aufgebrachten jungen Frauen konfrontiert wurde, die in offenkundig böser Absicht Holzlöffel schwangen.

Der Kater sprang leichtfüßig auf die Gartenpforte von Nummer Eins, balancierte mit der Eleganz eines Seiltänzers oben entlang und ließ sich dann auf dem Türpfosten nieder, den Schwanz anmutig geringelt, ein Bild reiner Unschuld im Sonnenschein.

Hinter mir, aus meiner Küche, kam leises Klirren und dann ein Krachen. Zu spät begriff ich, daß ich in meinem Verlangen, dem Kater den Hals umzudrehen, nicht stehengeblieben war, um den Glaskrug aufzuheben. Nach dem Geräusch zu schließen, gab es jetzt keinen Krug mehr.

Das reichte. Grimmig steckte ich den Holzlöffel in die Hosentasche meiner Jeans, öffnete die Gartenpforte, lächelte Mrs. Lovelace so liebenswürdig zu, wie es mir möglich war – keine kleine Leistung, wenn man bedenkt, daß ich nichts Geringeres als einen Mord beabsichtigte –, und ging die Straße entlang auf Nummer Eins zu.

Der Kater saß da, völlig gelassen, und sah mich auf sich zukommen. Erst im letzten Augenblick entschied er, Vorsicht sei vielleicht doch der bessere Teil der Tapferkeit, und mit einer kleinen verächtlichen Schwanzbewegung sprang er von dem Türpfosten auf den Apfelbaum und verschwand durch das Küchenfenster.

»Hallo, hallo!« Die Stimme wenigstens klang angenehm, und angenehm war auch das Lächeln, daß die Begrüßung begleitete. Der junge Mann nahm die Füße von dem umgestülpten Bierkasten, auf dem sie gelegen hatten, schwang lange Beine auf die eine Seite und erhob sich aus dem Liegestuhl. Sein braunes Haar war ungekämmt und ein bißchen zu lang, er hatte blaue Augen, und er war groß und schlank, eine Kombination, die mich unter anderen Umständen vielleicht beeindruckt hätte. Doch in diesem Augenblick war ich nicht in der Stimmung, mich beeindrucken zu lassen. »Sie sind die neue Nachbarin, nicht wahr? Aus Nummer Fünf?« Er bedachte mich wieder mit einem durchaus gewinnenden Lächeln. »Was kann ich für Sie tun? Die traditionelle

Tasse Zucker? Einen Viertelliter Milch? Oder –« er zeigte auf das Glas neben dem Liegestuhl, und nochmals erschien das entwaffnende Lächeln –«möchten Sie sich zu mir setzen und ein Glas Bier mit mir trinken?«

»Nein«, sagte ich, meinen Zorn zügelnd. »Nein, vielen Dank. Ich bin nicht gekommen, um mir etwas auszuleihen. Und ganz bestimmt nicht, um ein Bier zu trinken. Ich komme, so ungern ich das tue, um mich zu beschweren. Über diesen – diesen Terroristen, den Sie vermutlich als Kater bezeichnen.«

Das Lächeln verschwand. Er sah ziemlich verblüfft aus.

»Diesen schwarzen Teufel, der nicht weit von hier dasitzt – um genau zu sein, auf dem Fensterbrett Ihres Küchenfensters – und so aussieht, als könnte er kein Wässerchen trüben«, fügte ich mit hilfreicher Freundlichkeit hinzu.

»Ah«, sagte er, »ah ja.« Er musterte mich aufmerksam. »Der Bursche kann ziemlich lästig sein, nicht wahr?«

»Lästig?« Ich war empört. »Wenn das nicht die Untertreibung des Jahres ist, dann weiß ich nicht! Er hat meine kleine Tabs terrorisiert, sie von einem Pfosten zum andern gejagt, ihre Ohren in Fetzen gerissen, mein Essen gestohlen, meine Küche verwüstet, meinen Lieblingskrug zerbrochen –!« Zorn und Atem versiegten ungefähr im selben Augenblick, und ich hielt inne. »Nennen Sie das: ziemlich lästig?«

Er sah mich mit verdächtig glänzenden Augen an.

»Finden Sie das etwa komisch?« fragte ich so ruhig, wie ich vermochte.

»Nein, nein, natürlich nicht!« Die Worte wurden hastig hervorgestoßen. Zu hastig. Das Lachen, das er, wie ich deutlich sah, zu unterdrücken versuchte, brach plötzlich hervor. Ich stand da, zu Eis erstarrt und in keiner Weise amüsiert, während er vor Lachen fast erstickte.

»Sie finden das also komisch«, sagte ich schließlich, so beherrscht, daß ich wirklich stolz auf mich war.

»Nein. Ehrenwort, ich finde es nicht komisch.« Es gelang ihm, seinen Worten ein besänftigendes Quentchen Ernst zu verleihen. »Es ist nur – na, unter anderem fragte ich mich, was Sie mit dem Ding da tun wollten?« Er zeigte auf den Holzlöffel.

Den hatte ich ganz vergessen. Mit soviel Würde, wie ich aufzubringen vermochte – zugegebenermaßen war es nicht viel –, zog ich ihn aus meiner Tasche. »Damit wollte ich dem Kater eins überziehen«, sagte ich.

»Natürlich. Und was sonst würden Sie mit einem so großen Löffel tun?«

Sonderbarer- und ärgerlicherweise mußte diesmal ich gegen ein Lachen ankämpfen.

Er spreizte seine großen, anziehenden, langfingerigen Hände. »Passen Sie auf – können wir nicht noch einmal von vorn beginnen? Ich bin Tom Marsden. Und ich freue mich, Sie kennenzulernen. Ganz offen gesagt, versuche ich seit drei Wochen, Sie kennenzulernen. Und das mit dem Katerrowdy tut mir leid, es tut mir wirklich aufrichtig leid. Ich werde ihn zu einem Gehorsamkeitslehrgang schicken oder so etwas. Die meisten Leute würden ihn verdreschen und rauswerfen, aber ich weiß besser als die meisten, daß man ihn zuerst mal kriegen muß. Warten Sie – bitte – wollen Sie nicht auf ein Bier bleiben? Oder möchten Sie ein Glas Wein? Es ist nicht gerade ein Spitzenwein, aber er ist durchaus trinkbar.«

Ich zierte mich ganze zehn Sekunden lang. Sein Lächeln war wirklich sehr anziehend. »Na – vielleicht ein Gläschen –«

Nach einem kleinen Glas und zwei ziemlich großen Gläsern Wein hatten wir eine ganz angenehme Beziehung zwischen uns hergestellt. Als er mich dann zum Essen einlud, waren wir fast schon Freunde. Ich mußte die Einladung ablehnen, doch es geschah mit echtem Bedauern.

»Ehrlich: ich habe so viel zu tun. Es gibt kein einziges Regal in dem ganzen Haus, es müssen Vorhänge angebracht werden – und wenn auch meine alte Wohnung nicht gerade riesig war, so habe ich doch mit der Zeit alle möglichen Dinge angesammelt und immer Platz gefunden, sie irgendwo unterzubringen. Hier herrscht noch ein fürchterliches Durcheinander.« Ich zuckte die Achseln. »Es tut mir leid, aber ich muß wirklich erst mal ein bißchen Ordnung schaffen, oder ich werde noch im Chaos untergehen –«

Wir standen an der Gartenpforte. »Na gut. Vielleicht an einem anderen Tag?«

Ich nickte. Seine Augen waren wirklich sehr blau.

»Rufen Sie mich, wenn Sie Hilfe brauchen.«

Ich nickte wieder.

»Vielleicht könnten wir irgendwann zuammen was trinken gehen? Hier im Dorf gibt's einen ganz netten Pub.«

»Ja. Das wäre fein.« Aus irgendeinem sonderbaren Grund schien ich im Boden Wurzeln geschlagen zu haben. Das war natürlich der Wein. Ich sollte wirklich nicht mehr als ein Glas auf leeren Magen trinken. »Also, ich verschwinde jetzt.«

»Okay.«

Diesmal gelang es mir, mich umzudrehen und die Straße zurückzugehen. Die Sonne brannte warm auf meinen Rücken, eine Amsel sang im Apfelbaum. Ich erwiderte Mrs. Lovelaces Lächeln mit breitem Grienen. An meiner Gartenpforte blieb ich stehen und blickte zurück. Tom stand immer noch da und beobachtete mich. Als ich mich umsah, hob er eine Hand. Ich tat dasselbe.

Er schien wirklich ein recht interessanter junger Mann zu sein.

Aber keine Bange, sagte ich mir, als ich an der Küchentür stand und auf das Trümmerfeld blickte, den verdammten Kater habe ich noch nicht vergessen.

Ich tat nicht mal so, als wäre ich überrascht, als Tom später am Nachmittag bei mir aufkreuzte.

Ich stand wieder auf dem Treppenpodest und vollbrachte gerade einen gefährlichen Balanceakt mit einem Stapel Bücher und meinen Behelfsregalen, da hörte ich seine Stimme von unten aus der Küche. »Hallo? Ist da wer?«

»Ich bin hier oben.«

Sein Kopf und seine Schultern wurden sichtbar. »Sie haben was vergessen.«

»So?«

»Einen ziemlich großen Holzlöffel. Sie haben ihn bei mir liegen lassen.«

Unwillkürlich mußte ich lächeln. »Danke.«

»Und –« Er kam ein paar Stufen hoch und zog mit Schwung einen Strauß frischgepflückter, in Zeitungspapier gewickelter

Rosen hervor, den er auf dem Rücken gehalten hatte – »eine Entschuldigung vom Terroristen. Er verspricht, sich in Zukunft zu benehmen.«

Etwas an seinem Lächeln, der helle Glanz seiner Augen, lenkte offenbar meine Aufmerksamkeit ab. »Ich glaube es erst, wenn ich es sehe«, sagte ich und ließ die Bücher los.

Wie es vorauszusehen war, brach mein sorgfältig austariertes Bauwerk aus Ziegelsteinen und Brettern zusammen. Die Bücher rutschten auf den Boden, blieben dort wild verstreut liegen oder stürzten lawinenartig durch die Stäbe des Treppengeländers und die Treppe hinunter. Wir sahen stumm zu, bis das Erdbeben vorüber und auch der letzte Band zur Ruhe gekommen war.

Tom hob den Kopf und sah mich mit hochgezogenen Augenbrauen an.

»Zurück ans Reißbrett«, sagte ich.

Er betrachtete das Chaos, das ihn umgab, und drückte mir die Rosen durch die Geländerstäbe in die Hand. »Mir scheint«, sagte er, »Sie brauchen Hilfe. Habe ich recht?«

Nun, ich glaube, man könnte sagen, damit war die Sache besiegelt. Tom verbrachte den Nachmittag damit, sehr intelligente Dinge aus Stützen und Brettern zusammenzubasteln, während ich die Fußböden schrubbte und die Fenster putzte. Wir aßen am Küchentisch ein chinesisches Fertiggericht und entdeckten unsere gemeinsame Passion für Dvořák und Dire Straits. Wir stritten uns freundschaftlich über Politik, Religion und die beste Art, Spaghetti zu kochen, und mit mehr Leidenschaft über die jämmerliche Leistung der englischen Kricket-Mannschaft. Ich nahm seine Einladung zum Essen für den nächsten Tag an. Montag abend kam er zum Abendessen zu mir, und am Dienstag küßte er mich, als wir vom »Weißen Hirsch« nach Hause gingen.

Das zeigt: man weiß nie, was um die Ecke lauert. Wenn ich daran denke, was ich immer über die doch wohl idiotische Vorstellung von Liebe auf den ersten Blick gesagt habe ...

Am nächsten Wochenende schlug das Wetter um, und es wurde sehr kalt. Die Temperatur entsprach ganz und gar nicht der Jahreszeit. Als ich nach Hause kam, fand ich einen unten durch die Tür geschobenen Zettel vor: »Feuer brennt. Essen ist im Herd. Kommen Sie? T.«

Ich nahm eine Flasche und Kerzen und ging zu ihm.

Toms kleines, unordentliches Wohnzimmer mit seinen bunten Brücken und Büchern und seinen alten, verwohnten Möbeln sah so anheimelnd aus wie eine Weihnachtskarte. Die Vorhänge waren zugezogen, das Feuer prasselte im Kamin.

Der Kater, glatthaarig, schwarz und mit schläfrigen Augen, Herr über alles, was er überblickte, saß vor dem Kamin.

»Ich meine«, sagte ich und sah ihn durch mein Weinglas hindurch an, »daß unter den gegebenen Umständen du und ich das Kriegsbeil begraben sollten.«

Der Kater erwiderte nichts.

»Ich muß zugeben, dein Betragen hat sich in letzter Zeit etwas gebessert. Obwohl ich einen bestimmten Verdacht habe hinsichtlich der Sardinen, die am Donnerstag aus meiner Speisekammer verschwunden sind.«

Der Kater hob eine Pfote, betrachtete sie, leckte sie sorgfältig und behutsam.

Ich hielt ihm mein Glas entgegen. »Also. Auf einen neuen Anfang! Ich weiß, ich schulde dir einen Gefallen, aber treibe es nicht zu weit. Okay?«

Der Kater stand auf, gähnte, streckte sich, spreizte die Pfoten und sah mich mit funkelnden Augen an.

»Ich kenne nicht mal deinen Namen. Wie lautet er? Ich muß gestehen, du siehst nicht nach Miez oder Mauz aus.«

Stille. Dann sagte Tom hinter mir. »Nur weiter. Sag der Dame, wie du heißt.« Er legte eine Hand auf meine Schulter, und ich legte lächelnd meine Hand auf seine.

»Er spielt Rumpelstilzchen«, sagte ich. »Er verrät es mir nicht. Muß ich den ganzen Abend lang raten?«

»Höchstwahrscheinlich«, sagte Tom, »denn er wird sich den Namen ganz bestimmt nicht entlocken lassen. Warum nennen wir ihn nicht einfach Cupidus, und damit basta?« Immer noch meine Hand haltend, kam er um die Couch herum und setzte sich neben mich.

»Ja, aber – wie heißt er denn nun wirklich?«

Tom legte seinen Arm um meine Schultern und rückte näher. »Keine Ahnung«, sagte er und küßte mich.

»Was meinst du damit, du hast keine Ahnung? Du mußt doch den Namen deines Katers kennen!«

Er schob den Mund an mein Ohr und flüsterte etwas hinein.

»Wenn du dich dazu überwinden kannst«, sagte ich nach einem Augenblick, sein Lachen unterbrechend, »mir die Lektion zu ersparen, daß man nicht voreilig Schlüsse ziehen soll, dann könnte ich in Erwägung ziehen, dir zu vergeben, daß du mich angelogen hast.«

»Ich habe nicht gelogen, mein Liebling.« Sein Atem war warm und sanft in meinem Ohr. »Wenn du dich bitte erinnern willst: *ich* habe nie gesagt, daß er mein Kater ist. *Du* hast das gesagt. Ich habe es nur nicht geleugnet, damit du nicht mit deinem Holzlöffel woandershin ziehst. Also gib es zu – es wäre doch jammerschade gewesen, nicht wahr?«

Unleugbar wahr. Und während wir begannen, das zu beweisen, wärmte das Biest von Kater, das eigentlich der netten Mrs. Lovelace gehörte, seinen unverschämten Rücken an unserem Feuer und sah uns mit unverkennbarem Besitzerstolz an.

Gottfried Keller
Spiegel, das Kätzchen
Ein Märchen

Wenn ein Seldwyler einen schlechten Handel gemacht hat oder angeführt worden ist, so sagt man zu Seldwyla: Er hat der Katze den Schmer abgekauft! Dies Sprichwort ist zwar auch anderwärts gebräuchlich, aber nirgends hört man es so oft wie dort, was vielleicht daher rühren mag, daß es in dieser Stadt eine alte Sage gibt über den Ursprung und die Bedeutung dieses Sprichwortes.

Vor mehreren hundert Jahren, heißt es, wohnte zu Seldwyla eine ältliche Person allein mit einem schönen, grau und schwarzen Kätzchen, welches in aller Vergnügtheit und Klugheit mit ihr lebte und niemandem, der es ruhig ließ, etwas zuleide tat. Seine einzige Leidenschaft war die Jagd, welche es jedoch mit Vernunft und Mäßigung befriedigte, ohne sich durch den Umstand, daß diese Leidenschaft zugleich einen nützlichen Zweck hatte und seiner Herrin wohlgefiel, beschönigen zu wollen und allzusehr zur Grausamkeit hinreißen zu lassen. Es fing und tötete daher nur die zudringlichsten und frechsten Mäuse, welche sich in einem gewissen Umkreise des Hauses betreten ließen, aber diese dann mit zuverlässiger Geschicklichkeit; nur selten verfolgte es eine besonders pfiffige Maus, welche seinen Zorn gereizt hatte, über diesen Umkreis hinaus und erbat sich in diesem Falle mit vieler Höflichkeit von den Herren Nachbaren die Erlaubnis, in ihren Häusern ein wenig mausen zu dürfen, was ihm gerne gewährt wurde, da es die Milchtöpfe stehenließ, nicht an die Schinken hinaufsprang, welche etwa an den Wänden hingen, sondern seinem Geschäfte still und aufmerksam oblag und, nachdem es dieses verrichtet, sich mit dem Mäuslein im Maule anständig entfernte. Auch war das Kätzchen gar nicht scheu und unartig, sondern zutraulich gegen jedermann und floh nicht vor vernünftigen Leuten; vielmehr ließ es sich von solchen einen guten Spaß gefallen und selbst ein bißchen an den Ohren zupfen, ohne zu kratzen; dagegen ließ es sich von einer Art dummer Menschen, von welchen es behauptete, daß die Dummheit aus einem unreifen und nichtsnutzigen Herzen käme, nicht das mindeste gefallen und ging ihnen entweder aus dem Wege oder versetzte ihnen einen ausreichenden Hieb über die Hand, wenn sie es mit einer Plumpheit molestierten.

Spiegel, so war der Name des Kätzchens wegen seines glatten und glänzenden Pelzes, lebte so seine Tage heiter, zierlich und beschaulich dahin, in anständiger Wohlhabenheit und ohne Überhebung. Er saß nicht zu oft auf der Schulter seiner freundlichen Gebieterin, um ihr die Bissen von der Gabel wegzufangen, sondern nur, wenn er merkte, daß ihr dieser Spaß angenehm war; auch lag und schlief er den Tag über selten auf seinem warmen Kissen hinter dem Ofen, sondern hielt sich munter und liebte es eher, auf einem schmalen Treppengeländer oder in der Dachrinne zu liegen und sich philosophischen Betrachtungen und der Beobachtung der Welt zu überlassen. Nur jeden Frühling und Herbst einmal wurde dies ruhige Leben eine Woche lang unterbrochen, wenn die Veilchen blühten oder die milde Wärme des Alteweibersommers die Veilchenzeit nachäffte. Alsdann ging Spiegel seine eigenen Wege, streifte in verliebter Begeisterung über die fernsten Dächer und sang die allerschönsten Lieder. Als ein rechter Don Juan bestand er bei Tag und Nacht die bedenklichsten Abenteuer, und wenn er sich zur Seltenheit einmal im Hause sehen ließ, so erschien er mit einem so verwegenen, burschikosen, ja liederlichen und zerzausten Aussehen, daß die stille Person, seine Gebieterin, fast unwillig ausrief: »Aber Spiegel! Schämst du dich denn nicht, ein solches Leben zu führen?« Wer sich aber nicht schämte, war Spiegel; als ein Mann von Grundsätzen, der wohl wußte, was er sich zur wohltätigen Abwechslung erlauben durfte, beschäftigte er sich ganz ruhig damit, die Glätte seines Pelzes und die unschuldige Munterkeit seines Aussehens wiederherzustellen, und er fuhr sich so unbefangen mit dem feuchten Pfötchen über die Nase, als ob gar nichts geschehen wäre.

Allein dies gleichmäßige Leben nahm plötzlich ein trauriges Ende. Als das Kätzchen Spiegel eben in der Blüte seiner Jahre stand, starb die Herrin unversehens an Altersschwäche und ließ das schöne Kätzchen herrenlos und verwaist zurück. Es war das erste Unglück, welches ihm widerfuhr, und mit jenen Klagetönen, welche so schneidend den bangen Zweifel an der wirklichen und rechtmäißigen Ursache eines großen Schmerzes ausdrücken, begleitete es die Leiche bis auf die Straße und strich den ganzen übrigen Tag ratlos im Hause und rings um dasselbe her. Doch seine gute Natur, seine Vernunft und Philosophie geboten ihm bald, sich zu fassen, das Unabänderliche zu tragen und seine dankbare Anhänglichkeit an das Haus seiner toten Gebieterin dadurch zu beweisen, daß er ihren lachenden Erben seine Dienste anbot und sich bereit machte, denselben mit Rat und Tat beizustehen, die Mäuse ferner im Zaume zu halten und überdies ihnen manche gute Mitteilung zu machen, welche die Törichten nicht verschmäht hätten, wenn sie eben nicht unvernünftige Menschen gewesen wären. Aber diese Leute ließen Spiegel gar nicht zu Worte kommen, sondern warfen ihm die Pantoffeln und das artige Fußschemelchen der Seligen an den Kopf, sooft er sich blicken ließ, zankten sich acht Tage lang untereinander, begannen endlich einen Prozeß und schlossen das Haus bis auf weiteres zu, so daß nun gar niemand darin wohnte.

Da saß nun der arme Spiegel traurig und verlassen auf der steinernen Stufe vor der Haustüre und hatte niemand, der ihn hineinließ. Des Nachts begab er sich wohl auf Umwegen unter das Dach des Hauses, und im Anfang hielt er sich einen großen Teil des Tages dort verborgen und suchte seinen Kummer zu verschlafen; doch der Hunger trieb ihn bald an das Licht und nötigte ihn, an der warmen Sonne und unter den Leuten zu erscheinen, um bei der Hand zu sein und zu gewärtigen, wo sich etwa ein Maulvoll geringer Nahrung zeigen möchte. Je seltener dies geschah, desto aufmerksamer wurde der gute Spiegel, und alle seine moralischen Eigenschaften gingen in dieser Aufmerksamkeit auf, so daß er sehr bald sich selber nicht mehr gleichsah. Er machte zahlreiche Ausflüge von seiner Haustüre aus und stahl sich scheu und flüchtig über die Straße, um manchmal mit einem schlechten, unappetitlichen Bissen, dergleichen er früher nie angesehen, manchmal mit gar nichts zurückzukehren. Er wurde von Tag zu Tag magerer und zerzauster, dabei gierig, kriechend und feig; all sein Mut, seine zierliche Katzenwürde, seine Vernunft und Philosophie waren dahin. Wenn die Buben aus der Schule kamen, so kroch er in einen verborgenen Winkel, sobald er sie kommen hörte, und guckte nur hervor, um aufzupassen, welcher von ihnen etwa eine Brotrinde wegwürfe, und merkte sich den Ort, wo sie hinfiel. Wenn der schlechteste Köter von weitem ankam, so sprang er hastig fort, während er früher gelassen der Gefahr ins Auge geschaut und böse Hunde oft tapfer gezüchtigt hatte. Nur wenn ein grober und einfältiger Mensch daherkam, dergleichen er sonst klüglich gemieden, blieb er sitzen, obgleich das arme Kätzchen mit dem Reste seiner Menschenkenntnis den Lümmel recht gut erkannte; allein die Not zwang Spiegelchen, sich zu täuschen und zu hoffen, daß der Schlimme ausnahmsweise einmal es freundlich streicheln und ihm einen Bissen darreichen werde. Und selbst wenn er statt dessen nun doch geschlagen oder in den Schwanz gekniffen wurde, so kratzte er nicht, sondern duckte sich lautlos zur Seite und sah dann noch verlangend nach der Hand, die es geschlagen und gekneift und welche nach Wurst oder Hering roch.

Als der edle und kluge Spiegel so heruntergekommen war, saß er eines Tages ganz mager und traurig auf seinem Steine und blinzelte in der Sonne. Da kam der Stadthexenmeister Pineiß des Weges, sah das Kätzchen und stand vor ihm still. Etwas Gutes hoffend, obgleich es den Unheimlichen wohl kannte, saß Spiegelchen demütig auf dem Stein und erwartete, was der Herr Pineiß etwa tun oder sagen würde. Als dieser aber begann und sagte: »Na, Katze! Soll ich dir deinen Schmer abkaufen?« da verlor es die Hoffnung, denn es glaubte, der Stadthexenmeister wolle es seiner Magerkeit wegen verhöhnen. Doch erwiderte es bescheiden und lächelnd, um es mit niemand zu verderben: »Ach, der Herch Pineiß belieben zu scherzen!« – »Mitnichten!« rief Pineiß, »es ist mir voller Ernst! Ich brauche Katzenschmer vorzüglich zur Hexerei; aber er muß mir vertragsmäßig und freiwillig von den werten Herren Katzen abgetreten werden, sonst ist er unwirksam. Ich denke, wenn je ein wackeres Kätzlein in der

Lage war, einen vorteilhaften Handel abzuschließen, so bist es du! Begib dich in meinen Dienst; ich füttere dich herrlich heraus, mache dich fett und kugelrund mit Würstchen und gebratenen Wachteln. Auf dem ungeheuer hohen alten Dache meines Hauses, welches nebenbei gesagt das köstlichste Dach von der Welt ist für eine Katze, voll interessanter Gegenden und Winkel, wächst auf den sonnigsten Höhen treffliches Spitzgras, grün wie Smaragd, schlank und fein in den Lüften schwankend, dich einladend, die zartesten Spitzen abzubeißen und zu genießen, wenn du dir an meinen Leckerbissen eine leichte Unverdaulichkeit zugezogen hast. So wirst du bei trefflicher Gesundheit bleiben und mir dereinst einen kräftigen brauchbaren Schmer liefern!«

Spiegel hatte schon längst die Ohren gespitzt und mit wässerndem Mäulchen gelauscht; doch war seinem geschwächten Verstande die Sache noch nicht klar, und er versetzte daher: »Das ist soweit nicht übel, Herr Pineiß! Wenn ich nur wüßte, wie ich alsdann, wenn ich doch, um Euch meinen Schmer abzutreten, mein Leben lassen muß, des verabredeten Preises habhaft werden und ihn genießen soll, da ich nicht mehr bin?« – »Des Preises habhaft werden?« sagte der Hexenmeister verwundert, »den Preis genießest du ja eben in den reichlichen und üppigen Speisen, womit ich dich fett mache, das versteht sich von selber! Doch will ich dich zu dem Handel nicht zwingen!« Und er machte Miene, sich von dannen begeben zu wollen. Aber Spiegel sagte hastig und ängstlich: »Ihr müßt mir wenigstens eine mäßige Frist gewähren über die Zeit meiner höchsten erreichten Rundheit und Fettigkeit hinaus, daß ich nicht so jählings von hinnen gehen muß, wenn jener angenehme und ach! so traurige Zeitpunkt herangekommen und entdeckt ist!«

»Es sei!« sagte Herr Pineiß mit anscheinender Gutmütigkeit, »bis zum nächsten Vollmond sollst du dich alsdann deines angenehmen Zustandes erfreuen dürfen, aber nicht länger! Denn in den abnehmenden Mond hinein darf es nicht gehen, weil dieser einen vermindernden Einfluß auf mein wohlerworbenes Eigentum ausüben würde.«

Das Kätzchen beeilte sich zuzuschlagen und unterzeichnete einen Vertrag, welchen der Hexenmeister im Vorrat bei sich führte, mit seiner scharfen Handschrift, welche sein letztes Besitztum und Zeichen besserer Tage war.

»Du kannst dich nun zum Mittagessen bei mir einfinden, Kater!« sagte der Hexer, »Punkt zwölf Uhr wird gegessen!« – »Ich werde so frei sein, wenn Ihr's erlaubt!« sagte Spiegel und fand sich pünktlich um die Mittagsstunde bei Herrn Pineiß ein. Dort begann nun während einiger Monate ein höchst angenehmes Leben für das Kätzchen; denn es hatte auf der Welt weiter nichts zu tun, als die guten Dinge zu verzehren, die man ihm vorsetzte, dem Meister bei der Hexerei zuzuschauen, wenn es mochte, und auf dem Dache spazierenzugehen. Dies Dach glich einem ungeheuren schwarzen Nebelspalter oder Dreiröhrenhut, wie man die großen Hüte der schwäbischen Bauern nennt, und wie ein solcher Hut ein Gehirn voller Nücken und Finten überschattet, so bedeckte dies Dach ein großes, dunkles und winkliges Haus voll Hexenwerk und Tausendgeschichten. Herr Pineiß war ein Kann-alles, welcher hundert Ämtchen versah, Leute kurierte, Wanzen vertilgte, Zähne auszog und Geld auf Zinsen lieh; er war der Vormünder aller Waisen und Witwen, schnitt in seinen Mußestunden Federn, das Dutzend für einen Pfennig, und machte schöne schwarze Dinte; er handelte mit Ingwer und Pfeffer, mit Wagenschmiere und Rosoli, mit Heftlein und Schuhnägeln, er renovierte die Turmuhr und machte jährlich den Kalender mit der Witterung, den Bauernregeln und dem Aderlaßmännchen; er verrichtete zehntausend rechtliche Dinge am hellen Tag um mäßigen Lohn und einige unrechtliche nur in der Finsternis und aus Privatleidenschaft oder hing auch den rechtlichen, ehe er sie aus seiner Hand entließ, schnell noch ein unrechtliches Schwänzchen an, so klein wie die Schwänzchen der jungen Frösche, gleichsam nur der Possierlichkeit wegen. Überdies machte er das Wetter in schwierigen Zeiten, überwachte mit seiner Kunst die Hexen, und wenn sie reif waren, ließ er sie verbrennen; für sich trieb er die Hexerei nur als wissenschaftlichen Versuch und zum Hausgebrauch, so wie er auch die Stadtgesetze, die er redigierte und ins reine schrieb, unterderhand probierte und verdrehte, um ihre Dauerhaftigkeit zu ergründen. Da die Seldwyler stets einen solchen Bürger brauchten, der alle unlustigen kleinen und großen Dinge für sie tat, so war er zum Stadthexenmeister ernannt worden und bekleidete dies Amt schon seit vielen Jahren mit unermüdlicher Hingebung und Geschicklichkeit, früh und spät. Daher war sein Haus von unten bis oben vollgestopft mit allen erdenklichen Dingen, und Spiegel hatte viel Kurzweil, alles zu besehen und zu beriechen.

Doch im Anfang gewann er keine Aufmerksamkeit für andere Dinge als für das Essen. Er schlang gierig alles hinunter, was Pineiß ihm darreichte, und mochte kaum von einer Zeit zur anderen warten. Dabei überlud er sich den Magen und mußte wirklich auf das Dach gehen, um dort von den grünen Gräsern abzubeißen und sich von allerhand Unwohlsein zu kurieren. Als der Meister diesen Heißhunger bemerkte, freute er sich und dachte, das Kätzchen würde solcherweise recht bald fett werden, und je besser er daranwende, desto klüger verfahre und spare er im ganzen. Er baute daher für Spiegel eine ordentliche Landschaft in seiner Stube, indem er ein Wäldchen von Tannenbäumchen aufstellte, kleine Hügel von Steinen und Moos errichtete und einen kleinen See anlegte. Auf die Bäumchen setzte er duftig gebratene Lerchen, Finken, Meisen und Sperlinge, je nach der Jahreszeit, so daß da Spiegel immer etwas herunterzuholen und zu knabbern vorfand. In die kleinen Berge versteckte er in künstlichen Mauslöchern herrliche Mäuse, welche er sorgfältig mit Weizenmehl gemästet, dann ausgeweidet, mit zarten Speckriemchen gespickt und gebraten hatte. Einige dieser Mäuse konnte Spiegel mit der Hand hervorholen, andere waren zur Erhöhung des Vergnügens tiefer verborgen, aber an einen Faden gebunden, an welchem Spiegel sie behutsam hervorziehen mußte, wenn er diese Lustbarkeit einer nachgeahmten Jagd genießen wollte. Das Becken des Sees aber füllte Pineiß alle Tage mit frischer Milch, damit Spiegel in der süßen seinen Durst lösche, und ließ gebratene Gründlinge darin schwimmen, da er wußte, daß Katzen zuweilen auch die Fischerei lieben. Aber da nun Spiegel ein so herrliches Leben führte, tun und lassen, essen und trinken konnte, was ihm beliebte und wann es ihm einfiel, so gedieh er allerdings zusehends an seinem Leibe; sein Pelz wurde wieder glatt und glänzend und sein Auge munter; aber zugleich nahm er, da sich seine Geisteskräfte in gleichem Maße wieder ansammelten, bessere Sitten an; die wilde Gier legte sich, und weil er jetzt eine traurige Erfahrung hinter sich hatte, so wurde er nun klüger als zuvor. Er mäßigte sich in seinen Gelüsten und fraß nicht mehr, als ihm zuträglich war, indem er zugleich wieder vernünftigen und tiefsinnigen Betrachtungen nachging und die Dinge wieder durchschaute. So holte er eines Tages einen hübschen Krammetsvogel von den Ästen herunter, und als er denselben nachdenklich zerlegte, fand er dessen kleinen Magen ganz kugelrund angefüllt mit frischer unversehrter Speise. Grüne Kräutchen, artig zusammengerollt, schwarze und weiße Samenkörner und eine glänzend rote Beere waren da so niedlich und dicht ineinandergepfropft, als ob ein Mütterchen für ihren Sohn das Ränzchen zur Reise gepackt hätte. Als Spiegel den Vogel langsam verzehrt und das so vergnüglich gefüllte Mäglein an seine Klaue hing und philosophisch betrachtete, rührte ihn das Schicksal des armen Vogels, welcher nach so friedlich verbrachtem Geschäft so schnell sein Leben lassen gemußt, daß er nicht einmal die eingepackten Sachen verdauen konnte. »Was hat er nun davon gehabt, der arme Kerl«, sagte Spiegel, »daß er sich so fleißig und eifrig genährt hat, daß dies kleine Säckchen aussieht wie ein wohl vollbrachtes Tagewerk? Diese rote Beere ist es, die ihn aus dem freien Walde in die Schlinge des Vogelstellers gelockt hat. Aber er dachte doch, seine Sache noch besser zu machen und sein Leben an solchen Beeren zu fristen, während ich, der ich soeben den unglücklichen Vogel gegessen, daran mich nur um einen Schritt näher zum Tode gegessen habe! Kann man einen elendern und feigern Vertrag abschließen, als sein Leben noch ein Weilchen fristen zu lassen, um es dann um diesen Preis doch zu verlieren? Wäre nicht ein freiwilliger und schneller Tod vorzuziehen gewesen für einen entschlossenen Kater? Aber ich habe keine Gedanken gehabt, und nun, da ich wieder solche habe, sehe ich nichts vor mir als das Schicksal dieses Krammetsvogels; wenn ich rund genug bin, so muß ich von hinnen, aus keinem andern Grunde, als weil ich rund bin. Ein schöner Grund für einen lebenslustigen und gedankenreichen Katzmann! Ach, könnte ich aus dieser Schlinge kommen!«

Er vertiefte sich nun in vielfältige Grübeleien, wie das gelingen möchte; aber da die Zeit der Gefahr noch nicht da war, so wurde es ihm nicht klar, und er fand keinen Ausweg; aber als ein kluger Mann ergab er sich bis dahin der Tugend und der Selbstbeherrschung, welches immer die beste Vorschule und Zeitverwendung ist, bis sich etwas entscheiden soll. Er verschmähte das weiche Kissen, welches ihm Pineiß zurechtgelegt hatte, damit er fleißig darauf schlafen und fett werden sollte, und zog es vor, wieder auf schmalen Gesimsen und hohen gefährlichen Stellen zu liegen, wenn er ruhen wollte. Ebenso verschmähte er die gebratenen Vögel und die gespickten Mäuse und fing sich lieber auf den Dächern, da er nun wieder einen rechtmäßigen Jagdgrund hatte, mit List und Gewandtheit einen schlichten lebendigen Sperling oder auf den Speichern eine flinke Maus, und solche Beute schmeckte ihm vortrefflicher als das gebratene Wild in Pineißens künstlichem Gehege, während sie ihn nicht zu fett machte; auch die Bewegung und Tapferkeit sowie der wiedererlangte Gebrauch der Tugend und Philosophie verhinderten ein zu schnelles Fettwerden, so daß Spiegel zwar gesund und glänzend aussah, aber zu Pineißens Verwunderung auf einer gewissen Stufe der Beleibtheit stehenblieb, welche lange nicht das erreichte, was der Hexenmeister mit seiner freundlichen Mästung bezweckte; denn dieser stellte sich darunter ein kugelrundes, schwerfälliges Tier vor, welches sich nicht vom Ruhekissen bewegte und aus eitel Schmer bestand. Aber hierin hatte sich seine Hexerei eben geirrt, und er wußte bei aller Schlauheit nicht, daß, wenn man einen Esel füttert, derselbe ein Esel bleibt, wenn man aber einen Fuchsen speiset, derselbe nichts anders wird als ein Fuchs; denn jede Kreatur wächst sich nach ihrer Weise aus. Als Herr Pineiß entdeckte, wie Spiegel immer auf demselben Punkte einer wohlgenährten, aber geschmeidigen und rüstigen Schlankheit stehenblieb, ohne eine erkleckliche Fettigkeit anzusetzen, stellte er ihn eines Abends plötzlich zur Rede und sagte barsch: »Was ist das, Spiegel? Warum frissest du die guten Speisen nicht, die ich dir mit so viel Sorgfalt und Kunst präpariere und herstelle? Warum fängst du die gebratenen Vögel nicht auf den Bäumen, warum suchst du die leckeren Mäuschen nicht in den Berghöhlen? Warum fischest du nicht mehr in dem See? Warum pflegst du dich nicht? Warum schläfst du nicht auf dem Kissen? Warum strapazierst du dich und wirst mir nicht fett?« – »Ei, Herr Pineiß!« sagte Spiegel, »weil es mir wohler ist auf diese Weise! Soll ich meine kurze Frist nicht auf die Art verbringen, die mir am angenehmsten ist?« – »Wie!« rief Pineiß, »du sollst so leben, daß du dick und rund wirst, und nicht dich abjagen! Ich merke aber wohl, wo du hinauswillst! Du denkst, mich zu äffen und hinzuhalten, daß ich dich in Ewigkeit in diesem Mittelzustande herumlaufen lasse? Mitnichten soll dir das gelingen! Es ist deine Pflicht, zu essen und zu trinken und dich zu pflegen, auf daß du dick werdest und Schmer bekommst! Auf der Stelle entsage daher dieser hinterlistigen und kontraktwidrigen Mäßigkeit, oder ich werde ein Wörtlein mit dir sprechen!«

Spiegel unterbrach sein behagliches Spinnen, das er angefangen, um seine Fassung zu behaupten, und sagte: »Ich weiß kein Sterbenswörtchen davon, daß in dem Kontrakt steht, ich solle der Mäßigkeit und einem gesunden Lebenswandel entsagen! Wenn der Herr Stadthexenmeister darauf gerechnet hat, daß ich ein fauler Schlemmer sei, so ist das nicht meine Schuld! Ihr tut tausend rechtliche Dinge des Tages, so lasset dieses auch noch hinzukommen und uns beide hübsch in der Ordnung bleiben; denn Ihr wißt ja wohl, daß Euch mein Schmer nur nützlich ist, wenn er auf rechtliche Weise erwachsen!« – »Ei du Schwätzer!« rief Pineiß erbost, »willst du mich belehren? Zeig her, wie weit bist du denn eigentlich gediehen, du Müßiggänger? Vielleicht kann man dich doch bald abtun!« Er griff dem Kätzchen an den Bauch; allein dieses fühlte sich dadurch unangenehm gekitzelt und hieb dem Hexenmeister einen scharfen Kratz über die Hand. Diesen betrachtete Pineiß aufmerksam, dann sprach er: »Stehen wir so miteinander, du Bestie? Wohlan, so erkläre ich dich hiemit feierlich, kraft des Vertrages, für fett genug! Ich begnüge mich mit dem Ergebnis und werde mich desselben zu versichern wissen! In fünf Tagen ist der Mond voll, und bis dahin magst du dich noch deines Lebens erfreuen, wie es geschrieben steht, und nicht eine Minute länger!« Damit kehrte er ihm den Rücken und überließ ihn seinen Gedanken.

Diese waren jetzt sehr bedenklich und düster. So war denn die Stunde doch nahe, wo der gute Spiegel seine Haut lassen sollte? Und war mit aller Klugheit gar nichts mehr zu machen? Seufzend stieg er auf das hohe Dach, dessen Firste dunkel in den schönen Herbstabendhimmel emporragten. Da ging der Mond über der Stadt auf und warf seinen Schein auf die schwarzen bemoosten Hohlziegel des alten Daches, ein lieblicher Gesang tönte in Spiegels Ohren, und eine schneeweiße Kätzin wandelte glänzend über einen benachbarten First weg. Sogleich vergaß Spiegel die Todesaussichten, in welchen er lebte, und erwiderte mit seinem schönsten Katerliede den Lobgesang der Schönen. Er eilte ihr entgegen und war bald im hitzigen Gefecht mit drei fremden Katern begriffen, die er mutig und wild in die Flucht schlug. Dann machte er der Dame feurig und ergeben den Hof und brachte Tag und Nacht bei ihr zu, ohne an den Pineiß zu denken oder im Hause sich sehen zu lassen. Er sang wie eine Nachtigall die schönen Mondnächte hindurch, jagte hinter der weißen Geliebten her über die Dächer, durch die Gärten und rollte mehr als einmal im heftigen Minnespiel oder im Kampfe mit den Rivalen über hohe Dächer hinunter und fiel auf die Straße; aber nur um sich aufzuraffen, das Fell zu schütteln und die wilde Jagd seiner Leidenschaften von neuem anzuheben. Stille und laute Stunden, süße Gefühle und zorniger Streit, anmutiges Zwiegespräch, witziger Gedankenaustausch, Ränke und Schwänke der Liebe und Eifersucht, Liebkosungen und Raufereien, die Gewalt des Glückes und die Leiden des Unsterns ließen den verliebten Spiegel nicht zu sich selbst kommen, und als die Scheibe des Mondes voll geworden, war er von allen diesen Aufregungen und Leidenschaften so heruntergekommen, daß er jämmerlicher, magerer und zerzauster aussah als je. Im selben Augenblicke rief ihm Pineiß aus einem Dachtürmchen: »Spiegelchen, Spiegelchen! Wo bist du? Komm doch ein bißchen nach Hause!«

Da schied Spiegel von der weißen Freundin, welche zufrieden und kühl miauend ihrer Wege ging, und wandte sich stolz seinem Henker zu. Dieser stieg in die Küche hinunter, raschelte mit dem Kontrakt und sagte: »Komm, Spiegelchen, komm, Spiegelchen!« und Spiegel folgte ihm und setzte sich in der Hexenküche trotzig vor den Meister hin in all seiner Magerkeit und Zerzaustheit. Als Herr Pineiß erblickte, wie er so schmählich um seinen Gewinn gebracht war, sprang er wie besessen in die Höhe und schrie wütend: »Was seh ich? Du Schelm, du gewissenloser Spitzbube! Was hast du mir getan? Außer sich vor Zorn griff er nach einem Besen und wollte Spiegelein schlagen; aber dieser krümmte den schwarzen Rücken, ließ die Haare emporstarren, daß ein fahler Schein darüber knisterte, legte die Ohren zurück, prustete und funkelte den Alten so grimmig an, daß dieser voll Furcht und Entsetzen drei Schritt zurücksprang. Er begann zu fürchten, daß er einen Hexenmeister vor sich habe, welcher ihn foppe und mehr könne als er selbst. Ungewiß und kleinlaut sagte er: »Ist der ehrsame Herr Spiegel vielleicht vom Handwerk? Sollte ein gelehrter Zaubermeister beliebt haben, sich in dero äußere Gestalt zu verkleiden, da er nach Gefallen über sein Leibliches gebieten und genauso beleibt werden kann, als es ihm angenehm dünkt, nicht zuwenig und nicht zuviel, oder unversehens so mager wird wie ein Gerippe, um dem Tode zu entschlüpfen?«

Spiegel beruhigte sich wieder und sprach ehrlich:

»Nein, ich bin kein Zauberer! Es ist allein die süße Gewalt der Leidenschaft, welche mich so heruntergebracht und zu meinem Vergnügen Euer Fett dahingenommen hat. Wenn wir übrigens jetzt unser Geschäft von neuem beginnen wollen, so will ich tapfer dabeisein und dreinbeißen! Setzt mir nur eine recht schöne und große Bratwurst vor, denn ich bin ganz erschöpft und hungrig! Da packte Pineiß den Spiegel wütend am Kragen, sperrte ihn in den Gänsestall, der immer leer war, und schrie: Da sieh zu, ob dir deine süße Gewalt der Leidenschaft noch einmal heraushilft und ob sie stärker ist als die Gewalt der Hexerei und meines rechtlichen Vertrages! Jetzt heißt's: Vogel friß und stirb!« Sogleich briet er eine lange Wurst, die so lecker duftete, daß er sich nicht enthalten konnte, selbst ein bißchen an beiden Zipfeln zu schlecken, ehe er sie durch das Gitter steckte. Spiegel fraß sie von vorn bis hinten auf, und indem er sich behaglich den Schnurrbart putzte und den Pelz leckte, sagte er zu sich selber: »Meiner

Seel! es ist doch eine schöne Sache um die Liebe! Die hat mich für diesmal wieder aus der Schlinge gezogen. Jetzt will ich mich ein wenig ausruhen und trachten, daß ich durch Beschaulichkeit und gute Nahrung wieder zu vernünftigen Gedanken komme! Alles hat seine Zeit! Heute ein bißchen Leidenschaft, morgen ein wenig Besonnenheit und Ruhe, ist jedes in seiner Weise gut. Dies Gefängnis ist gar nicht so übel, und es läßt sich gewiß etwas Ersprießliches darin ausdenken!« Pineiß aber nahm sich nun zusammen und bereitete alle Tage mit aller seiner Kunst solche Leckerbissen und in solch reizender Abwechslung und Zuträglichkeit, daß der gefangene Spiegel denselben nicht widerstehen konnte; denn Pineißens Vorrat an freiwilligem und rechtmäßigem Katzenschmer nahm alle Tage mehr ab und drohte nächstens ganz auszugehen, und dann war der Hexer ohne dies Hauptmittel ein geschlagener Mann. Aber der gute Hexenmeister nährte mit dem Leibe Spiegels dessen Geist immer wieder mit, und es war durchaus nicht von dieser unbequemen Zutat loszukommen, weshalb auch seine Hexerei sich hier als lückenhaft erwies.

Als Spiegel in seinem Käfig ihm endlich fett genug dünkte, säumte er nicht länger, sondern stellte vor den Augen des aufmerksamen Katers alle Geschirre zurecht und machte ein helles Feuer auf dem Herd, um den lang ersehnten Gewinn auszukochen. Dann wetzte er ein großes Messer, öffnete den Kerker, zog Spiegelchen hervor, nachdem er die Küchentüre wohl verschlossen, und sagte wohlgemut: »Komm, du Sapperlöter! wir wollen dir den Kopf abschneiden vorderhand und dann das Fell abziehen! Dieses wird eine warme Mütze für mich geben, woran ich Einfältiger noch gar nicht gedacht habe! Oder soll ich dir erst das Fell abziehen und dann den Kopf abschneiden? – »Nein, wenn es Euch gefällig ist«, sagte Spiegel demütig, »lieber zuerst den Kopf abschneiden!« – »Hast recht, du armer Kerl!« sagte Herr Pineiß, »wir wollen dich nicht unnütz quälen! Alles, was recht ist!« – »Dies ist ein wahres Wort!« sagte Spiegel mit einem erbärmlichen Seufzer und legte das Haupt ergebungsvoll auf die Seite, »o hätt' ich doch jederzeit getan, was recht ist, und nicht eine so wichtige Sache leichtsinnig unterlassen, so könnte ich jetzt mit besserm Gewissen sterben, denn ich sterbe gern; aber ein Unrecht erschwert mir den sonst so willkommenen Tod; denn was bietet mir das Leben? Nichts als Furcht, Sorge und Armut und zur Abwechslung einen Sturm verzehrender Leidenschaft, die noch schlimmer ist als die stille, zitternde Furcht!« – Ei, welches Unrecht, welche wichtige Sache?« fragte Pineiß neugierig. »Ach, was hilft das Reden jetzt noch«, seufzte Spiegel, »geschehen ist geschehen, und jetzt ist Reue zu spät!« – »Siehst du, Sappermenter, was für ein Sünder du bist?« sagte Pineiß, »und wie wohl du deinen Tod verdienst? Aber was Tausend hast du denn angestellt? Hast du mir vielleicht etwas entwendet, entfremdet, verdorben? Hast du mir ein himmelschreiendes Unrecht getan, von dem ich noch gar nichts weiß, ahne, vermute, du Satan? Das sind mir schöne Geschichten! Gut, daß ich noch dahinterkomme! Auf der Stelle beichte mir, oder ich schinde und siede dich lebendig aus! Wirst du sprechen oder nicht? – »Ach nein!« sagte Spiegel, »wegen Euch habe ich mir nichts vorzuwerfen. Es betrifft die zehntausend Goldgülden meiner seligen Gebieterin – aber was hilft Reden! – Zwar – wenn ich bedenke und Euch ansehe, so möchte es vielleicht doch nicht ganz zu spät sein – wenn ich Euch betrachte, so sehe ich, daß Ihr ein noch ganz schöner und rüstiger Mann seid, in den besten Jahren – sagt doch, Herr Pineiß! habt Ihr noch nie etwa den Wunsch verspürt, Euch zu verehelichen, ehrbar und vorteilhaft? Aber was schwatze ich! Wie wird ein so kluger und kunstreicher Mann auf dergleichen müßige Gedanken kommen! Wie wird ein so nützlich beschäftigter Meister an törichte Weiber denken! Zwar allerdings hat auch die Schlimmste noch irgendwas an sich, was etwa nützlich für einen Mann ist, das ist nicht abzuleugnen! Und wenn sie nur halbwegs was taugt, so ist eine gute Hausfrau etwa weiß am Leibe, sorgfältig im Sinne, zutulich von Sitten, treu von Herzen, sparsam im Verwalten, aber verschwenderisch in der Pflege ihres Mannes, kurzweilig in Worten und angenehm in ihren Taten, einschmeichelnd in ihren Handlungen! Sie küßt den Mann mit ihrem Munde und streichelt ihm den Bart, sie umschließt ihn mit ihren Armen und kraut ihm hinter den Ohren, wie er es wünscht, kurz, sie tut tausend

Dinge, die nicht zu verwerfen sind. Sie hält sich ihm ganz nah zu oder in bescheidener Entfernung, je nach seiner Stimmung, und wenn er seinen Geschäften nachgeht, so stört sie ihn nicht, sondern verbreitet unterdessen sein Lob in und außer dem Hause; denn sie läßt nichts an ihn kommen und rühmt alles, was an ihm ist! Aber das Anmutigste ist die wunderbare Beschaffenheit ihres zarten leiblichen Daseins, welches die Natur so verschieden gemacht hat von unserm Wesen bei anscheinender Menschenähnlichkeit, daß es ein fortwährendes Meerwunder in einer glückhaften Ehe bewirkt und eigentlich die allerdurchtriebenste Hexerei in sich birgt! Doch was schwatze ich da wie ein Tor an der Schwelle des Todes! Wie wird ein weiser Mann auf dergleichen Eitelkeiten sein Augenmerk richten! Verzeiht, Herr Pineiß, und schneidet mir den Kopf ab!«

Pineiß aber rief heftig: »So halt doch endlich inne, du Schwätzer! und sage mir: Wo ist eine solche, und hat sie zehntausend Goldgülden?«

»Zehntausend Goldgülden?« sagte Spiegel.

»Nun ja«, rief Pineiß ungeduldig, »sprachest du nicht eben erst davon?«

»Nein«, antwortete jener, »das ist eine andere Sache! Die liegen vergraben an einem Orte!«

»Und was tun sie da, wem gehören sie?« schrie Pineiß.

»Niemand gehören sie, das ist eben meine Gewissensbürde, denn ich hätte sie unterbringen sollen! Eigentlich gehören sie jenem, der eine solche Person heiratet, wie ich eben beschrieben habe. Aber wie soll man drei solche Dinge zusammenbringen in dieser gottlosen Stadt: zehntausend Goldgülden, eine weiße, feine und gute Hausfrau und einen weisen rechtschaffenen Mann? Daher ist eigentlich meine Sünde nicht allzu groß, denn der Auftrag war zu schwer für eine arme Katze!«

»Wenn du jetzt«, rief Pineiß, »nicht bei der Sache bleibst und sie verständlich der Ordnung nach dartust, so schneide ich dir vorläufig den Schwanz und beide Ohren ab! Jetzt fang an!«

»Da Ihr es befehlt, so muß ich die Sache wohl erzählen«, sagte Spiegel und setzte sich gelassen auf seine Hinterfüße, »obgleich dieser Aufschub meine Leiden nur vergrößert!« Pineiß steckte das scharfe Messer zwischen sich und Spiegel in die Diele und setzte sich neugierig auf ein Fäßchen, um zuzuhören, und Spiegel fuhr fort:

»Ihr wisset doch, Herr Pineiß, daß die brave Person, meine selige Meisterin, unverheiratet gestorben ist als eine alte Jungfer, die in aller Stille viel Gutes getan und niemanden zuwider gelebt hat. Aber nicht immer war es um sie her so still und ruhig zugegangen, und obgleich sie niemals von bösem Gemüt gewesen, so hatte sie doch einst viel Leid und Schaden angerichtet; denn in ihrer Jugend war sie das schönste Fräulein weit und breit, und was von jungen Herren und kecken Gesellen in der Gegend war oder des Weges kam, verliebte sich in sie und wollte sie durchaus heiraten. Nun hatte sie wohl große Lust, zu heiraten und einen hübschen, ehrenfesten und klugen Mann zu nehmen, und sie hatte die Auswahl, da sich Einheimische und Fremde um sie stritten und einander mehr als einmal die Degen in den Leib rannten, um den Vorrang zu gewinnen. Es bewarben sich um sie und versammelten sich kühne und verzagte, listige und treuherzige, reiche und arme Freier, solche mit einem guten und anständigen Geschäft und solche, welche als Kavaliere zierlich von ihren Renten lebten; dieser mit diesen, jener mit jenen Vorzügen, beredt oder schweigsam, der eine munter und liebenswürdig, und ein anderer schien es mehr in sich zu haben, wenn er auch etwas einfältig aussah; kurz, das Fräulein hatte eine so vollkommene Auswahl, wie es ein mannbares Frauenzimmer sich nur wünschen kann. Allein sie besaß außer ihrer Schönheit ein schönes Vermögen von vielen tausend Goldgülden, und diese waren die Ursache, daß sie nie dazu kam, eine Wahl treffen und einen Mann nehmen zu können, denn sie verwaltete ihr Gut mit trefflicher Umsicht und Klugheit und legte einen großen Wert auf dasselbe, und da nun der Mensch immer von seinen eigenen Neigungen aus andere beurteilt, so geschah es, daß sie, sobald sich ihr ein achtungswerter Freier genähert und ihr halbwegs gefiel, alsobald sich einbildete, derselbe begehre sie nur um ihres Gutes willen. War einer reich, so glaubte sie, er würde sie doch nicht begehren, wenn sie nicht auch reich wäre, und von den Unbemittelten nahm sie vollends als gewiß an, daß sie nur ihre Goldgülden im Auge hätten und sich daran gedächten gütlich zu tun, und das arme Fräulein, welches doch selbst so große Dinge auf den irdischen Besitz hielt, war nicht imstande, diese Liebe zu Geld und Gut an ihren Freiern von der Liebe zu ihr selbst zu unterscheiden oder, wenn sie wirklich etwa vorhanden war, dieselbe nachzusehen und zu verzeihen. Mehrere Male war sie schon so gut wie verlobt, und ihr Herz klopfte endlich stärker; aber plötzlich glaubte sie aus irgendeinem Zuge zu entnehmen, daß sie verraten sei und man einzig an ihr Vermögen denke, und sie brach unverweilt die Geschichte entzwei und zog sich voll Schmerzen, aber unerbittlich zurück. Sie prüfte alle, welche ihr nicht mißfielen, auf hundert Arten, so daß eine große Gewandtheit dazu gehörte, nicht in die Falle zu gehen, und zuletzt keiner mehr sich mit einiger Hoffnung nähern konnte, als wer ein durchaus geriebener und verstellter Mensch war, so daß schon aus diesen Gründen endlich die Wahl wirklich schwer wurde, weil solche Menschen dann zuletzt doch eine unheimliche Unruhe erwecken und die peinlichste Ungewißheit bei einer Schönen zurücklassen, je geriebener und geschickter sie sind. Das Hauptmittel, ihre Anbeter zu prüfen, war, daß sie ihre Uneigennützigkeit auf die Probe stellte und sie alle Tage zu großen Ausgaben, zu reichen Geschenken und zu wohltätigen Handlungen veranlaßte. Aber sie mochten es machen, wie sie wollten, so trafen sie doch nie das Rechte; denn zeigten sie sich freigebig und aufopfernd, gaben sie glänzende Feste, brachten sie ihr Geschenke dar oder anvertrauten ihr beträchtliche Gelder für die Armen, so sagte sie plötzlich, dies alles geschehe nur, um mit einem Würmchen den Lachs zu fangen oder mit der Wurst nach der Speckseite zu werfen, wie man zu sagen pflegt. Und sie vergabte die Geschenke sowohl wie das anvertraute Geld an Klöster und milde Stiftungen und speisete die Armen; aber die betrogenen Freier wies sie unbarmherzig ab. Bezeigten sich dieselben aber zurückhaltend oder gar knauserig, so war der Stab sogleich über sie gebrochen, da sie das noch viel übler nahm und daran eine schnöde und nackte Rücksichtslosigkeit und Eigenliebe zu erkennen glaubte. So kam es, daß sie, welche ein reines und nur ihrer Person hingegebenes Herz suchte, zuletzt von lauter verstellten, listigen und eigensüchtigen Freiersleuten umgeben war, aus denen sie nie klug wurde und die ihr das Leben verbitterten. Eines Tages fühlte sie sich so mißmutig und trostlos, daß sie ihren ganzen Hof aus dem Hause wies, dasselbe zuschloß und nach Mailand verreiste, wo sie eine Base hatte. Als sie über den Sankt Gotthard ritt auf einem Eselein, war ihre Gesinnung so schwarz und schaurig wie das wilde Gestein, das sich aus den Abgründen emportürmte, und sie fühlte die heftigste Versuchung, sich von der Teufelsbrücke in die tobenden Gewässer der Reuß hinabzustürzen. Nur mit der größten Mühe gelang es den zwei Mägden, die sie bei sich hatte und die ich selbst noch gekannt habe, welche aber nun schon lange tot sind, und dem Führer, sie zu beruhigen und von der finstern Anwandlung abzubringen. Doch langte sie bleich und traurig in dem schönen Land Italien an, und so blau dort der Himmel war, wollten sich ihre dunklen Gedanken doch nicht aufhellen. Aber als sie einige Tage bei ihrer Base verweilt, sollte unverhofft eine andere Melodie ertönen und ein Frühlingsanfang in ihr aufgehen, von dem sie bis dato noch nicht viel gewußt. Denn es kam ein junger Landsmann in das Haus der Base, der ihr gleich beim ersten Anblick so wohl gefiel, daß man wohl sagen kann, sie verliebte sich jetzt von selbst und zum ersten Mal. Es war ein schöner Jüngling, von guter Erziehung und edlem Benehmen, nicht arm und nicht reich zur Zeit, denn er hatte nichts als zehntausend Goldgülden, welche er von seinen verstorbenen Eltern ererbt und womit er, da er die Kaufmannschaft erlernt hatte, in Mailand einen Handel mit Seide begründen wollte; denn er war unternehmend und klar von Gedanken und hatte eine glückliche Hand, wie es unbefangene und unschuldige Leute oft haben; denn auch dies war der junge Mann; er schien, so wohlgelehrt er war, doch so arglos und unschuldig wie ein Kind. Und obgleich er ein Kaufmann war und ein so unbefangenes Gemüt, was schon zusammen eine köstliche Seltenheit ist, so war er doch fest und ritterlich in seiner Haltung und trug sein Schwert so keck zur Seite, wie nur ein geübter Kriegsmann es tragen kann. Dies alles sowie seine frische Schönheit und Jugend bezwangen das Herz des Fräuleins dermaßen, daß sie kaum an sich halten konnte und ihm mit großer Freundlichkeit begegnete. Sie wurde wieder heiter, und wenn sie dazwischen auch traurig war, so geschah dies in dem Wechsel der Liebesfurcht und Hoffnung, welche immerhin ein edleres und angenehmeres Gefühl war als jene peinliche Verlegenheit in der Wahl, welche sie früher unter den vielen Freiern empfunden. Jetzt kannte sie nur eine Mühe und Besorgnis, diejenige nämlich, dem schönen und guten Jüngling zu gefallen, und je schöner sie selbst war, desto demütiger und unsicherer war sie jetzt, da sie zum ersten Male eine wahre Neigung gefaßt hatte. Aber auch der junge Kaufmann hatte noch nie eine solche Schönheit gesehen oder war wenigstens noch keiner so nahe gewesen und von ihr so freundlich und artig behandelt worden. Da sie nun, wie gesagt, nicht nur schön, sondern auch gut von Herzen und fein von Sitten war, so ist es nicht zu verwundern, daß der offene und frische Jüngling, dessen Herz noch ganz frei und unerfahren war, sich ebenfalls in sie verliebte, und das mit aller Kraft und Rückhaltlosigkeit, die in seiner ganzen Natur lag. Aber vielleicht hätte das nie jemand erfahren, wenn er in seiner Einfalt nicht aufgemuntert worden wäre durch des Fräuleins Zutulichkeit, welche er mit heimlichem Zittern und Zagen für eine Erwiderung seiner Liebe zu halten wagte, da er selber keine Verstellung kannte. Doch bezwang er sich einige Wochen und glaubte die Sache zu verheimlichen; aber jeder sah ihm von weitem an, daß er zum Sterben verliebt war, und wenn er irgend in die Nähe des Fräuleins geriet oder sie nur genannt wurde, so sah man auch gleich, in wen er verliebt war. Er war aber nicht lange verliebt, sondern begann wirklich zu lieben mit aller Heftigkeit seiner Jugend, so daß ihm das Fräulein das Höchste und Beste auf der Welt wurde, an welches er ein für allemal das Heil und den ganzen Wert seiner eigenen Person setzte. Dies gefiel ihr über die Maßen wohl; denn es war in allem, was er sagte oder tat, eine andere Art, als sie bislang erfahren, und dies bestärkte und rührte sie so tief, daß sie nun gleichermaßen der stärksten Liebe anheimfiel und nun nicht mehr von einer Wahl für sie die Rede war. Jedermann sah diese Geschichte spielen, und es wurde offen darüber gesprochen und vielfach gescherzt. Dem Fräulein war es höchlich wohl dabei, und indem ihr das Herz vor banger Erwartung zerspringen wollte, half sie den Roman von ihrer Seite doch ein wenig verwickeln und ausspinnen, um ihn recht auszukosten und zu genießen. Denn der junge Mann beging in seiner Verwirrung so köstliche und kindliche Dinge, dergleichen sie niemals erfahren und für sie einmal schmeichelhafter und angenehmer waren als das andere. Er aber in seiner Gradheit und Ehrlichkeit konnte es nicht lange so aushalten; da jeder darauf anspielte und sich einen Scherz erlaubte, so schien es ihm eine Komödie zu werden, als deren Gegenstand ihm seine Geliebte viel zu gut und heilig war, und was ihr ausnehmend behagte, das machte ihn bekümmert, ungewiß und verlegen um sie selber. Auch glaubte er sie zu beleidigen und zu hintergehen, wenn er da lange eine so heftige Leidenschaft zu ihr herumtrüge und unaufhörlich an sie denke, ohne daß sie eine Ahnung davon habe, was doch gar nicht schicklich sei und ihm selber nicht recht! Daher sah man ihm eines Morgens von weitem an, daß er etwas vorhatte, und er bekannte ihr seine Liebe in einigen Worten, um es *einmal* und nie zum zweiten Mal zu sagen, wenn er nicht glücklich sein sollte. Denn er war nicht gewohnt zu denken, daß ein solches schönes und wohlbeschaffenes Fräulein etwa nicht ihre wahre Meinung sagen und nicht auch gleich zum ersten Mal ihr unwiderrufliches Ja oder Nein erwidern sollte. Er war ebenso zartgesinnt als heftig verliebt, ebenso spröde als kindlich und ebenso stolz als unbefangen, und bei ihm galt es gleich auf Tod und Leben, auf Ja oder Nein, Schlag um Schlag. In demselben Augenblicke aber, in welchem das Fräulein sein Geständnis anhörte, das sie so sehnlich erwartet, überfiel sie ihr altes Mißtrauen, und es fiel ihr zur unglücklichen Stunde ein, daß ihr Liebhaber ein Kaufmann sei, welcher am Ende nur ihr Vermögen zu erlangen wünsche, um seine Unternehmungen zu erweitern. Wenn er daneben auch ein wenig in ihre Person verliebt sein sollte, so wäre ja das bei ihrer Schönheit kein sonderliches Verdienst und nur um so empörender, wenn sie eine bloße wünschbare Zugabe zu ihrem Golde vorstellen sollte. Anstatt ihm daher ihre Gegenliebe zu gestehen und ihn wohl aufzunehmen, wie sie am liebsten getan hätte, ersann sie auf der Stelle eine neue List, um seine Hingebung zu prüfen, und nahm eine ernste, fast traurige Miene an, indem sie ihm vertraute, wie sie bereits mit einem jungen Mann verlobt sei in ihrer Heimat, welchen sie auf das allerherzlichste liebe. Sie habe ihm das schon mehrmals mitteilen wollen, da sie ihn, den Kaufmann nämlich, als Freund sehr liebhabe, wie er wohl habe sehen können aus ihrem Benehmen, und sie vertraue ihm wie einem Bruder. Aber die ungeschickten Scherze, welche in der Gesellschaft aufgekommen seien, hätten ihr eine vertrauliche Unterhaltung erschwert; da er nun aber selbst sie mit seinem braven und edlen Herzen überrascht und dasselbe vor ihr aufgetan, so könne sie ihm für seine Neigung nicht besser danken, als indem sie ihm ebenso offen sich anvertraue. Ja, fuhr sie fort, nur demjenigen könne sie angehören, welchen sie einmal erwählt habe, und nie würde es ihr möglich sein, ihr Herz einem andern Mannesbilde zuzuwenden, dies stehe mit goldenem Feuer in ihrer Seele geschrieben, und der liebe Mann wisse selbst nicht, wie lieb er ihr sei, so wohl er sie auch kenne! Aber ein trüber Unstern hätte sie betroffen: ihr Bräutigam sei ein Kaufmann, aber so arm wie eine Maus; darum hätten sie den Plan gefaßt, daß er aus den Mitteln der Braut einen Handel begründen solle; der Anfang sei gemacht und alles auf das beste eingeleitet, die Hochzeit sollte in diesen Tagen gefeiert werden, da wollte ein unverhofftes Mißgeschick, daß ihr ganzes Vermögen plötzlich ihr angetastet und abgestritten wurde und vielleicht für immer verlorengehe, während der arme Bräutigam in nächster Zeit seine ersten Zahlungen zu leisten habe an die Mailänder und venezianischen Kaufleute, worauf sein ganzer Kredit, sein Gedeihen und seine Ehre beruhe, nicht zu sprechen von ihrer Vereinigung und glücklichen Hochzeit! Sie sei in der Eile nach Mailand gekommen, wo sie begüterte Verwandte habe, um da Mittel und Auswege zu finden; aber zu einer schlimmen Stunde sei sie gekommen; denn nichts wolle sich fügen und schicken, während der Tag immer näher rücke, und wenn sie ihrem Geliebten nicht helfen könne, so müsse sie sterben vor Traurigkeit. Denn es sei der liebste und beste Mensch, den man sich denken könne, und würde sicherlich ein großer Kaufherr werden, wenn ihm geholfen würde, und sie kenne kein anderes

Glück mehr auf Erden, als dann dessen Gemahlin zu sein! Als sie diese Erzählung beendet, hatte sich der arme schöne Jüngling schon lange entfärbt und war bleich wie ein weißes Tuch. Aber er ließ keinen Laut der Klage vernehmen und sprach nicht ein Sterbenswörtchen mehr von sich selbst und von seiner Liebe, sondern fragte bloß traurig, auf wieviel sich denn die eingegangenen Verpflichtungen des glücklich unglücklichen Bräutigams beliefen? Auf zehntausend Goldgülden! antwortete sie noch viel trauriger. Der junge traurige Kaufherr stand auf, ermahnte das Fräulein, guten Mutes zu sein, da sich gewiß ein Ausweg zeigen werde, und entfernte sich von ihr, ohne daß er sie anzusehen wagte; so sehr fühlte er sich betroffen und beschämt, daß er sein Auge auf eine Dame geworfen, die so treu und leidenschaftlich einen andern liebte. Denn der Arme glaubte jedes Wort von ihrer Erzählung wie ein Evangelium. Dann begab er sich ohne Säumnis zu seinen Handelsfreunden und brachte sie durch Bitten und Einbüßung einer gewissen Summe dahin, seine Bestellungen und Einkäufe wieder rückgängig zu machen, welche er selbst in diesen Tagen auch grad mit seinen zehntausend Goldgülden bezahlen sollte und worauf er seine ganze Laufbahn bauete, und ehe sechs Stunden verflossen waren, erschien er wieder bei dem Fräulein mit seinem ganzen Besitztum und bat sie um Gottes willen, diese Aushilfe von ihm annehmen zu wollen. Ihre Augen funkelten vor freudiger Überraschung, und ihre Brust pochte wie ein Hammerwerk; sie fragte ihn, wo er denn dies Kapital hergenommen, und er erwiderte, er habe es auf seinen guten Namen geliehen und würde es, da seine Geschäfte sich glücklich wendeten, ohne Unbequemlichkeit zurückerstatten können. Sie sah ihm deutlich an, daß er log und daß es sein einziges Vermögen und ganze Hoffnung war, welche er ihrem Glücke opferte; doch stellte sie sich, als glaubte sie seinen Worten. Sie ließ ihren freudigen Empfindungen freien Lauf und tat grausamerweise, als ob diese dem Glücke gälten, nun doch ihren Erwählten retten und heiraten zu dürfen, und sie konnte nicht Worte finden, ihre Dankbarkeit auszudrücken. Doch plötzlich besann sie sich und erklärte, nur unter *einer* Bedingung die großmütige Tat annehmen zu können, da sonst alles

Zureden unnütz wäre. Befragt, worin diese Bedingung bestehe, verlangte sie das heilige Versprechen, daß er an einem bestimmten Tage sich bei ihr einfinden wolle, um ihrer Hochzeit beizuwohnen und der beste Freund und Gönner ihres zukünftigen Ehegemahls zu werden sowie der treuste Freund, Schützer und Berater ihrer selbst. Errötend bat er sie, von diesem Begehren abzustehen; aber umsonst wandte er alle Gründe an, um sie davon abzubringen, umsonst stellte er ihr vor, daß seine Angelegenheiten jetzt nicht erlaubten, nach der Schweiz zurückzureisen, und daß er von einem solchen Abstecher einen erheblichen Schaden erleiden würde. Sie beharrte entschieden auf ihrem Verlangen und schob ihm sogar sein Gold wieder zu, da er sich nicht dazu verstehen wollte. Endlich versprach er es, aber er mußte ihr die Hand darauf geben und es ihr bei seiner Ehre und Seligkeit beschwören. Sie bezeichnete ihm genau den Tag und die Stunde, wann er eintreffen solle, und alles dies mußte er bei seinem Christenglauben und bei seiner Seligkeit beschwören. Erst dann nahm sie sein Opfer an und ließ den Schatz vergnügt in ihre Schlafkammer tragen, wo sie ihn eigenhändig in ihrer Reisetruhe verschloß und den Schlüssel in den Busen steckte. Nun hielt sie sich nicht länger in Mailand auf, sondern reiste ebenso fröhlich über den Sankt Gotthard zurück, als schwermütig sie hergekommen war. Auf der Teufelsbrücke, wo sie hatte hinabspringen wollen, lachte sie wie eine Unkluge und warf mit hellem Jauchzen ihrer wohlklingenden Stimme einen Granatblütenstrauß in die Reuß, welchen sie vor der Brust trug, kurz, ihre Lust war nicht zu bändigen, und es war die fröhlichste Reise, die je getan wurde. Heimgekehrt, öffnete und lüftete sie ihr Haus von oben bis unten und schmückte es, als ob sie einen Prinzen erwartete. Aber zu Häupten ihres Bettes legte sie den Sack mit den zehntausend Goldgülden und legte des Nachts den Kopf so glückselig auf den harten Klumpen und schlief darauf, wie wenn es das weichste Flaumkissen gewesen wäre. Kaum konnte sie den verabredeten Tag erwarten, wo sie ihn sicher kommen sah, da sie wußte, daß er nicht das einfachste Versprechen, geschweige denn einen Schwur brechen würde, und wenn es ihm um das Leben ginge. Aber der Tag brach an, und der Geliebte erschien nicht, und es vergingen viele Tage und Wochen, ohne daß er von sich hören ließ. Da fing sie an, an allen Gliedern zu zittern, und verfiel in die größte Angst und Bangigkeit; sie schickte Briefe über Briefe nach Mailand, aber niemand wußte ihr zu sagen, wo er geblieben sei. Endlich aber stellte es sich durch einen Zufall heraus, daß der junge Kaufherr aus einem blutroten Stück Seidendamast, welches er von seinem Handelsanfang her im Haus liegen und bereits bezahlt hatte, sich ein Kriegskleid hatte anfertigen lassen und unter die Schweizer gegangen war, welche damals eben im Solde des Königs Franz von Frankreich den Mailändischen Krieg mitstritten. Nach der Schlacht bei Pavia, in welcher so viele Schweizer das Leben verloren, wurde er auf einem Haufen erschlagener Spaniolen liegend gefunden, von vielen tödlichen Wunden zerrissen und sein rotes Seidengewand von unten bis oben zerschlitzt und zerfetzt. Eh er den Geist aufgab, sagte er einem neben ihm liegenden Seldwyler, der minder übel zugerichtet war, folgende Botschaft ins Gedächtnis und bat ihn, dieselbe auszurichten, wenn er mit dem Leben davonkäme: ›Liebstes Fräulein! Obgleich ich Euch bei meiner Ehre, bei meinem Christenglauben und bei meiner Seligkeit geschworen habe, auf Eurer Hochzeit zu erscheinen, so ist es mir dennoch nicht möglich gewesen, Euch nochmals zu sehen und einen andern des höchsten Glückes teilhaftig zu erblicken, das es für mich geben könnte. Dieses habe ich erst in Eurer Abwesenheit verspürt und habe vorher nicht gewußt, welch eine strenge und unheimliche Sache es ist um solche Liebe, wie ich zu Euch habe, sonst würde ich mich zweifelsohne besser davor gehütet haben. Da es aber einmal so ist, so wollte ich lieber meiner weltlichen Ehre und meiner geistlichen Seligkeit verloren- und in die ewige Verdammnis eingehen als ein Meineidiger, denn noch einmal in Eurer Nähe erscheinen mit einem Feuer in der Brust, welches stärker und unauslöschlicher ist als das Höllenfeuer und mich dieses kaum wird verspüren lassen. Betet nicht etwa für mich, schönstes Fräulein, denn ich kann und werde nie selig werden ohne Euch, sei es hier oder dort, und somit lebt glücklich und seid gegrüßt!‹ So hatte in dieser Schlacht, nach welcher König Franziskus sagte: ›Alles verloren, außer der Ehre!‹, der unglückliche Liebhaber alles verloren, die Hoffnung, die Ehre, das Leben und die ewige Seligkeit, nur die Liebe nicht, die ihn verzehrte. Der Seldwyler kam glücklich davon, und sobald er sich in etwas erholt und außer Gefahr sah, schrieb er die Worte des Umgekommenen getreu auf seine Schreibtafel, um sie nicht zu vergessen, reiste nach Hause, meldete sich bei dem unglücklichen Fräulein und las ihr die Botschaft so steif und kriegerisch vor, wie er zu tun gewohnt war, wenn er sonst die Mannschaft seines Fähnleins verlas; denn es war ein Feldleutnant. Das Fräulein aber zerraufte sich die Haare, zerriß ihre Kleider und begann so laut zu schreien und zu weinen, daß man es die Straße auf und nieder hörte und die Leute zusammenliefen. Sie schleppte wie wahnsinnig die zehntausend Goldgülden herbei, zerstreute sie auf dem Boden, warf sich der Länge nach darauf hin und küßte die glänzenden Goldstücke. Ganz von Sinnen, suchte sie den umherrollenden Schatz zusammenzuraffen und zu umarmen, als ob der verlorene Geliebte darin zugegen wäre. Sie lag Tag und Nacht auf dem Golde und wollte weder Speise noch Trank zu sich nehmen; unaufhörlich liebkoste und küßte sie das kalte Metall, bis sie mitten in einer Nacht plötzlich aufstand, den Schatz, emsig hin und her eilend, nach dem Garten trug und dort unter bittern Tränen in den tiefen Brunnen warf und einen Fluch darüber aussprach, daß er niemals jemand anderm angehören solle.«

Als Spiegel so weit erzählt hatte, sagte Pineiß:»Und liegt das schöne Geld noch in dem Brunnen?« – »Ja, wo sollte es sonst liegen?« antwortete Spiegel, »denn nur ich kann es herausbringen und habe es bis zur Stunde noch nicht getan!« – »Ei ja so, richtig!« sagte Pineiß, »ich habe es ganz vergessen über deiner Geschichte! Du kannst nicht übel erzählen, du Sapperlöter! und es ist mir ganz gelüstig worden nach einem Weibchen, die so für mich eingenommen wäre; aber sehr schön müßte sie sein! Doch erzähle jetzt schnell noch, wie die Sache eigentlich zusammenhängt!« – »Es dauerte manche Jahre«, sagte Spiegel, »bis das Fräulein aus bittern Seelenleiden so weit zu sich kam, daß sie anfangen konnte, die stille alte Jungfer zu werden, als welche ich sie kennenlernte. Ich darf mich berühmen, daß ich ihr einziger Trost und ihr vertrautester Freund geworden bin in ihrem einsamen Leben bis an ihr stilles Ende. Als sie aber dieses herannahen sah, vergegenwärtigte sie sich noch einmal die Zeit ihrer fernen Jugend und Schönheit und erlitt noch einmal mit milderen, ergebenen Gedanken erst die süßen Erregungen und dann die bittern Leiden jener Zeit, und sie weinte still sieben Tage und Nächte hindurch über die Liebe des Jünglings, deren Genuß sie durch ihr Mißtrauen verloren hatte, so daß ihre alten Augen noch kurz vor dem Tode erblindeten.

Dann bereute sie den Fluch, welchen sie über jenen Schatz ausgesprochen, und sagte zu mir, indem sie mich mit dieser wichtigen Sache beauftragte: ›Ich bestimme nun anders, lieber Spiegel! und gebe dir die Vollmacht, daß du meine Verordnung vollziehest. Sieh dich um und suche, bis du eine bildschöne, aber unbemittelte Frauensperson findest, welcher es ihrer Armut wegen an Freiern gebricht! Wenn sich dann ein verständiger, rechtlicher und hübscher Mann finden sollte, der sein gutes Auskommen hat und die Jungfrau ungeachtet ihrer Armut, nur allein von ihrer Schönheit bewegt, zur Frau begehrt, so soll dieser Mann mit den stärksten Eiden sich verpflichten, derselben so treu, aufopfernd und unabänderlich ergeben zu sein, wie es mein unglücklicher Liebster gewesen ist, und dieser Frau sein Leben lang in allen Dingen zu willfahren. Dann gib der Braut die zehntausend Goldgülden, welche im Brunnen liegen, zur Mitgift, daß sie ihren Bräutigam am Hochzeitmorgen damit überrasche!‹ So sprach die Selige, und ich habe meiner widrigen Geschicke wegen versäumt, dieser Sache nachzugehen, und muß nun befürchten, daß die Arme deswegen im Grabe noch beunruhigt sei, was für mich eben auch nicht die angenehmsten Folgen haben kann!«

Pineiß sah den Spiegel mißtrauisch an und sagte: »Wärst du wohl imstande, Bürschchen! mir den Schatz ein wenig nachzuweisen und augenscheinlich zu machen?«

»Zu jeder Stunde!« versetzte Spiegel, »aber Ihr müßt wissen, Herr Stadthexenmeister, daß Ihr das Gold nicht etwa so ohne weiteres herausfischen dürftet! Man würde Euch unfehlbar das

Genick umdrehen; denn es ist nicht ganz geheuer in dem Brunnen, ich habe darüber bestimmte Inzichten, welche ich aus Rücksichten nicht näher berühren darf!«

»Hei, wer spricht denn von Herausholen?« sagte Pineiß etwas furchtsam, »führe mich einmal hin und zeige mir den Schatz! Oder vielmehr will ich dich führen an einem guten Schnürlein, damit du mir nicht entwischest!«

»Wie Ihr wollt!« sagte Spiegel, »aber nehmt auch eine andere lange Schnur mit und eine Blendlaterne, welche Ihr daran in den Brunnen hinablassen könnt; denn der ist sehr tief und dunkel!«

Pineiß befolgte diesen Rat und führte das muntere Kätzchen nach dem Garten jener Verstorbenen. Sie überstiegen miteinander die Mauer, und Spiegel zeigte dem Hexer den Weg zu dem alten Bruunen, welcher unter verwildertem Gebüsche verborgen war. Dort ließ Pineiß sein Laternchen hinunter, begierig nachblickend, während er den angebundenen Spiegel nicht von der Hand ließ. Aber richtig sah er in der Tiefe das Gold funkeln unter dem grünlichen Wasser und rief: »Wahrhaftig, ich seh's, es ist wahr! Spiegel, du bist ein Tausendskerl!« Dann guckte er wieder eifrig hinunter und sagte: »Mögen es auch zehntausend sein?« – »Ja, das ist nun nicht zu schwören!« sagte Spiegel, »ich bin nie da unten gewesen und hab's nicht gezählt! Ist auch möglich, daß die Dame dazumal einige Stücke auf dem Wege verloren hat, als sie den Schatz hierhertrug, da sie in einem sehr aufgeregten Zustande war.« – »Nun, seien es auch ein Dutzend oder mehr weniger!« sagte Herr Pineiß, »es soll mir darauf nicht ankommen!« Er setzte sich auf den Rand des Brunnens, Spiegel setzte sich auch nieder und leckte sich das Pfötchen. »Da wäre nun der Schatz!« sagte Pineiß, indem er sich hinter den Ohren kratzte, »und hier wäre auch der Mann dazu; fehlt nur noch das bildschöne Weib!« – »Wie?« sagte Spiegel. »Ich meine, es fehlt nur noch diejenige, welche die zehntausend als Mitgift bekommen soll, um mich damit zu überraschen am Hochzeitmorgen, und welche alle jene angenehmen Tugenden hat, von denen du gesprochen!« – »Hm!« versetzte Spiegel, »die Sache verhält sich nicht ganz so, wie Ihr sagt! Der Schatz ist da, wie Ihr richtig einseht; das schöne Weib habe ich, um es aufrichtig zu gestehen,

43

allbereits auch schon ausgespürt; aber mit dem Mann, der sie unter diesen schwierigen Umständen heiraten möchte, da hapert es eben; denn heutzutage muß die Schönheit obenein vergoldet sein wie die Weihnachtsnüsse, und je hohler die Köpfe werden, desto mehr sind sie bestrebt, die Leere mit einigem Weibergut nachzufüllen, damit sie die Zeit besser zu verbringen vermögen; da wird dann mit wichtigem Gesicht ein Pferd besehen und ein Stück Sammet gekauft, mit Laufen und Rennen eine gute Armbrust bestellt, und der Büchsenschmied kommt nicht aus dem Hause; da heißt es: ich muß meinen Wein einheimsen und meine Fässer putzen, meine Bäume putzen lassen und mein Dach decken; ich muß meine Frau ins Bad schicken, sie kränkelt und kostet mich viel Geld, und muß mein Holz fahren lassen und mein Ausstehendes eintreiben; ich habe ein Paar Windspiele gekauft und meine Bracken vertauscht, ich habe einen schönen eichenen Ausziehtisch eingehandelt und meine große Nußbaumlade drangegeben; ich habe meine Bohnenstangen geschnitten, meinen Gärtner fortgejagt, mein Heu verkauft und meinen Salat gesäet, immer mein und mein vom Morgen bis zu Abend. Manche sagen sogar: ich habe meine Wäsche die nächste Woche, ich muß meine Betten sonnen, ich muß eine Magd dingen und einen neuen Metzger haben, denn den alten will ich abschaffen; ich habe ein allerliebstes Waffeleisen erstanden, durch Zufall, und habe mein silbernes Zimmetbüchschen verkauft, es war mir so nichts nütze. Alles das sind wohlverstanden die Sachen der Frau, und so verbringt ein solcher Kerl die Zeit und stiehlt unserm Herrgott den Tag ab, indem er alle diese Verrichtungen aufzählt, ohne einen Streich zu tun. Wenn es hochkommt und ein solcher Patron sich etwa ducken muß, so wird er vielleicht sagen: unsere Kühe und unsere Schweine, aber –« Pineiß riß den Spiegel an der Schnur, daß er miau! schrie, und rief: »Genug, du Plappermaul! Sag jetzt unverzüglich: wo ist sie, von der du weißt?« Denn die Aufzählung aller dieser Herrlichkeiten und Verrichtungen, die mit einem Weibergute verbunden sind, hatte dem dürren Hexenmeister den Mund nur noch wässeriger gemacht. Spiegel sagte erstaunt: »Wollt Ihr denn wirklich das Ding unternehmen, Herr Pineiß?«

»Versteht sich, will ich! Wer sonst als ich? Drum heraus damit: wo ist diejenige?«

»Damit Ihr hingehen und sie freien könnt?«

»Ohne Zweifel!«

»So wisset, die Sache geht nur durch meine Hand! Mit mir müßt Ihr sprechen, wenn Ihr Geld und Frau wollt!« sagte Spiegel kaltblütig und gleichgültig und fuhr sich mit den beiden Pfoten eifrig über die Ohren, nachdem er sie jedesmal ein bißchen naß gemacht. Pineiß besann sich sorgfältig, stöhnte ein bißchen und sagte: »Ich merke, du willst unsern Kontrakt aufheben und deinen Kopf salvieren!«

»Schiene Euch das so uneben und unnatürlich?«

»Du betrügst mich am Ende und belügst mich wie ein Schelm!«

»Dies ist auch möglich!« sagte Spiegel.

»Ich sage dir: betrüge mich nicht!« rief Pineiß gebieterisch.

»Gut, so betrüge ich Euch nicht!« sagte Spiegel.

»Wenn du's tust!«

»So tu ich's.«

»Quäle mich nicht, Spiegelchen!« sprach Pineiß beinahe weinerlich, und Spiegel erwiderte jetzt ernsthaft:

»Ihr seid ein wunderbarer Mensch, Herr Pineiß! Da haltet Ihr mich an einer Schnur gefangen und zerrt daran, daß mir der Atem vergeht! Ihr lasset das Schwert des Todes über mir schweben seit länger als zwei Stunden, was sag ich! seit einem halben Jahre! und nun sprecht Ihr: quäle mich nicht, Spiegelchen! Wenn Ihr erlaubt, so sage ich Euch in Kürze: Es kann mir nur lieb sein, jene Liebespflicht gegen die Tote doch noch zu erfüllen und für das bewußte Frauenzimmer einen tauglichen Mann zu finden, und Ihr scheint mir allerdings in aller Hinsicht zu genügen; es ist keine Leichtigkeit, ein Weibstück wohl unterzubringen, sosehr dies auch scheint, und ich sage noch einmal: ich bin froh, daß Ihr Euch hiezu bereit finden lasset! Aber umsonst ist der Tod! Eh ich ein Wort weiter spreche, einen Schritt tue, ja eh ich nur den Mund noch einmal aufmache, will ich erst meine Freiheit wiederhaben und mein Leben versichert! Daher nehmt diese Schnur weg und legt den Kontrakt hier auf den Brunnen, hier auf diesen Stein, oder schneidet mir den Kopf ab, eins von beiden!«

»Ei du Tollhäusler und Obenhinaus!« sagte Pineiß, »du Hitzkopf, so streng wird es nicht gemeint sein? Das will ordentlich besprochen sein, und muß jedenfalls ein neuer Vertrag geschlossen werden!« Spiegel gab keine Antwort mehr und saß unbeweglich da, ein, zwei und drei Minuten. Da ward dem Meister bänglich, er zog seine Brieftasche hervor, klaubte seufzend den Schein heraus, las ihn noch einmal durch und legte ihn dann zögernd vor Spiegel hin. Kaum lag das Papier dort, so schnappte es Spiegel auf und verschlang es; und obgleich er heftig daran zu würgen hatte, so dünkte es ihn doch die beste und gedeihlichste Speise zu sein, die er je genossen, und er hoffte, daß sie ihm noch auf lange wohl bekommen und ihn rundlich und munter machen würde. Als er mit der angenehmen Mahlzeit fertig war, begrüßte er den Hexenmeister höflich und sagte: »Ihr werdet unfehlbar von mir hören, Herr Pineiß, und Weib und Geld sollen Euch nicht entgehen. Dagegen macht Euch bereit, recht verliebt zu sein, damit Ihr jene Bedingungen einer unverbrüchlichen Hingebung an die Liebkosungen Eurer Frau, die schon so gut wie Euer ist, ja beschwören und erfüllen könnt! Und hiemit bedanke ich mich des vorläufigen für genossene Pflege und Beköstigung und beurlaube mich!«

Somit ging Spiegel seines Weges und freute sich über die Dummheit des Hexenmeisters, welcher glaubte, sich selbst und alle Welt betrügen zu können, indem er ja die gehoffte Braut nicht uneigennützig, aus bloßer Liebe zur Schönheit, ehelichen wollte, sondern den Umstand mit den zehntausend Goldgülden vorher wußte. Indessen hatte er schon eine Person im Auge, welche er dem törichten Hexenmeister aufzuhalsen gedachte für seine gebratenen Krammetsvögel, Mäuse und Würstchen.

Dem Hause des Herrn Pineiß gegenüber war ein anderes Haus, dessen vordere Seite auf das sauberste geweißt war und dessen Fenster immer frisch gewaschen glänzten. Die bescheidenen Fenstervorhänge waren immer schneeweiß und wie soeben geplättet, und ebenso weiß war der Habit und das Kopf- und Halstuch einer alten Beghine, welche in dem Hause wohnte, also daß ihr nonnenartiger Kopfputz, der ihre Brust bekleidete, immer wie aus Schreibpapier gefaltet aussah, so daß man gleich darauf hätte schreiben mögen; das hätte man wenigstens auf der Brust bequem tun können, da sie so eben und so hart war wie ein Brett. So scharf die weißen Kanten und Ecken ihrer Kleidung, so scharf war auch die lange Nase und das Kinn der Beghine, ihre Zunge und der böse Blick ihrer Augen; doch sprach sie nur wenig mit der Zunge und blickte wenig mit den Augen, da sie die Verschwendung nicht liebte und alles nur zur rechten Zeit und mit Bedacht verwendete. Alle Tage ging sie dreimal in die Kirche, und wenn sie in ihrem frischen, weißen und knitternden Zeuge und mit ihrer weißen spitzigen Nase über die Straße ging, liefen die Kinder furchtsam davon, und selbst erwachsene Leute traten gern hinter die Haustüre, wenn es noch Zeit war. Sie stand aber wegen ihrer strengen Frömmigkeit und Eingezogenheit in großem Rufe und besonders bei der Geistlichkeit in hohem Ansehen, aber selbst die Pfaffen verkehrten lieber schriftlich mit ihr als mündlich, und wenn sie beichtete, so schoß der Pfarrer jedesmal so schweißtriefend aus dem Beichtstuhl heraus, als ob er aus einem Backofen käme. So lebte die fromme Beghine, die keinen Spaß verstand, in tiefem Frieden und blieb ungeschoren. Sie machte sich auch mit niemand zu schaffen und ließ die Leute gehen, vorausgesetzt, daß sie ihr aus dem Wege gingen; nur auf ihren Nachbar Pineiß schien sie einen besondern Haß geworfen zu haben; denn sooft er sich an seinem Fenster blicken ließ, warf sie ihm einen bösen Blick hinüber und zog augenblicklich ihre weißen Vorhänge vor, und Pineiß fürchtete sie wie das Feuer und wagte nur zuhinterst in seinem Hause, wenn alles gut verschlossen war, etwa einen Witz über sie zu machen. So weiß und hell aber das Haus der Beghine nach der Straße zu aussah, so schwarz und räucherig, unheimlich und seltsam sah es von hinten aus, wo es jedoch fast gar nicht gesehen werden konnte als von den Vögeln des Himmels und den Katzen auf den Dächern, weil es in eine dunkle Winkelei von himmelhohen Brandmauern ohne Fenster hineingebaut war, wo nirgends ein menschliches Gesicht sich sehen ließ. Unter dem Dache dort hingen alte zerrissene Unterröcke, Körbe und Kräutersäcke, auf dem Dache wuchsen ordentliche Eibenbäumchen und Dornsträucher, und ein großer rußiger Schornstein ragte unheimlich in die Luft. Aus diesem Schornstein aber fuhr in der dunklen Nacht nicht selten eine Hexe auf ihrem Besen in die Höhe, jung und schön und splitternackt, wie Gott die Weiber geschaffen und der Teufel sie gern sieht. Wenn sie aus dem Schornstein fuhr, so schnupperte sie mit dem feinsten Näschen und mit lächelnden Kirschenlippen in der frischen Nachtluft und fuhr in dem weißen Scheine ihres Leibes dahin, indes ihr langes rabenschwarzes Haar wie eine Nachtfahne hinter ihr herflatterte. In einem Loch am Schornstein saß ein alter Eulenvogel, und zu diesem begab sich jetzt der befreite Spiegel, eine fette Maus im Maule, die er unterwegs gefangen.

»Wünsch guten Abend, liebe Frau Eule! Eifrig auf der Wacht?« sagte er, und die Eule erwiderte: »Muß wohl! Wünsch gleichfalls guten Abend! Ihr habt Euch lang nicht sehen lassen, Herr Spiegel!«

»Hat seine Gründe gehabt, werde Euch das erzählen. Hier habe ich Euch ein Mäuschen gebracht, schlecht und recht, wie es die Jahrszeit gibt, wenn Ihr s nicht verschmähen wollt! Ist die Meisterin ausgeritten?«

»Noch nicht, sie will erst gegen Morgen auf ein Stündchen hinaus. Habt Dank für die schöne Maus! Seid doch immer der höfliche Spiegel! Habe hier einen schlechten Sperling zur Seite gelegt, der mir heut zu nahe flog; wenn Euch beliebt, so kostet den Vogel! Und wie ist es Euch denn ergangen?«

»Fast wunderlich«, erwiderte Spiegel, »sie wollten mir an den Kragen. Hört, wenn es Euch gefällig ist.« Während sie nun vergnüglich ihr Abendessen einnahmen, erzählte Spiegel der aufmerksamen Eule alles, was ihn betroffen und wie er sich aus den Händen des Herrn Pineiß befreit habe. Die Eule sagte:

»Da wünsch ich tausendmal Glück, nun seid Ihr wieder ein gemachter Mann und könnt gehen, wo Ihr wollt, nachdem Ihr mancherlei erfahren!«

»Damit sind wir noch nicht zu Ende«, sagte Spiegel, »der Mann muß seine Frau und seine Goldgülden haben!«

»Seid Ihr von Sinnen, dem Schelm noch wohlzutun, der Euch das Fell abziehen wollte?«

»Ei, er hat es doch rechtlich und vertragsmäßig tun können,

und da ich ihn in gleicher Münze wiederbedienen kann, warum sollt' ich es unterlassen? Wer sagt denn, daß ich ihm wohltun will? Jene Erzählung war eine reine Erfindung von mir, meine in Gott ruhende Meisterin war eine simple Person, welche in ihrem Leben nie verliebt noch von Anbetern umringt war, und jener Schatz ist ein ungerechtes Gut, das sie einst ererbt und in den Brunnen geworfen hat, damit sie kein Unglück daran erlebe. ›Verflucht sei, wer es da herausnimmt und verbraucht‹, sagte sie. Es macht sich also in betreff des Wohltuns!«

»Dann ist die Sache freilich anders! Aber nun, wo wollt Ihr die entsprechende Frau hernehmen?«

»Hier aus diesem Schornstein! Deshalb bin ich gekommen, um ein vernünftiges Wort mit Euch zu reden! Möchtet Ihr denn nicht einmal wieder frei werden aus den Banden dieser Hexe? Sinnt nach, wie wir sie fangen und mit dem alten Bösewicht verheiraten!«

»Spiegel, Ihr braucht Euch nur zu nähern, so weckt Ihr mir ersprießliche Gedanken.«

»Das wußt ich wohl, daß Ihr klug seid! Ich habe das Meinige getan, und es ist besser, daß Ihr auch Euren Senf dazugebt und neue Kräfte vorspannt, so kann es gewiß nicht fehlen!«

»Da alle Dinge so schön zusammentreffen, so brauche ich nicht lang zu sinnen, mein Plan ist längst gemacht!«

»Wie fangen wir sie?«

»Mit einem neuen Schnepfengarn aus guten starken Hanfschnüren; geflochten muß es sein von einem zwanzigjährigen Jägerssohn, der noch kein Weib angesehen hat, und es muß schon dreimal der Nachttau darauf gefallen sein, ohne daß sich eine Schnepfe gefangen; der Grund aber hievon muß dreimal eine gute Handlung sein. Ein solches Netz ist stark genug, die Hexe zu fangen.«

»Nun bin ich neugierig, wo Ihr ein solches hernehmt«, sagte Spiegel, »denn ich weiß, daß Ihr keine vergeblichen Worte schwatzt!«

»Es ist auch schon gefunden, wie für uns gemacht; in einem Walde nicht weit von hier sitzt ein zwanzigjähriger Jägerssohn, welcher noch kein Weib angesehen hat; denn er ist blind geboren. Deswegen ist er auch zu nichts zu gebrauchen als zum Garnflechten und hat vor einigen Tagen ein neues, sehr schönes Schnepfengarn zustande gebracht. Aber als der alte Jäger es zum ersten Male ausspannen wollte, kam ein Weib daher, welches ihn zur Sünde verlocken wollte; es war aber so häßlich, daß der alte Mann voll Schreckens davonlief und das Garn am Boden liegenließ. Darum ist ein Tau darauf gefallen, ohne daß sich eine Schnepfe fing, und war also eine gute Handlung daran schuld. Als er des andern Tages hinging, um das Garn abermals auszuspannen, kam eben ein Reiter daher, welcher einen schweren Mantelsack hinter sich hatte; in diesem war ein Loch, aus welchem von Zeit zu Zeit ein Goldstück auf die Erde fiel. Da ließ der Jäger das Garn abermals liegen und lief eifrig hinter dem Reiter her und sammelte die Goldstücke in seinen Hut, bis der Reiter sich umkehrte, es sah und voll Grimm seine Lanze auf ihn richtete. Da bückte der Jäger sich erschrocken, reichte ihm den Hut dar und sagte: ›Erlaubt, gnädiger Herr, Ihr habt hier viel Gold verloren, das ich Euch sorgfältig aufgelesen!‹ Dies war wiederum eine gute Handlung, indem das ehrliche Finden eine der schwierigsten und besten ist; er war aber so weit von dem Schnepfengarn entfernt, daß er es die zweite Nacht im Walde liegenließ und den nähern Weg nach Hause ging. Am dritten Tag endlich, nämlich gestern, als er eben wieder auf dem Wege war, traf er eine hübsche Gevattersfrau an, die dem Alten um den Bart zu gehen pflegte und der er schon manches Häslein geschenkt hat. Darüber vergaß er die Schnepfen gänzlich und sagte am Morgen: ›Ich habe den armen Schnepflein das Leben geschenkt; auch gegen Tiere muß man barmherzig sein!‹ Und um dieser drei guten Handlungen willen fand er, daß er jetzt zu gut sei für diese Welt, und ist heute vormittag beizeiten in ein Kloster gegangen. So liegt das Garn noch ungebraucht im Walde, und ich darf es nur holen.« – »Holt es geschwind!« sagte Spiegel, »es wird gut sein zu unserm Zweck!« – »Ich will es holen«, sagte die Eule, »steht nur solang Wache für mich in diesem Loch, und wenn etwa die Meisterin den Schornstein hinaufrufen sollte, ob die Luft rein sei, so antwortet, indem Ihr meine Stimme nachahmt: Nein, es stinkt noch nicht in der Fechtschul!«

Spiegel stellte sich in die Nische, und die Eule flog still über die Stadt weg nach dem Wald. Bald kam sie mit dem Schnepfengarn zurück und fragte: »Hat sie schon gerufen?« – »Noch nicht!« sagte Spiegel.

Da spannten sie das Garn aus über den Schornstein und setzten sich daneben still und klug; die Luft war dunkel, und es ging ein leichtes Morgenwindchen, in welchem ein paar Sternbilder flackerten. »Ihr sollt sehen«, flüsterte die Eule, »wie geschickt die durch den Schornstein heraufzusäuseln versteht, ohne sich die blanken Schultern schwarz zu machen!« – »Ich hab sie noch nie so nah gesehen«, erwiderte Spiegel leise, »wenn sie uns nur nicht zu fassen kriegt!«

Da rief die Hexe von unten: »Ist die Luft rein?« Die Eule rief: »Ganz rein, es stinkt herrlich in der Fechtschul!« und alsobald kam die Hexe heraufgefahren und wurde in dem Garne gefangen, welches die Katze und die Eule eiligst zusammenzogen und verbanden. »Halt fest!« sagte Spiegel und »Binde gut!« die Eule. Die Hexe zappelte und tobte mäuschenstill wie ein Fisch im Netz; aber es half ihr nichts, und das Garn bewährte sich auf das beste. Nur der Stiel ihres Besens ragte durch die Maschen. Spiegel wollte ihn sachte herausziehen, erhielt aber einen solchen Nasenstüber, daß er beinahe in Ohnmacht fiel und einsah, wie man auch einer Löwin im Netz nicht zu nahe kommen dürfe. Endlich hielt sich die Hexe still und sagte: »Was wollt ihr denn von mir, ihr wunderlichen Tiere?«

»Ihr sollt mich aus Eurem Dienste entlassen und meine Freiheit zurückgeben!« sagte die Eule. »So viel Geschrei und wenig Wolle!« sagte die Hexe, »du bist frei, mach dies Garn auf!« – »Noch nicht!« sagte Spiegel, der immer noch seine Nase rieb, »Ihr müßt Euch verpflichten, den Stadthexenmeister Pineiß, Euren Nachbar, zu heiraten auf die Weise, wie wir Euch sagen werden, und ihn nicht mehr zu verlassen!« Da fing die Hexe wieder an zu zappeln und zu prusten wie der Teufel, und die Eule sagte: »Sie will nicht dran!« Spiegel aber sagte: »Wenn Ihr nicht ruhig seid und alles tut, was wir wünschen, so hängen wir das Garn samt seinem Inhalte da vorn an den Drachenkopf der Dachtraufe, nach der Straße zu, daß man Euch morgen sieht und die Hexe erkennt! Sagt also: Wollt Ihr lieber unter dem Vorsitze des Herrn Pineiß gebraten werden oder ihn braten, indem Ihr ihn heiratet?«

Da sagte die Hexe mit einem Seufzer: »So sprecht, wie meint Ihr die Sache?« Und Spiegel setzte ihr alles zierlich auseinander, wie es gemeint sei und was sie zu tun hätte. »Das ist allenfalls noch auszuhalten, wenn es nicht anders sein kann!« sagte sie und ergab sich unter den stärksten Formeln, die eine Hexe binden können. Da taten die Tiere das Gefängnis auf und ließen sie heraus. Sie bestieg sogleich den Besen, die Eule setzte sich hinter sie auf den Stiel und Spiegel zuhinterst auf das Reisigbündel und hielt sich da fest, und so ritten sie nach dem Brunnen, in welchen die Hexe hinabfuhr, um den Schatz heraufzuholen.

Am Morgen erschien Spiegel bei Herrn Pineiß und meldete ihm, daß er die bewußte Person ansehen und freien könne; sie sei aber allbereits so arm geworden, daß sie, gänzlich verlassen und verstoßen, vor dem Tore unter einem Baum sitze und bitterlich weine. Sogleich kleidete sich Herr Pineiß in sein abgeschabtes gelbes Samtwämschen, das er nur bei feierlichen Gelegenheiten trug, setzte die bessere Pudelmütze auf und umgürtete sich mit seinem Degen; in die Hand nahm er einen alten grünen Handschuh, ein Balsamfläschchen, worin einst Balsam gewesen und das noch ein bißchen roch, und eine papierne Nelke, worauf er mit Spiegel vor das Tor ging, um zu freien. Dort traf er ein weinendes Frauenzimmer sitzen unter einem Weidenbaum, von so großer Schönheit, wie er noch nie gesehen; aber ihr Gewand war so dürftig und zerrissen, daß, sie mochte sich auch schamhaft gebärden, wie sie wollte, immer da oder dort der schneeweiße Leib ein bißchen durchschimmerte. Pineiß riß die Augen auf und konnte vor heftigem Entzücken kaum seine Bewerbung vorbringen. Da trocknete die Schöne ihre Tränen, gab ihm mit süßem Lächeln die Hand, dankte ihm mit einer himmlischen Glockenstimme für seine Großmut und schwur, ihm ewig treu zu sein. Aber im selben Augenblicke erfüllte ihn eine solche Eifersucht und Neideswut auf seine Braut, daß er beschloß, sie vor keinem menschlichen Auge jemals sehen zu lassen. Er ließ sich bei einem uralten Einsiedler mit ihr trauen und feierte das Hochzeitmahl in seinem Hause, ohne andere Gäste als Spiegel und die Eule, welche ersterer mitzubringen sich die Erlaubnis erbeten hatte. Die zehntausend Goldgülden standen in einer Schüssel auf dem Tisch, und Pineiß griff zuweilen hinein und wühlte in dem Golde; dann sah er wieder die schöne Frau an, welche in einem meerblauen Sammetkleide dasaß, das Haar mit einem goldenen Netze umflochten und mit Blumen geschmückt und den weißen Hals mit Perlen umgeben. Er wollte sie fortwährend küssen, aber sie wußte verschämt und züchtig ihn abzuhalten, mit einem verführerischen Lächeln, und schwur, daß sie dieses vor Zeugen und vor Anbruch der Nacht nicht tun würde. Dies machte ihn nur noch verliebter und glückseliger, und Spiegel würzte das Mahl mit lieblichen Gesprächen, welche die schöne Frau mit den angenehmsten, witzigsten und einschmeichelndsten Worten fortführte, so daß der Hexenmeister nicht wußte, wie ihm geschah vor Zufriedenheit. Als es aber dunkel geworden, beurlaubten sich die Eule und die Katze und entfernten sich bescheiden; Herr Pineiß begleitete sie bis unter die Haustüre mit einem Lichte und dankte dem Spiegel nochmals, indem er ihn einen trefflichen und höflichen Mann nannte, und als er in die Stube zurückkehrte, saß die alte weiße Beghine, seine Nachbarin, am Tisch und sah ihn mit einem bösen Blick an. Entsetzt ließ Pineiß den Leuchter fallen und lehnte sich zitternd an die Wand. Er hing die Zunge heraus, und sein Gesicht war so fahl und spitzig geworden wie das der Beghine. Diese aber stand auf, näherte sich ihm und trieb ihn vor sich her in die Hochzeitkammer, wo sie mit höllischen Künsten ihn auf eine Folter spannte, wie noch kein Sterblicher erlebt. So war er nun mit der Alten unauflöslich verehelicht, und in der Stadt hieß es, als es ruchbar wurde: »Ei seht, wie stille Wasser tief sind! Wer hätte gedacht, daß die fromme Beghine und der Herr Stadthexenmeister sich noch verheiraten würden! Nun, es ist ein ehrbares und rechtliches Paar, wenn auch nicht sehr liebenswürdig!«

Herr Pineiß aber führte von nun an ein erbärmliches Leben; seine Gattin hatte sich sogleich in den Besitz aller seiner Geheimnisse gesetzt und beherrschte ihn vollständig. Es war ihm nicht die geringste Freiheit und Erholung gestattet, er mußte hexen vom Morgen bis zum Abend, was das Zeug halten wollte, und wenn Spiegel vorüberging und es sah, sagte er freundlich: »Immer fleißig, fleißig, Herr Pineiß?«

Seit dieser Zeit sagt man zu Seldwyla: Er hat der Katze den Schmer abgekauft! besonders wenn einer eine böse und widerwärtige Frau erhandelt hat.

# Stella Whitelaw
Der Vorstadtlöwe

Die ganze Straße geriet in Panik. Mütter stürmten raus, um ihre Kinder vom Spielplatz reinzuzerren. Der Milchmann legte den Gang in seinem Auto ein und brauste mit zwanzig Sachen davon. Männer unterbrachen ihre Arbeit im Garten, warfen die Spaten hin und flitzten ins Haus. Mrs. Parker holte sogar ihre Wäsche von der Leine. Sie wollte nicht, daß ein Löwe ihre beste Unterwäsche frißt.

Angst breitete sich in allen Familien aus. Und zwar echte blanke Angst, nicht der künstliche Schrecken eines Horrorfilms aus der Flimmerkiste. Sie konnten schon hören, wie die Kiefer Fleisch zerrissen und Knochen zermalmten.

Ein Polizeiauto näherte sich und fuhr mit aufblitzender Rundumleuchte durch die Gegend. »Bleiben Sie in Ihren Häusern! Dies ist ein Ausnahmezustand!« plärrte der Lautsprecher.

»Was sagt er?« fragte Donald Miles, die Hand am Ohr. »Auf den Boden legen? Kommt die IRA?«

»Nein, Opa«, beruhigte ihn Alison. »Sie sagen, wir sollen drinbleiben. Es handelt sich lediglich um eine Vorsichtsmaßnahme.«

»Ich wollte sowieso nicht weggehen.«

Alison stand am Fenster und schaute zum dröhnenden Hubschrauber hoch. Wie eine betrunkene Libelle suchte der mit langen Tauchflügen den Kanal und die Rangiergleise ab. Alison wollte hinaus. Sie wollte draußen nach Rufus suchen. Der würde einen leckeren Bissen für einen hungrigen Löwen abgeben. Es schauderte sie, als sie sich das Schlimmste vorstellte: wie Rufus' schöner Schwanz dem Löwen aus dem riesigen Fang hing und Blut und Speichel an dessen zottigem Fell runtertropften.

Sie schaltete die Nachrichten ein. Da kam es, eingezwängt zwischen einen studentischen Protestmarsch wegen Stipendien und einen Postraub. Bei Lufton Marshes hatte man einen Löwen gesichtet; auf diesem einstigen Marschland, das man in viktorianischer Zeit trockengelegt und erschlossen hatte. Die Bestie war an verschiedenen Orten ausgemacht worden: wie sie sich auf einem Lokomotivschuppen in der Sonne rekelte, wie sie den Weg am Kanal entlangstrich, wie sie in den Schrebergärten auf dem Hügel was zu futtern suchte, wie sie im städtischen Park brüllte.

Man hatte rasch einen Raubtierexperten vom Londoner Zoo herbeigerufen, der dem unbekannten Objekt nun mit seinem Team auflauerte, bewaffnet mit einem Betäubungsgewehr.

»Sieht für mich ganz nach einem jungen Löwen aus«, sagte er zuversichtlich zu dem Reporter. Man zeigte ihm ein verwackeltes Amateurvideo, ganz verschwommen und unscharf, das eine undeutliche Gestalt vermuten ließ. »Wir überprüfen private Zoos. Allerdings ist seit Jahren schon kein Löwe mehr vermißt worden.«

Superintendent John Foster von der Polizei von Lufton Marshes gab eine Pressekonferenz. »Wir sind überzeugt, daß es sich um ein junges Tier der Gattung Löwe handelt. Die Öffentlichkeit wird davor gewarnt, sich ihm zu nähern. Es könnte gefährlich sein.«

Mrs. Parker wurde befragt. Sie hatte das Tier zufällig bemerkt, als sie oben auf einer Leiter hockte und die oberen Fenster putzte. »Es ist bestimmt ein Leopard oder ein Puma. Im Park schlich er sich an einen Hund heran. Ein riesiges Biest, es war ... gestreift. Und ich glaube, ich hörte es brüllen. Vielleicht ist es von einem Zirkus ausgerissen.«

»Die Polizei ermahnt alle Personen, im Haus zu bleiben«, sagte ein Nachrichtensprecher aus der Sicherheit eines klimatisierten Studios. »Jetzt weiter mit dir, Gargy.«

»Danke, Tim.«

Alison stellte die Sendung ab. Rufus trieb sich ständig am Kanal rum. Er dachte, darin gäbe es frische Fische und nicht nur alte Drahtesel, kaputte Reifen und allerlei Unrat. Einmal hatte er eine Plastikflasche rausgeangelt und zum Kochen nach Hause zu Alison geschleppt.

Rufus war auch ein ausgemacht fanatischer Zugbeobachter. Der Tag ging erst dann richtig los, wenn er morgens am Bahndamm mindestens drei Züge in jeder Richtung registriert hatte.

Vermutlich war er die Wiedergeburt eines schmuddligen Notizbuchs, in dem alles festgehalten war. Alison hütete sich davor, sich über seine Besessenheit lustig zu machen. Es war sein gutes Recht, alles zu beobachten. Und der Park ... er sammelte Vögel. Natürlich nicht wirklich, nur im Geiste. Rufus hielt sich für einen großen weißen Jäger.

»Ich geh mal kurz weg«, sagte sie und zog sich den Anorak an.
»Was ist mit der IRA?« fragte der Großvater.
»Mach dir keine Sorgen wegen denen. Ich bin rechtzeitig zurück, um dir Abendbrot zu machen.«

Alison betreute ihren Großvater umsonst. Außerdem hatte sie einen Ganztagsjob in einem Büro, wo sie sinnlose Briefe in Angelegenheiten tippte, die ebenso mit einem kurzen Anruf hätten erledigt werden können. Sie sagte nichts. Sie wurde dafür bezahlt, Diktate von ihrem Boß aufzunehmen und sie abzutippen. Die ganze Arbeit hätte sie in der Hälfte der Zeit allein geschafft.

Sie trat in den sonnenlosen Abend hinaus. Die Nachtkerze von nebenan verströmte ihre tägliche Dosis Beruhigung. Von der nahen Themse, die grau und träge dahinfloß, kam der Geruch ihres Wegs zum offenen Meer hin. Aus den Küchen stieg etwas anderes in die Nase ... Curry, Pommes, Chili, Hammelfleisch im Eintopf, Pizzas. Gewiß ist Rufus inzwischen auf dem Heimweg? Er hatte ständig Hunger. Für einen Streifen Pizza, mit Käse überbacken, würde er seine Seele verkaufen.

Alison schien es nicht ausgeschlossen, daß da draußen eine ungewöhnlich große Katze herumstreunte. Hatte man sie nicht in Devon gesehen, auf Bodmin Moor, in Shropshire, Worcestershire? Warum also nicht in London? Der Fuchs war inzwischen ein Stadttier geworden und schlich um die Mülltonnen auf der Suche nach Resten. Warum nicht auch große Katzen?

Ein Nachbar hatte den Fernseher laut aufgedreht. »Mindestens zwei Meter zehn von Schnauze bis Schwanz. Er könnte einem die Kehle aufschlitzen«, hörte sie den Kommentator verkünden.

»Rufus, Rufus«, jammerte sie. »Wo steckst du? Ich muß dich finden.«

Es war für sie nicht leicht, sich um ihren Großvater zu kümmern, aber es fiel ihr nicht im Traum ein, ihn in ein Heim zu bringen. Das wäre sehr herzlos. Sie dachte an die Zeit, als er noch munter und voller Späße gewesen war und sie auf seinem Knie gesessen und er ihr Geschichten vorgelesen hatte. Und im Garten hatte er mit ihr Ball gespielt und ihr das Fangen beigebracht. Diese Erinnerungen konnte man nicht einfach wegwerfen. Es war nicht seine Schuld, daß er alt geworden war.

Aber es war anstrengend mit ihm. Es kostete sie ihre ganze Energie. Selbst im Schlaf noch blieb sie auf dem Sprung, falls er aufstand und anfing rumzuwandern.

»Um Himmels willen, was machen Sie denn hier draußen?«

Es war ein hochgewachsener Mann mit angespannten Nerven. Er trug eine Brille und ein Gewehr. Alison hielt vor Schreck die Luft an. Sie überlegte, ob sie an ihm vorbeikäme und irgendwie abhauen könnte.

»Ich weiß nicht, was Sie vorhaben«, stieß sie hervor. »Aber ich gehe weiter und sage nicht, daß ich Sie getroffen habe. Ich bin nur draußen, um meine Katze zu suchen.« Alison zog den Reißverschluß hoch, als sei der Anorak ihre Rüstung. Plötzlich war es sehr kalt.

»Ich suche auch eine Katze, einen Puma, Leoparden, Löwen. Alle Minuten bekomme ich eine andere Beschreibung. Schwarz, gestreift, gefleckt. Augenscheinlich wimmelt es in London von großen Katzen, die durch die Straßen streifen. Während der letzten Stunde wurde das Tier ein dutzendmal gesehen«, sagte er und nahm das Gewehr locker auf die Hüfte.

»Oh, Sie sind der Zoo-Mensch aus dem Fernsehen.«

»Ewan Proposki. Das ist walisisch und russisch. So die richtige Mischung. Meine Eltern sind beide eingewandert.«

»Mr. Prop ... Prop ...?«

»Nennen Sie mich Ewan. Hören Sie, Sie sollten sich nicht hier draußen rumtreiben, junge Dame. Es ist zu gefährlich.«

»Es ist wegen Rufus«, sagte Alison und hielt Schritt mit ihm. »Das ist keine x-beliebige alte Hauskatze. Er ist etwas ganz Besonderes. Auf komische Weise sorgt er dafür, daß ich nicht durchdrehe. Es heißt, Katzen wirken therapeutisch, wenn man einen Herzanfall hat oder krank ist. Also krank bin ich nicht, aber mein Leben ist irgendwie festgefahren, immer derselbe Trott. Und er ist mein Rettungsanker. Ich weiß nicht, was ich ohne ihn machen sollte. Er ist der einzige Freund, für den ich mir Zeit nehme.«

In der sich senkenden Düsternis schaute Ewan sie näher an. »Dann müssen Sie etwas in Ihrem Leben ändern, sich Freunde suchen. Die Zeit vergeht zu schnell.«

»Ich weiß. Aber ich bin eine Gefangene in der eigenen Wohnung«, sagte Alison. Sie merkte, daß das etwas überzogen klang. »Okay, ich gehe arbeiten, aber das ist bloß eine andere Art von Gefängnis. Dann renne ich nach Hause, so schnell ich kann, und hoffe, Großvater hat nicht die Küche in Brand gesteckt oder das Wasser laufen lassen, und er ist nicht die Treppe runtergestürzt.«

Er verstand, ohne daß sie weitersprach. »Also erzählen Sie mir was über Rufus.«

Alison strahlte übers ganze Gesicht, und selbst in der zunehmenden Dunkelheit konnte er die Herzenswärme in ihren Augen erkennen.

»Er ist mehr als eine Katze. Er ist ein richtiger Mensch, ein Mitglied der Familie. Ich habe ihn, seit er ganz klein war. Wir sind zusammen aufgewachsen. Ich tue so, als verstünde er, was ich sage ...«

»Vielleicht versteht er es.«

Sie hatten einen weiten Bogen geschlagen und standen nun vor Alisons Haus. Von Rufus war weit und breit nichts zu sehen gewesen, kein einziges Barthaar. Alison wollte ihre Suche fortsetzen.

»Nein«, sagte Ewan entschieden. »Es ist sehr gefährlich. Große Katzen sind im Morgengrauen und in der Abenddämmerung am aktivsten. Gehen Sie bitte hinein. Glauben Sie mir. Rufus muß jetzt für sich selbst sorgen.«

Rufus hatte einen wunderbaren Tag verbracht. Es herrschte dieser helle, klare Sonnenschein, den er am liebsten hatte, noch dazu wenn ein leichter Wind sein langhaariges Fell zerzauste.

Kein Regen. Er haßte Regen. Alles, was mit dem Baden zu tun hatte.

An jenem Morgen hatte es Alison furchtbar eilig gehabt. Der alte Mann hatte mehr Schwierigkeiten gemacht als sonst. Ganz automatisch hatte sie zwei Büchsen gehacktes Kaninchenfleisch geöffnet, als habe sie sozusagen auf Autopilot geschaltet. Rufus gab sich keine Mühe, sie darauf hinzuweisen. Weshalb Scherereien machen? Er aß beide Portionen auf, um ihr keine Umstände zu bereiten.

Es war ein herrlicher Vormittag. Rufus beobachtete den 8.15 Uhr-, den 8.45 Uhr- und den 9.10 Uhr-Zug Richtung London, vollbesetzt mit Berufspendlern. Große klappernde Schlangen, dachte er, aneinandergebunden. Es gab ihm ein Gefühl der Sicherheit, wenn er beobachtete, daß sie trotz all des Geschnaufes und Gepustes nicht unerwartet aus der Reihe tanzten. Es waren gefangene Schlangen, gezähmt von den Gleisen. Noch nie hatte er erlebt, daß eine ausbrach und woandershin lief.

Den 9.10 Uhr-Zug knurrte er laut an, doch der ließ sich nicht aus dem Takt bringen. Na wenn schon! Das machte nichts.

Dann zog er den Weg neben dem Streifen Wasser entlang, den sie Kanal nennen, um nachzusehen, ob er noch da war. Einmal hatte er einen Fisch im Wasser erspäht, ein glänzendes, silbriges Geschoß, das da vorbeisauste, fleischig und triefend. Er gab die Hoffnung nicht auf, einen zu fangen. Mehrere Male glaubte er fast, einen gesehen zu haben. Er starrte gebannt ins Wasser, auf dem Rücken sträubten sich ihm allmählich die Haare, er verspürte Angst, Entsetzen packte ihn. Irgendwas stimmte nicht. Zwei riesengroße grüne Augen stierten ihn an. Vor Schreck sprang er auf, das Fell steif aufgerichtet, mit zitternden Barthaaren. Er schaute zurück, doch da war nichts.

Mit pochendem Herzen jagte er davon.

Keiner seiner Freunde arbeitete heute in den Schrebergärten. Er fragte sich, warum nicht. Gewöhnlich konnte er mit ein paar Happen von ihrem zweiten Frühstück rechnen. Nachdenklich kaute er auf einer altbackenen Kruste Schinkenbrot herum. Wo waren sie alle hin?

Er war ganz allein auf weiter Flur, abgesehen von diesen verdammten Tauben, die sich über die blassen Spitzen des frisch gepflanzten Gemüses hermachten. Die Vögel zerrten die Pflänzchen heraus und warfen hemmmungslos damit um sich.

Rufus merkte, wie sich die Empörung in ihm aufstaute. Mit einem Sprung, der Superman Ehre gemacht hätte, stürzte er sich mitten unter die Taubenschar und fuchtelte wie wild mit seinen Krallen herum. Die Tauben kreischten und flogen gepeinigt auf, wobei sie einige Federn ließen. Eine Taube bekam einen Tatzenhieb voll ab und taumelte zwischen zwei Reihen Salatköpfen entlang.

Rufus sah sich das überrascht an. Noch nie hatte er einen Vogel wirklich gefangen und wußte nun nicht, was er als nächstes tun sollte. Instinktiv dachte er daran, nach Hause zu laufen und es Alison zu erzählen. Die Taube löste das Problem, indem sie zur Seite plumpste und vor Angst starb.

Auch für Rufus war das ein Schock. Er hatte nicht vorgehabt, sie zu töten, sondern nur, sie von den zarten Pflanzen wegzuscheuchen. Nun, da lag sie also, warm und verführerisch nach frischem Fleisch duftend. Einmal kosten würde doch nichts schaden, oder? Den Geschmack von ranzigem Schinken loswerden...

Später watschelte er los, sein Magen schwankte hin und her, Federn steckten in seinen Barthaaren. Nach dem üppigen Mahl brauchte er ein Verdauungsschläfchen. Mit einigen Schwierigkeiten kletterte er auf ein Schuppendach und schlief in der warmen Sonne ein, wobei er sich wohlig ganz lang ausstreckte, um soviel Sonnnenstrahlen wie möglich abzubekommen.

In den lokalen Neun-Uhr-Nachrichten gab es an dem Abend nicht viel zu berichten; deshalb begannen sie gleich mit dem Löwen, der Lufton Marshes unsicher machte. Wieder wurde Ewan Proposki interviewt, und Alison dachte, wie vernünftig er klingt. Aber er sah müde aus.

»Ende der sechziger Jahre war ein schwarzer Leopard natürlich ein beliebtes Statussymbol«, sagte er. »Ein Zeichen von Reichtum und Macht. Die Leute führten sie an der Leine aus wie Pudel. Dann wurden sie ihrer überdrüssig und ließen sie einfach frei. Einige Leoparden haben sich vielleicht mit Hauskatzen gepaart und eine neue Gattung hervorgebracht.«

Der Löwe wurde noch öfter gesichtet. Er war an verschiedenen Orten aufgetaucht und immer wieder verschwunden. Es gab Gerüchte, daß er ein Kind angegriffen habe. Der Junge war mit langen Kratzspuren am Arm in die Unfallklinik gebracht worden, und er sagte, er habe versucht, ein sehr großes Tier mit einem Fell aufzuheben.

»Es war riesig«, schluckte er vor einem Schwarm von Reportern. Er machte die Arme breit. »So riesig.«

»Und wie sah es aus?«

»Es hatte Flecken und Streifen«, sagte der Junge, dem es langsam gefiel, so im Mittelpunkt zu stehen. »Und es war schwarz und orange. Mit einem Schwanz.«

»Ein gefleckter, gestreifter, schwarzer und orangefarbener Löwe?«

»Ja.«

Und eine Gruppe ausländischer Touristen reagierte vollkommen hysterisch, als einer von ihnen angeblich den Löwen vor dem Hotelfenster vorbeischleichen sah. Allen war die Angst so in die Glieder gefahren, daß sie das Hotel nicht verlassen wollten, obwohl sie Karten für *Sunset Boulevard* hatten.

»Wir nehmen die erste Maschine nach Hause«, sagte ihr Sprecher.

Ewan Proposki beendete sein Interview mit einer Warnung. »Fotografieren Sie das Tier nicht mit Blitzlicht. Vermutlich hat es die Orientierung verloren. Dieses Ding – Löwe, Leopard oder Puma, was immer es ist – existiert. Bleiben Sie inIhren vier Wänden und überlassen Sie alles den Experten.«

Alison setzte ihren Großvater vor den Fernseher und stellte einen Teller mit seinen Lieblingspfefferminzbonbons neben ihn.

»Jetzt wirst du schön fernsehen, Opa«, sagte sie. »Hier sind deine Bonbons. Ich bin gleich wieder da. Ich muß noch mal einen Augenblick weg.«

»Hab ich schon mein Abendbrot gehabt?« fragte er.

»Ja, du hast dein Abendbrot gehabt.«

Alison nahm sich zusammen, faßte sich ein Herz. Für die Nacht war ein Ausgehverbot für diese Gegend verhängt worden, aber sie scherte sich nicht darum. Sie war ganz außer sich vor Sorge. Rufus war nie so spät noch draußen gewesen. Gewöhnlich lag er um diese Zeit zusammengerollt auf dem Heißwasserspeicher und aalte sich in der Wärme.

Immer noch schwebte ein Hubschrauber am Himmel. Seine Scheinwerfer suchten wie ein Lichtengel die dunklen Verstecke ab. Bäume ragten silbern und unwirklich auf. Dachfirste und Schornsteine hoben sich wie ausgeschnitten vom Himmel ab.

Alison wußte nicht, wo sie mit der Suche beginnen sollte. Vorsichtig lief sie am Bahndamm entlang. Er liebte Züge. Es war leicht, sich unter der Schranke durchzuwinden oder über den Zaun zu klettern.

»Rufus! Rufus!« rief sie.

Der Kanal war ein unheimliches dunkles Band von Wasser, das unbeschreiblich nach Abfall stank. Aber sie nahm den Weg mit erhobenem Kopf und durchgedrücktem Kreuz und ließ den Mut nicht sinken.

»Rufus! Rufus!«

Sie kletterte über das Tor in die Schrebergärten. Hier besaß Rufus Freunde, wie sie wußte. Sie hatten es ihr erzählt. Alte Männer und einsame Witwer. »Ihre Katze ist ein toller Kerl«, sagten sie oft. Aber alles lag verlassen da. Als sie vorbeikam, richteten sich die grabenden Geister der Vergangenheit auf. Sie spürten ihre Not, lösten sich im nächtlichen Dunst auf, konnten nicht helfen.

»Rufus! Rufus!«

Das Parktor war zu, aber nicht abgeschlossen. Sie hatten vergessen abzuschließen. Vielleicht war der Wächter auf und davon, verängstigt ob der Meldungen über den Löwen.

Irgendwann einmal war sie mit einem Liebhaber in diesem Park spazieren gewesen, doch er war längst verschwunden und nun weniger als ein Schatten. Aber Erinnerungen tauchten auf und beunruhigten sie – Gedanken an heftige Küsse und die starken Arme eines Mannes, der sie festhielt.

»Rufus! Rufus!« flüsterte sie. »Bitte komm nach Hause…«

Eine mächtige zottige Gestalt sprang von einem Baum und landete auf ihrer Brust. Ihr Gewicht und der Aufprall rissen Alison zu Boden. Sie schrie und schnappte nach Luft.

»Nicht bewegen! Nicht bewegen!« Aus dem Nichts tauchte bewaffnete Polizei auf. Lampen blitzten. Die ganze Gegend war plötzlich taghell erleuchtet wie bei Filmaufnahmen.

»Nicht bewegen!« rief Ewan. »Ich habe ein Betäubungsgewehr. Keine Angst. Ich werde schießen.«

Es herrschte ein ungeheurer Lärm und Tumult. Alison schloß die Augen vor den klickenden Fotoapparaten der Reporter und den Fernsehteams, die ihre Kameras startklar machten, um ein paar Bilder für die Spätnachrichten einzufangen.

»Macht keinen Mist«, rief sie und wischte sich lange Fellsträhnen aus dem Mund. Sie kannte die Gestalt, wußte, wie sie sich anfühlt, kannte das pulsierende Schnurren des Tiers, das sie umklammerte. »Das ist kein Löwe. Das ist mein Rufus. Der tut niemandem was zuleide. Der wüßte gar nicht, wie.«

Sie rappelte sich auf und hielt immer noch den riesigen gelbbraunen Kater. Rufus war prächtig. Eine langhaarige, lohfarbene Katze mit lebhaften grünen Augen, Barthaaren wie Scheibenwischer, Klauen, geborgt von Dracula, und einem Schwanz, der kräftig und mit ekstatischer Lust durch die Luft peitschte.

»Das ist Ihr Rufus?« fragte Ewan ungläubig, als er zwischen den Bäumen hervortrat.

»Natürlich, das ist Rufus. Und Gott sei Dank ist ihm nichts passiert.«

Sie vergrub das Gesicht in dem dichten, langen Fell und gab sich ganz der Seligkeit des vertrauten Geruchs hin. Rufus war alles, was zählte.

»Sie können jetzt alle nach Hause gehen«, sagte Superintendent John Foster und entließ damit seine Männer. »Ich glaube, wir haben den Löwen von Lufton Marshes gefunden.«

Ewan begleitete Alison und versuchte, sich gegen Rufus' unverschämtes Schnurren Gehör zu verschaffen. Wie eine Pelzstola lag die Katze um Alisons Hals, wobei der federartige Schwanz gegen ihre Hüfte schlug.

»Sie haben mir nicht gesagt, daß er so groß ist«, sagte er laut.

»Sie haben mich nicht danach gefragt.«

»Ich dachte, ich jage einen Löwen.«

»Rufus besitzt das Herz eines Löwen«, sagte Alison und rieb ihr Gesicht an seinem weichen Kopf.

Sie kamen bei ihr zu Hause an. Das Schnurren ging über in ein kehliges Brummen, als Rufus der Schlaf übermannte und er in seine Träume von Mut und großen Taten hinüberglitt.

»Möchten Sie auf eine Tasse Kaffee mit hereinkommen?« fragte Alison zögernd. »Sie müssen ja völlig kaputt sein von dem langen Tag. Das ganze Fernsehen und so.«

»Nichts lieber als das«, sagte Ewan.

Irgendwas lag in der Luft. Veränderung, weg vom alten Trott, aber sie waren bereit dazu und lächelten einander an.

Rufus krallte seine Klauen in ihre Haare und knurrte vor sich hin, als er seinen glorreichen Tag als Löwe noch einmal durchlebte. Er liebte Züge. Morgen würde er den unverschämten 9.10 Uhr-Zug dopppelt so laut anbrüllen.

Charles Perrault
Der gestiefelte Kater

Ein Müller hinterließ als einziges Vermögen den drei Kindern, die er hatte, nur seine Mühle, seinen Esel und seinen Kater. Die Teilung war bald gemacht; weder Notar noch Prokurator wurden dazu gerufen – die hätten das armselige Erbe nur zu rasch verzehrt gehabt. Der Älteste bekam die Mühle, der Zweite bekam den Esel, und der Jüngste bekam nur den Kater.

Dieser Jüngste war untröstlich, einen so geringen Anteil bekommen zu haben. Er sagte:

»Meine Brüder können ihren Lebensunterhalt ehrlich verdienen, indem sie sich zusammentun; ich aber, wenn ich meinen Kater gegessen und mir aus seinem Fell einen Muff gemacht habe, ich muß Hungers sterben.«

Der Kater, der diese Rede hörte, es sich aber nicht merken ließ, sagte mit gewichtiger und ernsthafter Miene zu ihm:

»Seid nicht traurig, mein Herr; Ihr braucht mir nur einen Sack zu geben und mir ein Paar Stiefel machen zu lassen, mit denen ich durch das Gestrüpp laufen kann, und Ihr sollt sehen, daß Ihr nicht so schlecht gefahren seid, wie Ihr glaubt.«

Obwohl der Herr des Katers nicht zu sehr darauf baute, hatte er ihn immerhin so viele geschickte Streiche machen sehen, um Ratten oder Mäuse zu fangen (indem er sich etwa an den Füßen aufhing oder sich im Mehl versteckte und tot stellte), daß er durchaus nicht ohne Hoffnung war, von ihm Hilfe in seinem Elend zu erfahren.

Als der Kater über das verfügte, was er verlangt hatte, zog er sich keck die Stiefel an, nahm seinen Sack auf den Hals, wobei er die Bänder mit den Vorderpfoten festhielt, und lief schnurstracks zu einem Gehege, in dem eine große Zahl von Kaninchen gehalten wurde. Er tat Kleie und Korndisteln in seinen Sack, legte sich längelang hin, als sei er tot, und wartete, daß irgendein junges und mit den Tücken dieser Welt noch wenig vertrautes

Kaninchen in seinen Sack laufen möchte, um zu fressen, was er hineingetan hatte.

Kaum hatte er sich ausgestreckt, da hatte er schon Erfolg: ein junges, unbedachtes Kaninchen lief in seinen Sack, und Meister Kater zog sogleich die Bänder zu, griff es und tötete es ohne Erbarmen.

Ganz stolz auf seine Beute lief er schnurstracks zum König und verlangte ihn zu sprechen. Man ließ ihn in die Gemächer Seiner Majestät kommen, wo er gleich beim Eintreten eine tiefe Verbeugung vor dem König machte und zu ihm sagte:

»Hier bringe ich Euch, Sire, ein Gehegekaninchen. Der Herr Marquis von Carabas« (diesen Namen geruhte er seinem Herrn zu geben) »hat mich beauftragt, es Euch in seinem Namen zu überbringen.«

»Sage deinem Herrn«, gab der König zur Antwort, »daß ich ihm danke und daß er mir damit eine Freude macht.«

Ein anderes Mal versteckte er sich in einem Kornfeld und hielt wieder seinen Sack auf, und als zwei Rebhühner hineingelaufen waren, zog er die Bänder zu und griff sie beide.

Dann brachte er sie dem König, genau so, wie er es mit dem Gehegekaninchen getan hatte. Der König nahm die zwei Rebhühner wiederum mit Vergnügen und ließ ihm ein Trinkgeld geben.

Durch zwei oder drei Monate fuhr der Kater fort, dem König von Zeit zu Zeit ein Wildbret von der Jagd seines Herrn zu bringen. Eines Tages aber hörte er, daß der König am Ufer des Flusses mit seiner Tochter, der schönsten Prinzessin auf der Welt, spazierenfahren sollte, und er sprach zu seinem Herrn:

»Wenn Ihr meinem Rat folgen wollt, so ist Euer Glück gemacht: Ihr braucht nur im Fluß zu baden an der Stelle, die ich Euch zeigen will, und dann laßt mich machen.«

Der Marquis von Carabas tat, was ihm sein Kater riet, ohne zu wissen, wozu das gut sein mochte. Während er gerade badete, kam der König vorbei, und der Kater begann aus vollem Halse zu rufen:

»Hilfe! Hilfe! Der Herr Marquis von Carabas ist am Ertrinken!«

Auf dieses Geschrei hin steckte der König den Kopf aus der Wagentür, und als er den Kater erkannte, der ihm so oft Wildbret gebracht hatte, befahl er seinen Leibwächtern, man möge rasch dem Herrn Marquis von Carabas zu Hilfe eilen.

Während man den armen Marquis von Carabas aus dem Fluß zog, ging der Kater auf die Karosse zu und erzählte dem König, daß, während sein Herr gebadet habe, Diebe gekommen seien, die seine Kleider mitgenommen hätten, obwohl er aus vollem Halse »Haltet den Dieb« gerufen habe; sein leichtsinniger Herr habe sie unter einem Stein versteckt gehabt.

Der König befahl sogleich den Offizieren seiner Leibgarde, eines seiner schönsten Kleider für den Herrn Marquis von Carabas zu holen, ja, er sagte ihm tausend Freundlichkeiten, und als die schönen Kleider, die man ihm inzwischen gegeben hatte, sein hübsches Gesicht erst zur Geltung brachten (er war nämlich schön und von wohlgeratenem Wuchs), da fand ihn die Tochter des Königs sehr nach ihrem Geschmack, und der Marquis von Carabas hatte ihr kaum zwei oder drei zutiefst ergebene und ein klein wenig zärtliche Blicke zugeworfen, da war sie schon ganz närrisch in ihn verliebt.

Der König bestand darauf, daß er in die Karosse einstieg und an der Spazierfahrt teilnahm. Der Kater sah mit Entzücken, daß sein Plan anfing zu gelingen; er lief voraus, und als er ein paar Bauern traf, die eine Wiese mähten, sagte er zu ihnen:

»Ihr guten Leute, die ihr da mäht, wenn ihr nicht zum König sagt, daß die Wiese, welche ihr mäht, dem Herrn Marquis von Carabas gehört, so sollt ihr alle kleingehackt werden wie Pastetenfleisch.«

Der König verfehlte nicht, die Mäher zu fragen, wem die Wiese gehöre, die sie da mähten.

»Sie gehört dem Herrn Marquis von Carabas«, sagten sie alle zugleich; denn die Drohung des Katers hatte ihnen Angst gemacht.

»Ihr habt da ein schönes Erbteil«, sagte der König zum Marquis von Carabas.

»Wie Ihr seht, Sire«, erwiderte der Marquis, »das ist eine Wiese, die unfehlbar alle Jahre einen überreichen Ertrag bringt.«

Meister Kater, der immer noch vorauslief, traf ein paar Schnitter und sagte zu ihnen:

»Ihr guten Leute, die ihr das Korn schneidet, wenn ihr nicht sagt, daß alle diese Felder dem Herrn Marquis von Carabas gehören, so sollt ihr alle kleingehackt werden wie Pastetenfleisch.«

Als der König einen Augenblick später vorbeikam, wollte er wissen, wem alle diese Kornfelder gehörten, die er da sah.

»Sie gehören dem Marquis von Carabas«, antworteten die Schnitter. Und der König freute sich auch darüber mit dem Marquis.

Der Kater, der vor der Karosse herlief, sagte immer das gleiche zu allen Leuten, auf die er traf, und der König war ganz erstaunt über die großen Güter des Herrn Marquis von Carabas.

Endlich kam Meister Kater vor ein schönes Schloß, dessen Herr ein böser Zauberer war, der reichste, den man je gesehen hatte; denn alle Ländereien, durch die der König seine Spazierfahrt gemacht hatte, waren diesem Schlosse lehnspflichtig. Der Kater, der sich klüglich erkundigt hatte, wer dieser Zauberer war und was er konnte, verlangte ihn zu sprechen, indem er sagte, er habe nicht so nahe an seinem Schloß vorbeiziehen wollen, ohne die Ehre zu haben, ihm seine Aufwartung zu machen.

Der Zauberer empfing ihn so höflich, wie es ein böser Zauberer kann, und ließ ihn Platz nehmen.

»Man hat mir versichert«, sagte der Kater, »daß Ihr die Gabe habt, Euch in jede Art von Tier zu verwandeln; daß Ihr Euch also zum Beispiel in einen Löwen oder in einen Elefanten verwandeln könnt.«

»Das ist wahr«, erwiderte der Zauberer barsch, »und um es Euch zu beweisen, werdet Ihr gleich sehen, wie ich ein Löwe werde.«

Der Kater war so erschrocken, einen Löwen vor sich zu sehen, daß er sogleich auf die Dachtraufen floh, wahrlich nicht ohne Mühe und Gefahr wegen seiner Stiefel, die nicht geeignet waren, mit ihnen auf den Dachziegeln zu laufen.

Bald darauf, als der Kater gesehen hatte, daß der Zauberer wieder aus seiner ersten Verwandlung geschlüpft war, kam er herunter und gestand, daß er große Angst gehabt habe.

»Man hat mir sogar versichert«, sagte der Kater, »aber ich vermag es nicht zu glauben, daß Ihr auch Fähigkeit hättet, die Gestalt der allerkleinsten Tiere anzunehmen, also zum Beispiel Euch in eine Ratte oder in eine Maus zu verwandeln. Aber ich muß Euch gestehen, daß ich das für ganz unmöglich halte.«

»Unmöglich?« versetzte der Zauberer. »Ihr werdet sehen.« Und im gleichen Augenblick verwandelte er sich in eine Maus, die auf dem Boden umherzulaufen begann. Kaum hatte der Kater sie gesehen, da sprang er zu und fraß sie auf.

Unterdessen wollte der König, der im Vorbeifahren das schöne Schloß des Zauberers sah, hereinkommen. Als der Kater den Lärm der Karosse hörte, die über die Zugbrücke rollte, lief er entgegen und sagte zum König:

»Eure Majestät sei willkommen im Schloß des Herrn Marquis von Carabas!«

»Wie denn, Herr Marquis«, rief der König aus, »auch dieses Schloß gehört Euch! Es kann unmöglich etwas Schöneres geben als diesen Hof und alle diese Gebäude, die ihn umstehen; sehen wir uns doch einmal das Innere an, wenn es Euch gefällig ist.«

Der Marquis gab der jungen Prinzessin die Hand, und indem sie dem König folgten, der als erster hineinging, betraten sie einen großen Saal, wo sie einen prächtigen Imbiß vorfanden, den der Zauberer für seine Freunde hatte anrichten lassen, die ihn gerade an diesem Tage besuchen kommen sollten, aber nicht einzutreten gewagt hatten, als sie erfahren hatten, daß der König da sei.

Da der König nun von den guten Eigenschaften des Herrn Marquis von Carabas entzückt und auch seine Tochter ganz in ihn vernarrt war, und da er die großen Güter sah, die er besaß, sprach er zu ihm, nachdem er fünf oder sechs Becher getrunken hatte:

»Es liegt nur bei Euch, Herr Marquis, ob Ihr mein Schwiegersohn sein wollt.«

Der Marquis nahm unter tiefen Verbeugungen die Ehre an, die ihm der König erwies, und noch am selben Tage heiratete er die Prinzessin. Der Kater wurde ein großer Herr und stellte den Mäusen fortan nur noch zu seiner Zerstreuung nach.

Moral:

Moral

Wie groß auch sein mag der Betrag,
den einer glücklich erben mag
an Hab und Gut vom Vater auf den Sohn -
gemeinhin sind für junge Leute
doch Fleiß und klug erjagte Beute
mehr wert als solch ein müheloser Lohn.

Weitere Moral

Wenn hier der Sohn des Müllers so geschwind
das Herz der Königstochter sich gewinnt,
und sie ihm Blicke schenkt, aus denen Liebe spricht -
so sehn wir: Kleidung Jugend, Mienen,
sie sind, um zarter Mädchen Neigung, zu verdienen,
die schlechtesten Gehilfen nicht.

James Herriot
Olly und Ginny

Es ärgerte mich als Katzenliebhaber, daß meine eigenen Katzen sich so gar nichts aus mir machten. Ginny und Olly gehörten jetzt zur Familie. Wir liebten sie, und immer, wenn wir einen Tag unterwegs gewesen waren, öffnete Helen nach unserer Rückkehr als erstes die Hintertür und fütterte sie. Die Katzen wußten das sehr wohl; sie saßen entweder auf dem Mauersims und warteten auf sie, oder sie kamen aus der Richtung des Holzschuppens angelaufen, der ihre Wohnung war.

An unserem halben freien Tag hatten wir einen Ausflug nach Brawton gemacht, und die beiden standen wie immer bereit, als Helen einen Teller mit Fressen und eine Schüssel Milch für sie auf die Mauer stellte.

»Olly, Ginny«, flüsterte sie und streichelte die weichen, dichten Fellchen. Die Zeiten waren längst vorüber, als die beiden sich nicht von ihr hatten anfassen lassen. Jetzt rieben sie sich entzückt an ihrer Hand, machten einen Buckel und schnurrten, und während sie fraßen, strich Helen mit der Hand immer wieder ihren Rücken entlang. Sie waren so sanfte kleine Tiere, ihre Wildheit zeigte sich nur, wenn sie Angst hatten, und jetzt war ihre Angst vor Helen vorbei. Meine Kinder und einige andere Kinder aus dem Dorf hatten ebenfalls ihr Vertrauen gewonnen und durften sie vorsichtig liebkosen, doch Mr. Herriot lehnten sie rundweg ab.

Jetzt zum Beispiel, als ich geräuschlos auf die Mauer zuschritt, ließen sie ihr Fressen sofort fahren, zogen sich ein Stück zurück, wo sie sicher vor mir waren, und blieben dort stehen, immer noch mit einem Buckel, doch wie stets außerhalb meiner Reichweite. Sie betrachteten mich ohne jede Feindseligkeit, aber als ich eine Hand ausstreckte, wichen sie noch weiter zurück.

»Sieh dir doch die kleinen Strolche an«, sagte ich. »Sie wollen immer noch nichts mit mir zu tun haben.«

Es war eine ernüchternde Erfahrung, denn während meiner ganzen Jahre als Veterinärmediziner hatten mich Katzen immer fasziniert, und ich hatte festgestellt, daß mir das bei meinem Umgang mit ihnen half. Ich merkte, daß ich mit ihnen leichter fertigwerden konnte als die meisten anderen Leute, weil ich sie mochte und sie das fühlten. Ich war ziemlich stolz auf meinen Katzenverstand, meine Fähigkeit, ihr Vertrauen zu erringen, und es stand für mich fest, daß ich mich in die gesamte Spezies einfühlen konnte und daß sie mich alle gern hatten. Um die Wahrheit zu gestehen: ich hielt mich für einen Katzenliebling. Aber für diese beiden traf das ironischerweise nicht zu – diese beiden, die mir so am Herzen lagen.

Das war besonders schmerzlich, fand ich, weil ich sie behandelt und ihnen wahrscheinlich das Leben gerettet hatte, als sie an Katzengrippe erkrankt waren. Ob sie sich wohl daran erinnerten, fragte ich mich. Aber wenn sie es taten, so gab mir das offensichtlich noch lange nicht das Recht, sie anzufassen. Tatsächlich schien ihnen nur das eine im Gedächtnis geblieben zu sein: daß sie von mir in einem Netz eingefangen und dann in einen Käfig gesteckt worden waren, bevor ich sie sterilisiert und kastriert hatte. Ich hatte das Gefühl, daß, wann immer sie mich erblickten, ihnen zuerst das Netz und der Käfig einfielen.

Ich konnte nur hoffen, daß es im Lauf der Zeit zu einem Einvernehmen zwischen uns kommen würde, aber wie sich zeigte, arbeitete das Schicksal noch lange gegen mich. Vor allem war da die Sache mit Kater Ollys Fell. Im Gegensatz zu seiner Schwester war er langhaarig, und sein Fell verfilzte und verhedderte sich ständig. Wäre er ein gewöhnlicher zahmer Hauskater gewesen, hätte ich ihn gekämmt, wann immer das notwendig wurde, aber da ich nie dicht an ihn herankam, war ich hilflos. Wir hatten ihn vielleicht zwei Jahre, als Helen mich eines Tages in die Küche rief.

»Schau ihn dir an!« sagte sie. »Das sieht ja fürchterlich aus.«

Ich blickte durch das Fenster. Olly ähnelte tatsächlich ein wenig einer Vogelscheuche mit seinem verfilzten Fell und den baumelnden Knoten darin, in grausamem Kontrast zu seiner glatten, hübschen kleinen Schwester.

»Ich weiß, ich weiß. Aber was kann ich schon tun?« Ich wollte gerade vom Fenster weggehen, als ich etwas bemerkte. »Wart mal – unter seinem Hals hängen zwei schreckliche dicke Haarknäuel. Nimm diese Schere und geh hin zu ihm – ein paar schnelle Schnitte, und weg sind sie.«
Helen sah mich erschrocken an. »Ach, das haben wir doch schon früher probiert. Ich bin kein Tierarzt, und übrigens läßt er sich das auch von mir nicht gefallen. Ich darf ihn streicheln, aber das hier ist etwas anderes.«
»Ich weiß, aber versuch's doch mal. Es ist keine große Sache, wirklich nicht.« Ich drückte ihr eine an der Spitze gebogene Schere in die Hand und gab ihr dann durchs Fenster Anweisungen. »Jetzt schieb die Finger hinter diese dicke baumelnde Masse. Gut so. Jetzt hoch mit der Schere und –«
Aber beim ersten Aufblitzen des Stahls raste Olly davon und den Abhang hoch. Helen drehte sich verzweifelt zu mir um. »Es hat keinen Zweck, Jim – er läßt mich nicht mal einen einzigen Knoten abschneiden, und dabei hat er überall welche hängen.«
Ich blickte auf das zerzauste kleine Wesen, das in sicherer Entfernung von uns dastand. »Ja, du hast recht. Ich muß mir etwas einfallen lassen.«
Mir etwas einfallen lassen bedeutete, Olly zu betäuben, damit ich an ihn herankonnte, und gleich mußte ich an meine Nembutal-Kapseln denken, auf die immer Verlaß war. Dieses orale Anästhetikum hatte sich in zahllosen Fällen, wo ich mit Tieren zu tun hatte, die keinen Menschen an sich heran ließen, als wertvoller Verbündeter erwiesen, doch dieser Fall lag etwas anders. Sonst waren meine Patienten immer hinter geschlossenen Türen gefangen gewesen, aber Olly war draußen in Freiheit und konnte sich nach Belieben in dem ganzen weiten Gelände bewegen. Ich durfte ihn nicht der Gefahr aussetzen, irgendwo draußen einzuschlafen, wo ein Fuchs oder ein anderer Räuber ihn zu fassen kriegen konnte. Ich würde ihn die ganze Zeit lang beobachten müssen.
Es mußte ein Entschluß gefaßt werden, und ich riß mich zusammen. »Ich nehme ihn mir am Sonntag vor«, sagte ich zu Helen. »Da ist es gewöhnlich etwas ruhiger, und ich werde Siegfried bitten, mich in Notfällen zu vertreten.«

Der Sonntag kam, und Helen ging hinaus und stellte zwei Näpfe mit kleingeschnittenem Fisch auf die Mauer. Der Fisch in dem einen Napf war mit dem Inhalt meiner Nembutal-Kapseln vermischt. Ich verzog mich hinter das Fenster und beobachtete aufmerksam, wie Helen Olly zu dem richtigen Napf führte, und ich hielt den Atem an, als er argwöhnisch daran schnüffelte. Doch sein Hunger war größer als seine Vorsicht, und er leckte die Schüssel mit offensichtlichem Behagen sauber.

Nun begann der komplizierte Teil der Aktion. Wenn er jetzt Anstalten machte, durch die Felder zu streifen, wie er es oft tat, mußte ich hinter ihm bleiben. Ich stahl mich aus dem Haus, als er den Abhang hochlief und sich zu dem offenen Schuppen trollte, und zu meiner größten Erleichterung ließ er sich an seiner gewohnten Stelle im Stroh nieder und fing an, sich zu waschen.

Durchs Gebüsch spähend, sah ich befriedigt, daß er sehr schnell Schwierigkeiten mit seinem Gesicht bekam. Er leckte seine Hinterpfote, und als er sie zu seiner Wange hochziehen wollte, fiel er um.

Ich kicherte in mich hinein. Das war großartig. Noch ein paar Minuten, und ich hatte ihn.

Und so kam es auch. Olly entschied offensichtlich, daß er es satt habe, immer wieder umzufallen, und daß ein Nickerchen keine schlechte Idee sei. Nachdem er sich benommen umgeblickt hatte, rollte er sich im Stroh zusammen.

Ich wartete kurze Zeit, kroch dann hinterlistig wie ein Indianer auf dem Kriegspfad aus meinem Versteck hervor und schlich auf Zehenspitzen zum Schuppen. Olly war noch nicht ganz bewußtlos – ich hatte mich nicht getraut, ihm die volle Dosis Anästhetika zu verabreichen, für den Fall, daß ich ihn nicht hätte verfolgen können – aber er befand sich immerhin in einem Dämmerzustand. Jetzt konnte ich mit ihm tun, was ich wollte.

Als ich mich hinkniete und die Knoten mit der Schere abzuschneiden begann, öffnete er die Augen und machte einen schwachen Versuch, sich zu wehren, doch es gelang ihm nicht, und ich arbeitete mich rasch durch das verfilzte Fell. Mein Werk fiel nicht ganz akkurat aus, weil er die ganze Zeit hin und her zappelte, aber ich schnitt alle die großen unansehnlichen Knäuel ab, die sich in den Büschen verfingen und ihn entsetzlich geplagt haben mußten, und der Haufen schwarzer Haare neben mir wuchs und wuchs.

Dann merkte ich, daß Olly sich nicht mehr bewegte: er beobachtete mich. Obwohl er betäubt war, erkannte er mich doch sehr wohl, und seine Augen sprachen Bände. »Wieder du!« sagte er. »Ich hätte es wissen müssen!«

Als ich fertig war, legte ich ihn in einen Katzenkäfig und stellte den Käfig auf das Stroh. »Tut mir leid, alter Bursche«, sagte ich. »Aber ich kann dich nicht freilassen, bevor du nicht wieder ganz bei dir bist.«

Olly starrte mich schläfrig an, doch es war ersichtlich, daß ich seine Gefühle grob verletzt hatte. »Also du hast mich wieder mal hier eingesperrt. Du änderst dich nicht sehr, nicht wahr?«

Zur Teezeit hatte er sich bereits völlig erholt, und ich konnte ihn freilassen. Er sah viel besser aus ohne die häßlichen Knoten, aber auf ihn schien das keinen Eindruck zu machen, und als ich den Käfig öffnete, maß er mich mit einem einzigen angewiderten Blick und raste davon.

Helen war entzückt über mein Werk, und am nächsten Morgen zeigte sie begeistert auf die beiden auf der Mauer sitzenden Katzen. »Sieht er nicht reizend aus? Ach, bin ich froh, daß du ihn so schön wieder hingekriegt hast – die Sache lastete schon schwer auf meiner Seele. Und er fühlt sich jetzt sicher viel wohler!«

Als ich durchs Fenster blickte, empfand ich so etwas wie eitle Genugtuung. Olly hatte keine Ähnlichkeit mehr mit dem zerzausten Tier von gestern, und ganz ohne Zweifel hatte ich sein Leben entscheidend verändert und ihn von einem Ungemach befreit. Doch meine aufkeimende Selbstzufriedenheit fiel in dem Augenblick in sich zusammen, als ich den Kopf aus der Hintertür steckte. Olly hatte gerade mit seinem Frühstück begonnen, aber als er mich sah, sauste er schneller denn je davon und verschwand hinter dem Hügel in der Ferne. Traurig ging ich in die Küche zurück. Ollys Meinung von mir war noch um ein paar Grade schlechter geworden. Müde goß ich mir eine Tasse Tee ein. Das Leben war nicht einfach.

Margery Sharp
Die Amethystkatze

Jedermann weiß, daß 1860 im Sommerpalast in Peking unglaublich viel geplündert wurde. Insbesondere Gegenstände aus Jade und Kristall erwiesen sich als unwiderstehlich anziehend für eine gierige und zügellose Soldateska. (Heute würde es wahrscheinlich heißen, diese Gegenstände seien »befreit« worden.) Die Folge war, daß eine große Anzahl kleiner chinesischer Meisterwerke überall im westlichen Europa auftauchten, und jetzt, mehr als hundert Jahre später, glaubte Sherrard, eins davon vor sich zu haben.

Er betrachtete die Katze durch die Scheibe des Schaufensters, und die Katze, so schien es jedenfalls, betrachtete ihrerseits Sherrard durch die Scheibe.

Es war ein ansehnliches, klug blickendes Geschöpf; mit erhobenem Kopf lag es in einer Haltung da, die ebenso bequem wie würdevoll war; knapp 25 cm lang und 12 cm hoch, aus einem Stück Amethyst geschnitten, das logischerweise erheblich größer gewesen sein mußte. Der Körper war hellgrau, mit kristallenen Streifen, das Augendreieck und die Ohren waren violett – fast die Färbung einer Siamkatze, aber das breite, selbstzufriedene Gesicht, das sich so behaglich auf die breite Brust senkte, hatte nichts von der nervösen Spannung der Siamkatzen. Es war eine chinesische Katze – und nach Sherrards Ansicht ein Meisterwerk.

Zufällig hatte Sherrard zu diesem Zeitpunkt den lebhaften Wunsch, einer jungen Chinesin, die in New York lebte, ein außergewöhnlich schönes Geschenk zu machen. Deshalb betrat er das Geschäft und balancierte einen Augenblick später die Katze auf seiner Handfläche.

Er konnte sie gerade so halten. Für ihre Größe war sie überraschend schwer. Sie mußte etwa sieben Pfund wiegen. Außerdem war sie überraschend kalt – wie nasses Eis.

»Amethyst?« erkundigte sich Sherrard.

»Amethyst«, bestätigte die Ladeninhaberin und bedachte ihren wohlunterrichteten Kunden mit einem anerkennenden Lächeln. Sie war eine kleine, elegante Frau, klein und elegant wie ihr Geschäft in der Piccadilly. Im Interesse seines Portemonnaies wäre Sherrard weniger Eleganz lieber gewesen, aber gleichzeitig war ihm durchaus klar, daß man nicht erwarten konnte, eine solche Katze auf irgendeinem Flohmarkt zu finden. »Höchste Qualität«, setzte die Ladeninhaberin hinzu. »Und meisterhafte handwerkliche Ausführung. Drehen Sie sie um.«

Sherrard tat es. Die Unterseite der Katze war ebenso kunstvoll geformt wie alles übrige: vier zierliche Pfoten mit eingezogenen Krallen waren in einen angenehm rundlichen Bauch eingeschlagen. Neben der Schwanzwurzel entdeckte Sherrard ein kleines einziseliertes chinesisches Ideogramm.

»Kennen Sie ihre Herkunft?« fragte er ohne jede Ironie.

Die Ladeninhaberin zuckte die Achseln. »Chinesisch und etwa achtzehntes Jahrhundert. Ich bin aber keine Expertin. Ich habe sie bei einem Verkauf in einem Landhaus erstanden, weil ich Glück hatte; es waren keine chinesischen Experten da. Und natürlich weiß ich, was mir meine Augen sagen: es ist das Werk eines hervorragenden Künstlers.«

Sherrards Augen sagten ihm dasselbe. Er wußte es zu schätzen, und es erfüllte ihn mit Vertrauen, daß ihm die Frau keine Geschichte von Plünderung im Sommerpalast aufgetischt hatte, um den Preis hochzutreiben. Übrigens war der Preis wahrhaftig hoch genug für ihn.

»Zweihundert Pfund«, murmelte die Ladeninhaberin gleichmütig.

»Ich muß mir das überlegen«, sagte Sherrard. »Ich gebe Ihnen morgen Bescheid, ja?«

Die Sache mußte wahrhaftig gut überlegt werden. Er war Auslandskorrespondent, erfolgreich und sogar berühmt; sein Gehalt und seine Spesen ermöglichten ihm ein durchaus angenehmes Leben, aber zweihundert Pfund in bar hinzulegen – sechshundert Dollar, zwanzigtausend Francs, dreihundertfünfzigtausend Lire –, war für ihn dennoch keine Kleinigkeit. Den ganzen Rest des Tages, ja bis spät in die Nacht hinein dachte er darüber nach.

Es gab mehrere Gründe, warum er Maria in New York ein Geschenk von erlesener Schönheit machen wollte. Zunächst einmal war sie selber erlesen schön, und Gleiches zu Gleichem. (Ihr chinesischer Name bedeutete Kleine rosa Lotusblüte in der Morgendämmerung, und der Name paßte zu ihr. Sie hatte ihn abgelegt und sich in Maria verwandelt, als sie so dankbar und begeistert Amerikanerin wurde.) Wäre er Millionär gewesen und hätte er von Maria nichts anderes gekannt als nur ihre äußere Erscheinung, so hätte er ihr die Amethystkatze allein deshalb gekauft, weil sie ihr künstlerisch zustand. Aber er kannte sie näher, kannte sie seit Jahren, wenngleich sie sich nur in Abständen sahen, und er empfand höchste Bewunderung auch für ihren Charakter. Erzogen in China, in einer Quäkerschule, und mit einem Stipendium an eine amerikanische Universität geschickt, war es für Maria selber nicht schwierig gewesen, die amerikanische Staatsangehörigkeit zu erlangen, aber nur mit unglaublichen Anstrengungen und unvorstellbarer Hartnäckigkeit war es ihr gelungen, ihren einzigen noch lebenden Verwandten zu sich zu holen – einen Onkel, so alt und so unnütz, daß nur ein Mensch mit einem goldenen Herzen in ihm etwas anderes als eine Last sehen konnte. »Er war gut zu mir, als ich ein kleines Kind war«, sagte Maria, »und ich habe ihn von Opium auf Coca-Cola umgestellt!«

Denn sie war nicht nur schön und großherzig, sondern auch vernünftig und willensstark. Sie hatte alle weiblichen Vorzüge. Jedesmal, wenn Sherrard aus New York abgereist war, ohne ihr einen Heiratsantrag zu machen, hatte er das im Flugzeug bereut.

Warum er sie nicht bat, seine Frau zu werden? Teils deshalb, weil er sich so sehr an sein Junggesellendasein gewöhnt hatte, und teils, weil Maria ihn stets, wenn auch kaum wahrnehmbar, auf Distanz hielt. Sie hielt jeden ein wenig auf Distanz, fand Sherrard. In dem Krankenhaus, in dem sie als Masseuse arbeitete, hatte sie Dutzende von Freunden, aber keine intimen

Freunde; und ebenso hatte sie Dutzende Begleiter, aber keinen bestimmten Begleiter. Ihre Zurückhaltung war wie ein kunstvoller chinesischer Fächer, der sich immerfort vor ihrem Gesicht auf und ab bewegte und den sie nicht beiseitelegen konnte, auch wenn sie es gewollt hätte. Sherrard überlegte, daß beim Anblick der Amethystkatze, die so überwältigend schön, kostspielig und chinesisch war, dieser Fächer vielleicht einen Augenblick lang sinken und, wenn er, Sherrard, seine Chance nutzte, nie wieder zur Hand genommen werden würde ...

Am nächsten Tag ging er zu dem Geschäft zurück und schrieb einen Scheck aus.

Sherrard hatte die ganze Zeit gewußt, daß er keine gewöhnliche Katze gekauft hatte; doch die Eigenart, die sie auf dem Flug nach New York entwickelte, war dennoch beunruhigend. Sie bereitete Schwierigkeiten und erregte während des ganzen Fluges Aufmerksamkeit.

Zunächst einmal hatte er sich nicht die Mühe gemacht, sie in seinem Gepäck zu verstauen. Sie war zu kostbar und möglicherweise allzu leicht zerbrechlich. (Sie hatte zwar wenigstens ein Jahrhundert schwerer Unruhen überlebt und vielleicht noch ein weiteres Jahrhundert davor, doch Sherrard hielt sie dennoch für zerbrechlich, weil sie so kostbar war.) Also stopfte er sie in seine Reisetasche, wo ihr Gewicht auf der Waage des Flughafens eine verdutzte Frage des diensthabenden Zollbeamten zur Folge hatte. »Es ist eine Katze«, sagte Sherrard kurz. »Ich habe eine Katze in meiner Reisetasche.« Jemand hinter ihm lachte, aber der Beamte machte ein finsteres Gesicht. »Eine lebende Katze?« fragte er streng. »Nein, eine aus Amethyst«, gab Sherrard kurz angebunden zurück. Er zog sie hervor, der Beamte griente und ließ ihn passieren, nachdem er einen Betrag für Übergewicht bezahlt hatte, und da sie gleich darauf aufgerufen wurden, sich zum Flugzeug zu begeben, ging Sherrard mit der Katze unter dem Arm an Bord.

Der Platz neben ihm blieb leer, was ungewöhnlich war. Er stellte die Katze auf den Sitz, und dort blieb sie. Sie lag ganz behaglich da, aber sie erregte auch weiterhin Aufmerksamkeit.

Sherrard mußte an den einzigen Flug denken, den er mit seiner Tante Gertrude gemacht hatte, einer reizenden und geselligen alten Dame, die offensichtlich die ganze Reise als eine von der Fluggesellschaft veranstaltete Hausparty ansah. Genau wie Tante Gertrude knüpfte die Katze Kontakte nur mit den nettesten Leuten, vor allem älteren Damen, die mit ihren Ehemännern reisten. Ein solches Ehepaar – Sherrard taufte sie für sich »die Texaner«, und zwar einzig deshalb, weil der Mann einen Hut mit breitem Rand hatte und sehr wohlhabend aussah – saß, durch den Mittelgang getrennt, neben ihm; die Dame insbesondere war von der Katze hingerissen, und die Katze nahm, das konnte man nicht leugnen, die ihr zuteil werdende Aufmerksamkeit selbstgefällig entgegen. Sie schnurrte nicht, das konnte sie nicht, aber sie schien zu schnurren. Schließlich deckte Sherrard, der im Gegensatz zu Tante Gertrude keinerlei gesellschaftliche Verpflichtungen empfand, sie mit seinem Schal zu.

Kurz vor der Landung weckte ihn der Texaner.

»Pardon, ich glaube, Sie seien wach«, entschuldigte er sich.

»Ich sollte zumindest wach sein«, sagte Sherrard – seine Tante Gertrude erinnerte ihn sozusagen an seine guten Manieren.

»Wissen Sie, meine Frau ist ganz hingerissen von Ihrer Katze. Wenn ich eine ähnliche für sie auftreiben könnte, wüßte ich gern, wohin ich mich wenden muß.«

»Tut mir leid, ich fürchte, diese hier ist etwa zweihundert Jahre alt«, sagte Sherrard.

Der Texaner betrachtete die Katze respektvoll. (Irgendwie war es ihr in der Nacht gelungen, ihren Kopf von dem Schal zu befreien.)

»Sie meinen, heute macht niemand mehr so etwas?«

»Ich wüßte nicht«, erwiderte Sherrard.

»Schade««, sagte der Texaner bedauernd. »Trotzdem möchte ich Ihnen meine Visitenkarte geben – nur um Maisie zu beweisen, daß ich mich bemühe. Sollten Sie je auf eine zweite solche Katze stoßen, wäre ich Ihnen sehr verpflichtet, wenn Sie die Freundlichkeit hätten, mir Nachricht zu geben.«

Sherrard steckte das Stückchen Pappe in seine Brieftasche und versuchte wieder einzuschlafen. Aber für einen Mann von fünfzig Jahren war er zu gründlich gestört worden; also saß er da und dachte an Maria.

Die Katze aber druselte wieder ein. Sherrard konnte sich nicht erinnern, ihr ein zweites Mal den Schal über den Kopf gezogen zu haben, doch als er wieder zu ihr hinblickte, war kein Ohr mehr zu sehen. Sie war in bester Verfassung, um beim Zoll Aufsehen zu erregen, doch auf ihr Alter vertrauend, kam Sherrard ohne Schwierigkeiten durch.

Gegen sieben Uhr abends erschien Sherrard bei Maria. Er hatte als erstes einige berufliche Kontakte knüpfen müssen und daher keine Zeit gehabt, die Katze elegant verpacken zu lassen, wie er es eigentlich beabsichtigt hatte. Sie war immer noch lediglich in seinen Schal eingewickelt. Doch als er sie in dieser Verhüllung auf den kleinen Tisch in der Mitte von Marias Wohnzimmer absetzte, präsentierte sie zumindest eine faszinierende Silhouette.

Maria hatte auf ihn gewartet. Er hatte ihr gekabelt. Tatsächlich hatte er ihr zweimal gekabelt – einmal von London, einmal von Gander aus.

»Du bist der netteste Freund auf der Welt!« rief Maria. Selbst dieser hübsche, liebevolle Ausruf hatte etwas Formelles: als überreiche sie ihm ein kleines Willkommensgedicht, das mit einem Pinsel auf einen Fächer geschrieben worden war. Sie stand vor ihm, so erlesen schön, so freundlich und entgegenkommend, daß sein Herz höher schlug. »Und du hast mir ein Geschenk aus England mitgebracht!« rief sie. »Wirklich, du bist zu gut!«

Lächelnd und gespannt tastete sie das Bündel mit dem Zeigefinger ab. Das war ein weiterer reizender Zug an ihr, daß sie leicht zu erfreuen war und ihre Freude immer zeigte, doch Sherrard zweifelte nicht daran, daß sie noch mehr Freude in Reserve hatte, daß sie genau die richtigen Worte der Dankbarkeit und der Bewunderung finden würde, wenn sie sein wundervolles Geschenk erblickte; kurz gesagt, daß vor der Katze, ihrer Landsmännin, der Fächer der Zurückhaltung schließlich sinken würde.

Sie war bereits gespannter, erfreuter und aufgeregter, als er sie je erlebt hatte.

»Soll ich es auswickeln, oder zeigst du es mir?« fragte sie. »Ich will nicht raten, was es ist, ich bin zu ungeduldig.«

»Setz dich hin, ich lege es dir in den Schoß«, sagte Sherrard. Gehorsam setzte sich Maria. Sie schloß sogar die Augen (um *ihm* eine Freude zu machen), und das lenkte Sherrard für einen Augenblick ab, denn er hatte Maria noch nie mit geschlossenen Augen erblickt. Sie sah alterslos und zugleich sehr jung aus; ihre Lider hatten die Farbe von Teerosen, und mit irrationaler Zärtlichkeit bemerkte Sherrard, daß ihre Wimpern nicht sehr lang waren, wie er immer geglaubt hatte, sondern kurz und strubbelig, wie kleine Bürsten...

»Worauf wartest du?« drängte Maria.

Sherrard wickelte die Katze aus und legte sie ihr auf die Knie, zwischen ihre schlanken, zur Begrüßung ausgestreckten Hände.

Als sie die Augen aufschlug, ließ sie den Fächer ganz zweifellos einen Augenblick fallen. Aber nur einen Augenblick lang. Fast sofort nahmen ihre Züge wieder den Ausdruck außerordentlicher Höflichkeit an.

»Wie wunderschön«, sagte sie.

Sherrard hob die Tischlampe hoch und hielt sie so, daß das Licht durch die violetten Ohren fiel.

»Es ist Amethyst.«

»Ich sehe es. Wunderschön«, wiederholte Maria. Mit flinken, intelligenten Fingern fuhr sie die Linie vom Nacken zum Schwanz entlang, drehte die Katze um, betrachtete prüfend ihre Unterseite und setzte sie wieder zwischen ihre Handflächen.

»O je, ich hoffe, du hast nicht zuviel dafür bezahlt!« entfuhr es ihr ungewollt...

Da wußte Sherrard, daß die Gefühlsregung, die sie eine Sekunde lang hatte erkennen lassen, tatsächlich genau das war, wofür er sie gehalten hatte. Eine Sekunde lang hatte er den Eindruck gehabt, sie sei enttäuscht – nun wußte er, daß es stimmte.

»Heißt das, sie ist nichts wert?«

»Natürlich nicht! Sie ist wunderschön! Aber wenn man dir weisgemacht hat, daß sie aus dem 18. Jahrhundert stammt, dann hast du vielleicht vier- oder fünfhundert Dollar dafür bezahlt.«

Sherrard begriff sehr schnell. Er sah, was folgen würde, und kam dem zuvor. »Das ist selbstverständlich eine moderne Reproduktion.«

Maria lächelte erleichtert. »Ich bin so froh, daß man dich nicht betrogen hat – wie das gräßlicherweise manchmal geschieht. Jetzt kann ich mein Geschenk guten Gewissens genießen!«

Sie sprang auf und stellte die Katze zuerst wieder auf den Tisch, dann auf einen Hocker, dann auf den Kaminsims, um herauszufinden, wo sie am besten wirken würde; heiter und charmant machte sie viel Aufhebens von ihr, gab ihr sogar eine Vase mit Veilchen, um daran zu riechen, und eine kleine silberne Dose, um damit zu spielen. Nichts hätte reizender sein können, aber Sherrard blieb unglücklich. Er befand sich tatsächlich in einem höchst unangenehmen Dilemma: der hohe Preis des Geschenks war ein entscheidender Faktor gewesen – er hatte damit sozusagen seine Absichten offenlegen wollen; doch jetzt konnte er sich nicht dazu bekennen, ohne gleichzeitig einzugestehen, daß er ein Idiot war – ja noch schlimmer, ohne Marias Mitgefühl und gleichzeitig ihren Ärger zu erregen. Sie hatte stets jede Art von Verschwendung entschieden mißbilligt – Sherrard erinnerte sich, wie sie sich in ihrer ersten Zeit in den Vereinigten Staaten darüber aufgeregt hatte, daß man die Krusten von den Sandwiches abschnitt –, und Geldverschwendung kam für sie gleich nach der Vergeudung von Lebensmitteln. Sie war beinahe knausrig. Das war ganz natürlich in Anbetracht der Armut, in der sie ihre Kindheit verbracht hatte, aber zum ersten Mal mißfiel es Sherrard. Er hatte die Katze nicht durch die halbe Welt geschleppt, damit Maria nach ihrem Preis fragte! Sie hatte das zwar bisher nicht getan, doch Sherrard hegte den starken Verdacht, daß sie es tun wollte und davon überzeugt war, daß der Preis in jedem Fall viel zu hoch gewesen sei ...

Und außerdem vermutete er – zu spät, zu spät! –, daß sie sich aus der Katze nicht viel machte.

»Das nächste Mal bringe ich dir ein Kaschmir-Twinset mit«, sagte er.

Kein Zweifel, ihre Augen strahlten.

»Wirklich? Ich schreibe dir meine Konfektionsgröße auf.«

Es tröstete Sherrard keineswegs, daß die Katze inzwischen bildhübsch und selbstzufrieden wie nur je auf ihrem Platz lag und gut und gern zweihundert Jahre alt aussah. Sie erwiderte Sherrards Blick freundlich. Also gut, du hast mich betrogen, sagte er sich. (Seltsamerweise kam ihm nicht der Gedanke, daß ihn die Ladeninhaberin betrogen haben könnte; er war davon überzeugt, daß die Katze sie beide betrogen hatte.) Aber nun bist du an eine Kennerin geraten, dachte er hämisch, und sobald ich fort bin, wirst du dahin wandern, wo du hingehörst ... also wahrscheinlich nach hinten in den Kleiderschrank.

Selbstverständlich änderte sich der Gesichtsausdruck der Katze nicht. Maria zeigte sich gerade in diesem Augenblick noch einmal begeistert über ihre selbstsichere Miene. Sherrard warf der Hochstaplerin erneut einen mißgünstigen Blick zu, denn mit seiner eigenen Selbstsicherheit war es nicht sehr weit her – er hatte sich nicht klargemacht, was seine übereilte Drohung bedeutete. »Sobald ich fort bin« hatte er die Katze gewarnt; hatte er also die Absicht, Maria und die Katze zusammen zurückzulassen? Würde er Maria denn nicht bitten, seine Frau zu werden? Und wenn nicht, warum nicht? Weil sie hatte wissen wollen, wieviel er für sein Geschenk bezahlt hatte? So gesehen war das Ganze lächerlich; da stand Maria, ebenso wunderhübsch, wie er sie in Erinnerung gehabt hatte, ebenso reizend und liebevoll, und außerdem hatte sie endlich einmal den Fächer ihrer Zurückhaltung sinken lassen – und dahinter die bewundernswerte Eigenschaft einer Gattin, das Bedachtsein auf die Brieftasche des Mannes, erkennen lassen...

Sie würde eine fabelhafte Ehefrau werden!

Und wahrscheinlich würde sie ebenso fabelhaft sein, was sparsame Haushaltsführung betraf.

Es war durchaus möglich, daß sie etwas zum Essen vorbereitet hatte, wenn er vorschlug, in der Stadt auszugehen.

Ganz bestimmt würde sie jede Restaurantrechnung sehen wollen.

Sherrard blickte wieder auf die Amethystkatze, und die Katze blickte voll uralter Weisheit auf Sherrard. (Voll falscher uralter Weisheit, sagte sich Sherrard.) Es war ganz ungehörig und außerdem völlig unangebracht, daß sie unter ihren Barthaaren etwas zu murmeln schien: daß Ehefrauen Männer bei der Stange halten, Konkubinen sie aber jung erhalten sollten. Einen Augenblick lang glaubte Sherrard, er müsse sich bei Maria für die Unmoral der Katze entschuldigen, aber bei nochmaliger Überlegung wurde ihm klar, daß ein Stück Amethyst, wie meisterhaft es auch immer geformt sein mochte, für sie nichts anderes als eben ein Stück Amethyst darstellte.

Und das brachte ihn zu einem anderen entscheidenden Punkt. Die schöne Maria, die vernünftige und freundliche Maria hatte keine Phantasie. Und womit befasse ich mich? fragte sich Sherrard. Ich, der Tatsachenreporter – womit sonst befasse ich mich denn schließlich? Entwerfe ich nicht für diejenigen, die weder den Geist noch die Gelegenheit haben, es selber zu tun, die Porträts von Präsidenten, Premierministern und Staatsmännern? Bilde ich nicht in einer gedruckten Kolumne die ganze Welt ab, oder versuche es zumindest? Vielleicht wäre es ganz in Ordnung, vielleicht wäre es sogar gut für mich, wenn ich eine Frau ohne jegliche Phantasie heiraten würde; aber eigentlich bin ich nicht dieser Meinung...

Selbstsicher lag die Amethystkatze auf Marias Kaminsims.

Sherrard wandte sich wieder Maria zu. Er wußte nicht, wie lange das Schweigen gedauert hatte, nur daß es lange genug gedauert hatte. »Wohin würdest du gerne essen gehen?« fragte er unsicher.

Und jetzt, verdammt noch mal, sah ihn Maria unsicher an.

»Mein Lieber, es ist mir sehr unangenehm«, entschuldigte sie sich, »aber ich habe schon eine Verabredung. Und es ist eine, die ich nicht verschieben kann – mit einem jungen Chinesen, der meine Familie in China kannte ... Es ist sein erster Abend in New York, weißt du, und ohne mich würde er nicht wissen, was er mit sich anfangen soll. Du verstehst, nicht wahr?«

»Aber natürlich«, sagte Sherrard. »Du sorgst dafür, daß er nicht ausgeraubt wird.«

Maria lachte glücklich, erleichtert.

»Das unter anderem auch! Doch ich glaube, heute abend möchte er eher etwas springen lassen, um seine Ankunft hier zu feiern!«

»Das eine Mal spielt keine Rolle, meine ich«, sagte Sherrard, »wenn du ihn nachher fest an der Leine hältst!«

»Ja, das werde ich«, stimmte ihm Maria ernst zu. (Kein Wunder, daß die Katze selbstgefällig und überheblich aussah. Das ist genau der richtige Mann für sie, schien sie zu sagen, jemand, den sie herumkommandieren kann – siehst du, wovor ich dich bewahrt habe! Sherrard ignorierte das Biest.) »Ich muß mich jetzt etwas zurechtmachen«, setzte Maria hinzu und blickte ganz ungeniert auf die Uhr, »aber möchtest du nicht warten und ihn kennenlernen? Er studiert Medizin, und er scheint wirklich hochintelligent zu sein ... Bitte warte!«

»Wenn du es möchtest, warte ich natürlich«, sagte Sherrard freundlich.

Er fühlte sich plötzlich leer – leer und ausgelaugt. Er war der Katze noch immer nicht dankbar. Er fühlte sich betrogen. Nichts war so gelaufen, wie er es geplant hatte; selbst seine eigenen Gefühle waren durcheinander, er empfand nicht einmal Eifersucht auf den jungen Chinesen, und das war nicht Marias Schuld, so daß er auf sie auch nicht wütend sein konnte. Sein Zorn wendete sich gegen die Katze – die selbstgefällige Hochstaplerin, die er durch die halbe Welt geschleppt hatte, mit dem einzigen Ergebnis, daß er, Sherrard, Gefahr lief, als Dummkopf dazustehen ...

»Was ist der chinesische Ausdruck für verlorene Liebesmüh?« fragte er sie stumm. »Du solltest ihn kennen: es ist dein Name.«

Er war vielleicht fünf Minuten allein geblieben (Maria zog sich derweil um), da wurde die Tür vorsichtig geöffnet. Der alte Mann, der nun zu ihm hereintrat, war wenigstens äußerlich eine recht auffallende Erscheinung. Marias Bemühungen, ihren Onkel in einen hundertprozentigen Amerikaner zu verwandeln, waren in einer Hinsicht nur allzu erfolgreich gewesen: er trug ein Palm-Beach-Hemd mit Hibiskusblüten darauf, auch Seepferdchen, auch Badeschönheiten, doch über die leuchtenden grellbunten Farben blickte Sherrard ein Gesicht wie eine alte Walnuß an, bescheiden und unterwürfig.

»Entschuldigen Sie bitte«, flüsterte Marias Onkel, »ich wußte nicht, daß jemand hier ist ...«

»Gehen Sie nicht weg, kommen Sie herein und leisten Sie mir Gesellschaft«, sagte Sherrard. »Ich warte darauf, Marias neuen Beau unter die Lupe zu nehmen.«

Diese saloppe Ausdrucksweise paßte genausowenig zu ihm wie das Palm-Beach-Hemd zu Marias Onkel. Sherrard merkte das sofort, merkte aber auch, daß er nicht ganz er selbst war. Zum Glück verstand der alte Mann offenbar nur, daß man ihn aufforderte einzutreten; er verbeugte sich höflich und schlängelte sich mit einem Lächeln, das ein wirklich fabelhaftes künstliches Gebiß sehen ließ, an Sherrard vorbei. Wieder fiel Sherrard eine Ungereimtheit auf: sie sahen so wundervoll siegesgewiß aus, diese fabelhaften amerikanischen Zahnprothesen, doch das Lächeln des alten Mannes blieb ganz bescheiden ...

»Ihre Gesellschaft ist ein großes Vergnügen für mich«, korrigierte sich Sherrard. »Vielleicht erinnern Sie sich an mich? Mein Name ist Sherrard.«

Seltsamerweise erfolgte keine Reaktion auf diese Eröffnung.

Vielleicht hatte der alte Mann die Worte gar nicht gehört. Es war wirklich sehr sonderbar – einen Augenblick lang konzentrierte sich seine Aufmerksamkeit voll auf Sherrard, im nächsten war sie bereits abgeschweift; einen Augenblick lang senkte er den Blick demütig vor dem Fremden, im nächsten heftete er ihn auf den Kaminsims. Mit kurzen, hastigen Schritten rannte er beinahe durch das Zimmer, schob sein runzeliges altes Gesicht vor das glatte, selbstzufriedene Antlitz der Katze, legte seine Finger wie ein Bündel Bambuszweige auf die Biegung des Katzennackens, drehte das Tier um, betrachtete prüfend seinen Bauch – und wandte sich dann erst wieder zu Sherrard um.

Maria hatte stets darauf bestanden, daß ihr Onkel korrektes Englisch sprach, so daß er nie sehr schnell sprechen konnte, aber schließlich kamen die Worte aus seinem Mund: »Wie ist – dieser Gegenstand – hierher gelangt?«

»Ich habe ihn als Geschenk für Maria mitgebracht«, sagte Sherrard. »Gefällt er Ihnen?«

»Er ist mein Werk«, erklärte Marias Onkel triumphierend. »Sehen Sie, hier ist mein Zeichen!«

Natürlich verstand Sherrard jetzt manches, was er zuvor nicht verstanden hatte. Seine Gedanken überstürzten sich. Arme Maria zunächst einmal – hatte auch sie das Zeichen ihres Onkels erkannt oder nur seinen Stil? Oder sich sogar vielleicht daran erinnert, wie sie als kleines Kind unter seiner Arbeitsbank gehockt hatte, während er eben diese Katze geschnitten und poliert und ziseliert hatte? Aber wie auch immer, was für ein Schlag ins Gesicht für sie, was für eine groteske, absurde Enttäuschung! Und wie gut hatte sie sich unter diesen Umständen benommen! Sherrard spürte, wie seine ganze Zuneigung für Maria wieder aufwallte – nicht zu stark, nicht stark genug, um ihn eifersüchtig auf ihren chinesischen Beau zu machen – aber warm genug, um allen Ärger auszulöschen. Arme Maria, ein Wunder, daß sie mir keine Ohrfeige verpaßt hat! dachte er und fing an zu lachen.

Marias Onkel lachte schon eine ganze Weile. Er stand da und wiegte sich, die Katze an die Brust drückend, in stillem, entzücktem Gelächter hin und her. Alle Unterwürfigkeit war aus seinem Gesicht verschwunden, das jetzt den frohlockenden Stolz eines Künstlers spiegelte. Sogar seine Zähne sahen fast natürlich aus.

»Hören Sie«, sagte Sherrard, »ich nehme Maria diese Katze wieder weg und gebe sie Ihnen. Ich gebe sie Ihnen *zurück*. Sie verstehen? Sie gehört Ihnen. Wenn Sie sie verkaufen wollen, kann ich Ihnen eine Adresse geben, wo man Ihnen wahrscheinlich zahlen wird, was immer Sie dafür verlangen. Und wenn Sie sich noch mehr Amethyst beschaffen können, oder welches Material Sie auch immer benötigen, um Katzen daraus zu schneiden, dann, stelle ich mir vor, haben Sie eine sehr einträgliche Zukunft vor sich. Ich sehe schon, ich muß das alles noch einmal wiederholen«, schloß er, »also sollten wir, statt auf Marias Wunderknaben zu warten, besser selber irgendwohin essen gehen!«

Jetzt endlich kam eine Reaktion. Halb ungläubig, halb begierig, wie eine alte Schildkröte, die den Frühling wittert, streckte Marias Onkel seinen Kopf über dem der Katze vor. »Sie und ich gehen zusammen essen?«

»Warum nicht?« sagte Sherrard.

»Chinesisch?«

»Warum nicht? Wir brauchen Maria gar nicht zu stören«, sagte Sherrard, da der alte Mann etwas zu überlegen schien. »Wir schreiben ihr einen Zettel.«

Aber es war nicht Maria, über die der alte Mann nachdachte. Er strich mit einem Finger über die Katze, von der Nase bis zur Schwanzspitze. »Sie glauben«, sagte er erregt, »man könnte sie für eine ganze Menge Geld verkaufen? Für wieviel? Für – hundert Dollar?«

»Sechshundert«, sagte Sherrard, der zu Recht auf seinen Texaner vertraute.

Wieder glänzte jeder einzelne Zahn in dem alten Mund. »Dann sind Sie *mein* Gast, nicht ich Ihrer«, erklärte Marias Onkel.

Das war ein Abend!

Sherrard erinnerte sich, daß er einmal gehört hatte, die besten Essen würden stets auf Kredit gegessen. Der Kredit des alten Mannes bei einem chinesischen Restaurantbesitzer war offenbar unbegrenzt – vor allem nachdem er die Amethystkatze vorgezeigt hatte, die sie mitgenommen hatten. (Ihr blieb sogar die Demütigung erspart, als Pfand zurückgelassen zu werden.) Sie aßen, mit Pausen für die Unterhaltung, bis weit nach Mitternacht. Besondere Gerichte wurden für sie gekocht und besondere Leckerbissen geordert.

Am nächsten Tag fühlte sich Sherrard nicht ganz wohl, und ebenso erging es Marias Onkel, wie Maria am Telefon berichtete. »Wohin um Himmels willen seid ihr beiden denn gegangen?« wollte sie wissen. »Und warum seid ihr nicht dageblieben, um Harry kennenzulernen? Wir waren enttäuscht.«

»Hattet ihr denn nicht auch einen angenehmen Abend?« fragte Sherrard.

»Aber gewiß«, sagte Maria. »Es war ganz wunderbar; wir haben Steak gegessen. Aber mein Onkel hat mir erzählt, du hättest ihm meine Katze gegeben; er sagt, sie gehöre jetzt ihm!«

»Was du von Anfang an gewußt hast«, sagte Sherrard.

Es trat eine kleine Pause ein. Dann hörte er Maria zu seiner größten Befriedigung kichern – sie war wirklich ein Prachtmädel! »Ich konnte dir das doch unmöglich erzählen. Aber es ist wirklich das Hübscheste, was je passiert ist, mein Onkel ist ganz entzückt! Und was glaubst du, was er jetzt tun will?«

»Ich weiß es; wir haben es gestern abend zusammen beschlossen«, sagte Sherrard. »Er wird wieder Katzen schneiden und hunderte Dollar damit verdienen und das ganze Geld in eine Schachtel tun und darauf schreiben: ›Für Marias Mitgift‹ ...«

Sherrard bestieg sein Flugzeug, wie immer unverheiratet und auch nicht verlobt, aber keineswegs unglücklich. Er hatte die Amethystkatze nicht bei sich, aber beide fühlten sich so besser als früher, und zumindest garantierte das einen störungsfreien Flug. Er war um zweihundert Pfund ärmer, was er sich eigentlich nicht leisten konnte, doch er hatte etwas dafür bekommen: das selige Gesicht eines alten Mannes, als er auf seine Hände blickte, die nun nicht mehr nutzlos waren; die Freude eines alten Mannes, weil er jetzt dem lieben Kind, von dem er Hilfe und Beistand bekommen hatte, eine Aussteuer schenken konnte.

Das ist nicht zu teuer bezahlt, überlegte Sherrard, warf einen unfreundlichen Blick auf seine Nachbarn für den Fall, daß einer von ihnen auf den Gedanken kommen sollte, ihn anzusprechen, und schlief ein.

Jane Beeson
Der Wolf und die Katzen

»Papi, kann ich ein Kätzchen kriegen?« fragte das kleine Mädchen, das am frühen Morgen mit einer Tasse Tee in der Hand an seinem Bett stand.

Die Augen des Vaters wurden klein und rund, seine Ohren lang und spitz und seine Zähne scharfkantig.

»Papi, warum hast du so komische Augen?« fragte das kleine Mädchen.

»Damit ich dich besser sehen kann«, antwortete der Vater.

»Papi, warum hast du so große Ohren?« fragte das kleine Mädchen.

»Damit ich dich besser hören kann«, antwortete der Vater.

»Papi, warum hast du so scharfe Zähne?« fragte das kleine Mädchen.

»Damit ich dich besser fressen kann«, antwortete der Vater und sprang mit einem fürchterlichen Schrei aus dem Bett.

Das kleine Mädchen bekam so einen Schreck, daß es Tee auf den Teppich verschüttete.

»Jetzt schau dir an, was du angestellt hast«, sagte ihr Vater – es war tatsächlich der Vater, denn ihm wuchs kein Fell am ganzen Körper, und er trug auch keinen langen Schweif – »du hast Tee auf meinen Perserteppich gegossen. Was, glaubst du, würde ein Kätzchen erst machen? Es würde ihn zerkratzen, ihn zerreißen, Pfützen auf ihm hinterlassen. Und was ist mit meinen Möbeln?« Ihr Vater ließ den Blick über seine unbezahlbaren Antiquitäten schweifen. »Es würde die Krallen daran schärfen. Nein«, sagte er. »Ganz entschieden nein. Hol schnell einen Lappen und eine Schüssel mit kaltem Wasser, damit es keinen Fleck gibt.«

Und so ging das kleine Mädchen traurig weg und berichtete der Mutter: »Er hat nein gesagt.«

»Ach du meine Güte«, erwiderte die Mutter. »Das habe ich schon befürchtet.«

»Ich habe den Tee verschüttet«, beichtete das Mädchen.
»Großer Gott«, rief die Mutter aus. »Wo denn?«
»Auf dem Teppich.«
»O nein«, stöhnte die Mutter. »Er hat sich sicher furchtbar aufgeregt.« Und sie lief eilig mit einer Schüssel voll kaltem Wasser und einem Lappen davon.

Als Kind hat mich Vaters Sinn für Prioritäten erschreckt; einmal im Jahr nahm ich meinen Mut zusammen, und so wurde die gleiche Szene immer aufs neue wiederholt.

Schließlich hatte ich Glück; als mein Vater in Deutschland stationiert war und wir beide, sie und ich, in einem gemieteten Bauernhaus wohnten, ließ sich meine Mutter erweichen. Eigentlich gab sie nur teilweise nach; das rücksichtslose Anti-Katzen-Regime meines Vaters hatte meine leicht beeinflußbare Mutter so sehr geprägt, daß sie sich schuldig fühlte, als sie die Anordnungen lockerte – so sehr, daß mein Kätzchen oder vielmehr mein Kater, nach dem ich mich so lange gesehnt hatte, im Stall leben mußte.

Er war schwarz mit flaumweichem Fell, recht groß und nicht allzu freundlich, glaube ich mich zu erinnern, aber alle sagten mir, daß er bald »zahm« werden würde. Also stahl ich mich viele Male am Tag in den Stall, nahm eine sehr volle Schale Milch mit, kauerte mich auf den Fußboden und beobachtete verzückt, wie Blacky trank. (Ja, er hieß Blacky – kein besonderer Name, das gebe ich zu, vor allem da er ein außergewöhnlicher Kater war, aber für mich war das damals in Ordnung.)

Wenn er satt war, musterte er mich, lief dann an den Stallwänden entlang, sein Rücken war dabei etwas bucklig und der buschige Schwanz steil aufgerichtet, und er rieb sich schnurrend an der Wand. Nur an mich drückte er sich nicht, sicherlich weil ich mich so hoffnungsvoll auf ihn stürzte. Schließlich war ich ja völlig ausgehungert nach Katzen; Blacky sah in mir dagegen ein unbekanntes Frauchen, das sich ihm unbeholfen aufdrängte.

Bald durfte Blacky vom Stall ins Haus ziehen, aber nur in die hinteren Räume – Küche, Waschraum und Kohlenkammer. Meine Mutter machte ein großzügiges Zugeständnis: sie legte ein dünnes Kissen auf einen Holzstuhl, auf dem er schlafen konnte. Er akzeptierte den Platz mit seinem üblichen Mangel an Charme, denn erst lehnte er naserümpfend ab, ließ sich dann jedoch mit schlitzäugiger Mißachtung darauf nieder, als würde ihn der Luxus beschämen. Nachts stahl er sich herein, nachdem ich zu Bett gegangen war, und verschwand am frühen Morgen wieder, noch bevor ich herunterkam; lediglich weiche schwarze Fellbüschel verrieten seine Schwäche. Die übrige Zeit verbrachte er überwiegend draußen, und als er größer wurde, verschwand er für immer längere Zeiträume.

Regelmäßig alle sechs Wochen sagte meine Mutter: »Ich fürchte, Blacky hat uns verlassen.«

Dann starrte ich sie mit kummervollem Blick über mein mit Honig beschmiertes Frühstücksbrot hinweg an. »Glaubst du, er ist tot?« fragte ich besorgt.

Daraufhin antwortete meine Mutter in einem angemessen tragischen Tonfall, daß er lange nicht nach Hause gekommen sei. Danach schlich ich mich in mein Zimmer und schluchzte über den Verlust des unfreundlichen Blacky, doch ein oder zwei Tage später tauchte er wieder auf. Er stand an der gegenüberliegenden Mauer, sein Schwanz war aufgerichtet und sah zersaust aus, ein Auge hielt er geschlossen, einige Büschel Fell fehlten, und ein Ohr war auf seltsame Weise eingeknickt. Ich flitzte nach unten und riß die schwere Vordertür auf; Blacky rannte an mir vorbei und direkt auf die Katzenschüssel in seinen Räumlichkeiten zu. Er war so hungrig, daß er meine zaghafte Hand übersah und ich ihn streicheln konnte, während er fraß. Wenn ich allerdings so unklug war, damit weiterzumachen, wenn er schon fertig war, bekam meine Hand einen sicher plazierten Schlag verpaßt, und anschließend sprang er auf sein Kissen und schlief drei Tage lang.

»Der gute alte Blacky ist wieder da«, sagte meine Mutter dann. Als hätte ich das nicht gewußt. Das Komische war, daß meine Mutter noch nie davon gehört zu haben schien, daß ein Kater kastriert werden sollte, oder vielleicht hatten sie damals auch nur keine Ahnung, wie das gemacht wird, oder aber sie schreckte einfach nur vor der Idee zurück, daß an Geschlechtsteilen herumgepfuscht werden würde. Jedenfalls wurde über solche Sachen nicht gesprochen, und außer daß ich sah, wie Blacky Sträucher markierte, trug er nicht viel zu meiner Sexualerziehung bei, denn sein eigenes zügelloses Sexleben fand außerhalb unseres Grundstücks statt. Meine Mutter hatte wohl ebensowenig von Bandwürmern und Parasiten gehört, denn der arme Kater sah über die Jahre hinweg immer hagerer und schäbiger aus, was ihm bei seinen obsessiven Abenteuern sicher nicht zugute kam.

In meiner Erinnerung bleibt Blacky unsterblich. Als einige Jahre später meine Mutter ankündigte, daß mein Vater heimkommen und wir in unser altes Haus in Surrey zurückziehen würden, dachte ich sofort an Blacky. Der Tag unserer Abreise rückte immer näher, und meine Sorge wuchs, bis ich schließlich Mut faßte und meine Mutter direkt fragte, ob wir Blacky mitnehmen würden. Blacky war gerade unterwegs, beschäftigt mit einem seiner sechswöchigen Exzesse. Meine Mutter ließ ihn zurück und hatte lediglich soviel Gewissen, den Bauer von nebenan darum zu bitten, Milch hinzustellen, für die sie im voraus bezahlte. Ich gab dem Mann Blackys Kissen und weinte drei Nächte lang; meine Mutter erklärte mir, wie »anpassungsfähig« Katzen seien, und das war dann das Ende der Geschichte – beziehungsweise von Blacky. Er wußte sicher das beste daraus zu machen, er war der Typ dazu.

Bei meiner nächsten Katze war alles ganz anders. Ich war verheiratet und wohnte in Powell River, B.C, das westlich des Coast Range liegt, der sich wiederum im Westen der Rocky Mountains befindet – für all die Leute, deren Geographiekenntnisse so mager sind wie meine eigenen. Wenn es je ein winziges Nest gegeben hat, dann war es Powell River, schlimmer noch als Lillooet, aber darauf komme ich noch zurück. Es war eine Industriesiedlung, und das bedeutete, daß in der Mitte des Ortes eine Papierfabrik stand, die Tag und Nacht schweflige Dämpfe ausstieß. Wir zogen bald aus dem Schwefelbereich fort – außer bei Nordwind – in ein Nest namens Grief Point. Dort lebte ich von Cornflakes und verdorbenen Orangen, die Simon stolz mit nach Hause brachte, wenn er sie als Bonus in dem Firmenladen bekam, in dem er zeitweilig arbeitete. Ich erwartete unser Baby.

In der Waldgegend, die oberhalb von uns lag, wohnte eine kleine alte Frau; ich kann mich nicht besonders deutlich an ihr Haus erinnern, denn sie kam immer zu uns herunter, wenn ich allein war – und das war den ganzen Tag der Fall. Sie sah sehr mager aus und hatte spindeldürre, etwas krumme Beine; sie trug ein formloses Kleid mit Druckmuster und hatte ein liebenswertes Gesicht, das schon ein paar Dinge im Leben gesehen hatte; sie war Engländerin und sehnte sich danach, nach England zurückzugehen. Ich stellte für sie das fehlende Verbindungsstück dar. Jedenfalls sagte sie eines Tages plötzlich zu mir: »Sie sollten sich eine Katze zulegen.«

»Ja«, erwiderte ich. Ich wunderte mich, daß ich nicht schon selbst daran gedacht hatte.

Ein paar Freunde von uns, die auf einer Farm lebten und gelegentlich Katzennachwuchs hatten, schenkten mir kurz darauf ein kleines Katzenbündel mit schönen graublauen Augen. Die Kleine schlief auf unserem Bett und wurde Ouija getauft. Was mich dazu getrieben hat, ihr einen derart unaussprechlichen Namen zu geben, weiß ich nicht, aber Ouija war von Anfang an ein erstaunlicher Erfolg. Niemals »grinste sie beschämt auf den Fußboden«, wie John Lennon einmal sehr passend so ein Malheur beschrieben hat; sie war verspielt, zärtlich und intelligent – ich könnte so lange Loblieder auf sie singen, bis sich selbst der Geduldigste langweilen würde. Sie war anscheinend nicht eifersüchtig auf das Baby, sondern zog sich diskret aus unserem Bett zurück und warf selber fünf Kätzchen. Man konnte viel Gutes über ihren Nachwuchs sagen, oder vielleicht war sie auch einfach nur eine bessere Mutter als ich. Jedenfalls erzog sie ihre Familie ohne viel Krach und Chaos; dagegen verursachte unser Sohn ausgerechnet am ersten Abend, als die kleine alte Dame aus dem Wald kam, um auf ihn aufzupassen, einen unglaublichen Lärm. In der Nähe der Küste in einem Faltboot, das mir Simon netterweise zur Feier der Geburt von Thomas geschenkt hatte, versetzte mich das Babygeschrei in Besorgnis; wir paddelten eilig an den Strand zurück, und ich kletterte atemlos den Hügel hinauf. Meiner guten Freundin standen die Haare zu Berge, und sie schaukelte energisch – sehr energisch, ehrlich gesagt – die Wiege. »Ich glaube, er hat Hunger«, sagte sie, und ich stimmte angesichts der Lautstärke und des dunkelroten Gesichts von Thomas zu und behob das Problem sogleich. Das nächste, was passierte, war »die Kolik«, aber ich werde nicht näher darauf eingehen. Ich wollte lediglich einen Vergleich mit Ouija anstellen, die offensichtlich keine derartigen Schwierigkeiten hatte. Ihre Familie gab überhaupt keine Geräusche von sich, abgesehen von ein bißchen erfreutem Quieken, wenn sie in die Kiste kletterte, um sie zu säugen; die Kleinen begannen, sie mit ihren winzigen Pfötchen auf außergewöhnlich lustvolle Weise zu kneten, während ihr lautes Schnurren durch die Blockhütte klang – rhythmisch, beruhigend, alles in allem sehr zivilisiert. Danach schliefen diese bezaubernden kleinen Knäuel bis zum nächsten Füttern. Ich glaube wirklich, daß sie mir dabei half, meinen Realitätssinn wiederzugewinnen. Mutter zu sein, so versicherte ich mir, erforderte nur gesunden Menschenverstand und war eine völlig natürliche Angelegenheit, aber es schien bei mir irgendwie nicht zu funktionieren. Dennoch ging es deutlich bergauf, seit Thomas drei Monate alt war.

Zur gleichen Zeit zogen wir um. Simon hatte genug von den verrotteten Orangen und den Cornflakes, wo ich sowieso nicht mehr in einem Zustand war, in dem ich sie wirklich zu schätzen wußte, und hatte beschlossen, sich einen anderen Job zu suchen. Wir machten ein Freudenfeuer aus unseren Orangenkistenmöbeln, die ihren Zweck recht gut erfüllt hatten, brachten unsere Bettroste auf die Müllkippe zurück, von der sie Simon geholt hatte, der immer schnell bei der Hand war, wenn es etwas Gutes gab, verabschiedeten uns in aller Ruhe von unserer kleinen alten Märchentante und fuhren davon.

Das Tragebettchen, in dem Thomas meistens lag, befand sich auf dem Rücksitz. Ouija, deren Familie wir traurigerweise weggegeben hatten, wanderte unangebunden im hinteren Teil des großen Chevrolet-Kombis herum, den wir gekauft hatten. Seine Farbe kann eigentlich nur als unterwäscherosa bezeichnet werden – etwa wie gekochter Lachs –, aber er erwies sich als ein hervorragendes Fahrzeug. Ouija, intelligent wie immer, richtete sich bald in ihrem neuen Zuhause auf Rädern ein und sprang in angemessenen Abständen heraus, um ihr Geschäftchen zu erledigen, rannte nie weg, saß nie auf dem Baby, miaute nie und war auch nie reisekrank. In jenen Tagen war unsere Katzenerfahrung so gering, daß wir sie gar nicht in dem Umfang schätzten, wie wir es eigentlich hätten tun sollen. Aber auch so gehörte sie ganz einfach zur Familie.

Die erste schlechte Nacht ereilte uns in Lillooet, British Columbia, das in eine von jenen roten sandigen Schluchten gebaut ist, für die Nordamerika berühmt ist. Lillooet hatte eine Hauptstraße, die durch das Zentrum mit etwas fünfundzwanzig Holzhütten führte; dahinter und auf beiden Seiten davon stiegen steile Klippen in die Höhe, oder so schien es uns wenigstens, die wir in den letzten Momenten der Dämmerung ankamen. Warum fuhren wir dorthin? Gott allein weiß das! Es lag auf der Strecke nach Alaska oder zum Yukon oder sonstwohin, Orte, auf die Simon irgendwie versessen war – »versessen« war wahrscheinlich das Schlüsselwort bei einer Familie, die aus einer nicht besonders häuslichen Ehefrau, einem drei Monate alten Sohn und einer Katze bestand. Die Schneefälle hatten bereits begonnen, und es würde nicht mehr lange dauern, bevor der Alaska Highway – eine romantische Bezeichnung für eine dreckige Straße mit riesigen Schlaglöchern – gesperrt werden würde.

Also hielten wir in Lillooet, standen um den einzigen Einwohner herum, den wir finden konnten. Er saß friedlich auf seiner Veranda in einem Schaukelstuhl, steckte sich Kautabak in den Mund und machte dabei jene erstaunlichen, kehligen Geräusche, die ankündigen, daß nun bald über eine weite Entfernung hinweg gespuckt wird. Dadurch konnten wir ihn in der fast vollständigen Dunkelheit ausfindig machen und folgten ihm die Straße entlang, bis er an einer seltsam geformten Hütte anhielt, die wir nach seiner Aussage für eine Nacht oder auch so lange mieten konnten, wie wir wollten. Nachdem ich einen Blick auf sie geworfen hatte, dachte ich, daß vermutlich eine Nacht genug wäre. Es war fast kein Licht auf der Straße zu sehen, mit Ausnahme von einem Gebäude an ihrem Ende, das ich für den

Saloon hielt – es hatte solche Doppelschwingtüren, wie man sie in Westernfilmen sieht. Waren dort vielleicht alle Einwohner versammelt außer unserem Wirt, der beim Schein eines Streichholzes mit Simon Münzen zählte?

Als sie das Geschäft getätigt hatten, stiegen wir die wacklige Treppe hoch, die zur knarrenden Veranda führte, wo der Mann eine Tür aufdrückte. Von innen war es die übliche Unterkunft, die wir inzwischen schon erwarteten: ein großer Raum mit einem Waschbecken, einem Gaskocher und einer heruntergekommenen Dusche, die an etwas angrenzte, was als »das Örtchen« bezeichnet wurde. Ich war angetan von der allgemeinen Geräumigkeit und dem einzigen Fenster, auch wenn dessen Balken verrutscht waren, so daß seine Winkel etwas seltsam aussahen. Das einzige Problem war Ouija. Wir befanden uns an der Hauptstraße, während wir uns sonst immer in Motels aufgehalten hatten, die um einen zentralen Innenhof gebaut waren. Wir beschlossen, Ouija mit ins Haus zu nehmen, denn die gerade Straße verführte die Fahrer dazu, nach den endlosen Serpentinen in der Schlucht mit ihrer Geschwindigkeit zu protzen.

Es fing nicht gut an, denn Ouija weigerte sich, ihre neue Unterkunft zu betreten; sie streifte herum und verschwand unter das Haus, das traditionell etwa einen Meter über dem Erdboden gebaut war, um tödliche Spinnen, Schlangen, Stinktiere und andere freundliche Tierarten beherbergen zu können, die die Nähe von menschlichen Nachbarn schätzen. Ich ging hinein, setzte mich auf das Bett, das der einzige Gegenstand war, der den Namen Möbelstück verdiente, und stillte Thomas. Ich überließ es Simon, Ouija aus dem Hohlraum unter der Hütte heraufzuholen – zum Glück hatte er eine Taschenlampe. Aber auch so war er offenbar nicht in allerbester Stimmung, als er schließlich die Katze hereintrug; seine Ohren schienen länger geworden zu sein und außerdem eindeutig spitz.

»Laß sie nicht nach draußen«, befahl er und ließ sie viel unsanfter als sonst auf den Fußboden fallen, der unter der Last ächzte. Das hieß, daß wir die Tür zumachen mußten und uns nun in fast völliger Dunkelheit befanden, denn das Licht funktionierte nicht, und das erklärte auch, warum die Straße draußen so unbeleuchtet aussah. »Stromausfall«, erklärte Simon, aber mir kam das seltsam vor. Wieder einmal erwies sich die Taschenlampe als nützlich. Alles schien friedlich, als wir im Bett in unseren beiden Schlafsäcken lagen, die uns von der Bettwäsche unserer Unterkunft trennten. Thomas schlief selig, nur Ouija war unruhiger als sonst, aber es war ja auch das erste Mal, daß wir sie einsperren mußten.

Um ein Uhr nachts wurde ich wach und hörte, wie sie an der Tür scharrte. Ich richtete mich auf. Sie miaute erbärmlich, und mir war klar, was mit ihr los war, oder zumindest glaubte ich es zu wissen.

»Simon«, sagte ich, »Ouija will raus.«

»Nein«, sagte Simon.

Also legte ich mich wieder hin. Aber nicht lange. Ouija war offensichtlich verzweifelt, sie lief im Zimmer hin und her, sprang auf das wacklige Fensterbrett, so daß man ihre Silhouette im hellen Mondlicht sehen konnte, dann eilte sie wieder zurück, um an der Tür zu kratzen.

»Simon«, sagte ich, »die arme Katze kann nicht mehr.«

Simon tat so, als hörte er nichts; ich stellte mir vor, wie er sich die spitzen Ohren mit den Händen zuhielt. Und so schlich ich aus dem Bett, öffnete die Tür ein wenig und lauschte. Es war wirklich eine schöne Nacht, die Straße glänzte silbrig im Mondschein. Man konnte eine Katze maunzen hören, aber es gab kein Anzeichen von Autoverkehr. Lillooet war tatsächlich totstill. Ich machte die Tür noch ein bißchen weiter auf, und Ouija drückte sich durch, ja sie stürzte richtiggehend hinaus, wie sie es in normaler Verfassung niemals getan hätte. Ich ließ die Tür angelehnt, damit sie später wieder hereinkommen konnte, und legte mich schlafen.

Das nächste, was ich bewußt wahrnahm, war das Heulen eines Rudels Hyänen – oder jedenfalls dachte ich, daß es sich so anhörte – draußen auf der Straße, gefolgt von einem richtiggehenden Donner von galoppierenden Pfoten, danach das bekannte Scharren, das ich glaubte als das von Ouija identifizieren zu können.

»Simon«, sagte ich, »da ist was hinter Ouija her. Hör doch.«

Simon drehte sich herum. Der Mondschein glitzerte in seinen Augen, die sehr klein und rund geworden zu sein schienen. »Wo ist sie?« wollte er wissen.

»Draußen«, antwortete ich kleinlaut. »Ich mußte sie einfach rauslassen. Kannst du nachschauen, ob es ihr gutgeht? Ich kann ja schließlich nicht im Nachhemd auf die Straße. Bitte!« überredete ich ihn.

Simon stieg nackt aus seinem Bett, denn er schlief immer ohne Pyjama – ich war erleichtert, kein Fell auf seinem Körper zu sehen –, und blickte zur Tür hinaus. Ich tat dasselbe. Thomas, der in dieser guten Phase zwischen dem dritten und dem neunten Monat war, schlief. Der Mond schien noch immer hilfsbereit auf die Lillooet Main Street, die, wie ich bereits erwähnte, die einzige Straße des Ortes war, und als wir umherschauten, bot sich uns ein überraschender Anblick. Ouija saß in der Mitte von mindestens einem Dutzend Katern, von denen jeder auf andere Weise miaute. Anstatt miteinander zu kämpfen, umkreisten sie Ouija gemeinsam und unternahmen plötzliche Vorstöße, während sie als gesittete Katze, die sie nun einmal war, sich bei jedem Angriff aufrichtete, einen Buckel machte, die Ohren anlegte und sicher und geschickt nach jedem potentiellen Liebhaber schlug, der in die Reichweite ihrer Pfoten geriet. Simon fluchte und trat mit großen Schritten in das Mondlicht hinaus. Zitternd vor Sorge und Kälte kehrte ich ins Bett zurück, umklammerte meine Knie und schaute durch die offene Tür. Plötzlich gab es einen wilden Tumult, gefolgt von einem unheimlichen Heulen sowie dem dumpfen Geräusch von unzähligen Katzenpfoten und schließlich den schwereren Schritten von Simon. Alle rannten am Fenster vorbei und strömten die Lillooet Main Street hinunter. Ich war rechtzeitig am Fenster, um Ouija vorauslaufen zu sehen; sie glich dem mechanischen Köder bei einem Windhundrennen. Simon, splitternackt und silbrig glänzend im Mondschein, war trotz seines großartigen Tempos an letzter Stelle. Es war ein sonderbares Bild. Nach kurzer Zeit verschwanden sie aus meinem Blickfeld ins Jenseits oder, um genau zu sein, in den tieferliegenden Teil von Lillooet. Ich fürchtete, die ganze Stadt müßte davon aufwachen, aber offenbar wurden die Bewohner mit solchen nächtlichen Ereignissen recht gut fertig, denn kein einziges Fenster öffnete sich. Überraschend schnell kehrte wieder Ruhe ein. Ich legte mich ins Bett, um warm zu werden. Nach einiger Zeit – mir kam es wie eine Ewigkeit vor – hörte ich Simons Schritte auf der Treppe. Die Veranda knarrte. Er trat ins Zimmer, machte die Tür zu und ließ die feuchte Katze auf meinen Nacken plumpsen.

»Nimm das.« Ich tat es. Seine Stimme hatte einen deutlich wölfischen Ton angenommen. Ouija rutschte aus meinen Händen, um sich taktvoll am Ende des Bettes niederzulassen, wo sie sich lang und breit ableckte und wieder in Ordnung brachte.

»Wo hast du sie gefangen?«

»Eine halbe Meile die Straße entlang unter einem Haus.«

»Hat dich jemand bemerkt?« fragte ich angesichts von Simons Blöße.

»Es ist mir egal, ob sie mich gesehen haben. Und laß sie auf keinen Fall wieder raus.« Er drehte mir energisch den Rücken zu.

»Ist ihr was passiert?«

»Nein, ich glaube, ich habe sie noch rechtzeitig gekriegt.«

Am Morgen stellte ich fest, daß Ouija erstaunlich umsichtig gewesen war und ihr Geschäftchen in der Dusche erledigt hatte. Was hätte die arme Katze unter den gegebenen Umständen auch anderes machen können? Ich schaffte das Problem weg, denn Simon hatte seinen Teil ja bereits in der Nacht getan, dann fütterte ich Thomas, der während des ganzen Wirbels friedlich geschlafen hatte, und schließlich setzten wir unsere Reise fort. Lillooet wurde in unserem Reisetagebuch als die Stadt vermerkt, die von ungehobelten Katern bevölkert war.

Die folgende Nacht war auch nicht so erholsam, wie sie es eigentlich hätte sein sollen. Simon beschloß, zur Abwechslung mal das Zelt aufzubauen – er mochte Camping, ich jedoch nicht. Also gab er sich große Mühe bei der Wahl des Ortes und dabei, mir das orgiastische Vergnügen nahezubringen, das er dabei empfand, wenn er den Reißverschluß dieses Segeltuchgebildes schloß, und das auf mich nicht so recht überspringen wollte. Die Stelle, die er auswählte, befand sich unter einer Klippe mit einem

Überhang, der uns recht guten Schutz bieten würde, falls Wind aufkäme, wie er mir erklärte. Da wir uns inzwischen viel weiter im Norden befanden, war die Temperatur beträchtlich gesunken und hatte wundervolle Eiszapfen hervorgebracht, die wir mit Ehrfurcht betrachteten, bevor wir uns zurückzogen.

Ich wurde vom Geschrei von Thomas geweckt. Sein Tragebett schwamm buchstäblich im Wasser, und dauernd fielen Tropfen auf sein armes kleines Gesicht. Die Luftmatratzen und unser Gewicht hatten uns am Ort gehalten, aber Ouija fand genauso wenig Gefallen daran wie Thomas; sie saß aufrecht auf der einzig übriggebliebenen trockenen Insel auf der Bodenplane. Als ich zu ihr hinsah, steuerte sie mit einem erbärmlichen Miau auf die Zelttür zu, hielt aber an, um das Wasser von ihren Pfoten zu schütteln. Ich weckte Simon, der nicht verstand, wie es im Zelt derart naß werden konnte, bis er hinausging. In der Nacht hatte Tauwetter eingesetzt ...

Ouija, Thomas und ich flüchteten ins Auto, während Simon mutig die ekelhafte Arbeit erledigte, das nasse Zelt zusammenzurollen. Als wir wieder unterwegs waren, quengelte ich schamlos nach einem »richtigen« Haus, und Simon, der, weil es mit dem Traum von Alaska nun aus war, etwas aus dem Mundwinkel sabberte, schlug den Heimweg ein, beziehungsweise fuhr nach Vancouver, wo wir unser neues Zuhause vermuteten. Ouija widersprach und beklagte sich nie, sie war eine viel nettere Begleiterin als ich. Sie rollte sich am Heckfenster zusammen, schnurrte sanft, als die Hitze im Auto anstieg, und öffnete ihre großen Ovale aus grünem Bernstein nur, wenn man mit ihr sprach. Auch Thomas benahm sich bewundernswert, nachdem ihm versichert worden war, daß er kein neuer Moses war, der in seinem Körbchen den Frazer Canyon durchqueren sollte.

Vancouver, wie es unter uns im Nebel lag, und die Berge, die auf der anderen Seite des Meeres in die Höhe stiegen, das alles erschien mir wie das Paradies. Zivilisiert. Menschen, Läden und Ärzte waren da, falls ich sie für Thomas brauchte. Und Simon konnte mit Sicherheit nirgends ein Fleckchen für sein Zelt finden.

Wir landeten bei netten und gastfreundlichen Bekannten, von

denen wir kaum etwas wußten: könnten sie uns, die Katze und das Baby bei sich aufnehmen, während Simon sich nach Arbeit umsah? Natürlich konnten sie das, diese lieben, großzügigen Menschen der Neuen Welt. Wir könnten in ihre frischrenovierte Einliegerwohnung im Souterrain ziehen. Es gab nur ein Problem: sie hatten zwei Siamkatzen, die im Gegensatz zu ihren Besitzern nicht gerade für ihre Gastfreundschaft berühmt waren.

In diesem Moment hatten die beiden Katzen ihren gebührenden Auftritt, als wollten sie unterstreichen, was ihre Besitzer gerade gesagt hatten: tatsächlich waren sie prachtvolle Tiere mit seidig glänzendem Fell, riesigen undurchdringlichen Augen und von etwa anderthalbfacher Größe wie Ouija. Ihre Pfoten, aus denen sie gelegentlich lange Krallen hervorstreckten, waren gewaltig, wie ich bemerkte. Unsere Freunde erklärten, daß sie nicht Angst um ihre beiden Katzen hätten, die könnten schon auf sich selbst aufpassen, aber was die andere Katze betraf ... Nun, das wollten sie lieber nicht sagen.

Wir hatten eigentlich keine andere Wahl, abgesehen von einer Pension, die aber vielleicht das Baby oder die Katze nicht akzeptiert hätte, also sagten wir, daß wir die Verantwortung für Ouija übernehmen würden. Wir begaben uns zurück zum Wagen, von wo aus unsere Katze beobachtet hatte, was draußen vor sich ging, und sich mit angelegten Ohren unter dem Rücksitz versteckt hatte. Als ich mich hinunterbeugte, um sie hervorzuholen, wich sie mir untypischerweise aus und stahl sich in den Kofferraum davon. Ihre Stadtwohnung ließ sie wohl nichts Gutes ahnen. Aber unsere stets aufmerksamen Freunde schlossen Hektor und Achilles ein, während ich Ouija in die Souterrainwohnung schmuggelte, wo sie überall herumschnupperte, das Fenster und den Fußboden untersuchte sowie die entfernteren Winkel der Etage. Wir kamen bald überein, daß wir das Katzenproblem dadurch lösen würden, daß unsere Freunde nachts ihre Katzen einsperrten, was sie sowieso immer taten, und Ouija durch das Fenster nach draußen durfte. Am Tag, wenn Hektor und Achilles umherstreiften, würde Ouija in der Wohnung bleiben müssen. Die Vereinbarung schien idiotensicher zu sein. Jeder war beruhigt; wir zogen los, um etwas zu trinken zu kaufen, während unsere Freunde das Abendessen kochten. Schließlich waren wir alle ziemlich betrunken, wünschten uns eine gute Nacht und zogen uns in unsere jeweiligen Quartiere zurück.

Vielleicht war es der Alkohol, der unsere Freunde ein Fenster vergessen ließ; wenn auch ich nicht daran gedacht hätte, das unsrige zu öffnen, wäre alles in Ordnung gewesen. Ouija verbrachte den ersten Teil der Nacht wie üblich auf dem Fußende unseres Bettes; daß sie dort weg war, nahm ich erst zur Kenntnis, als ich ein Quietschen, gefolgt von einem dumpfen Schlag, hörte und sie durch das Fenster hereinspringen sah, gejagt von zwei pantherartigen schattenhaften Figuren, Hektor und Achilles. Ich konnte den Lichtschalter nicht finden.

»Simon«, schrie ich. »Schnell – sie sind hinter ihr her.«

Simon war sofort hellwach; die Dringlichkeit in meiner Stimme hatte ihn aufgerüttelt. Und ebenso den armen kleinen Thomas, der zu weinen anfing.

Die Katzen rasten in der Souterrainwohnung umher, warfen die eine oder andere Tasse und auch die Blumen um, die unser Gastgeber netterweise für uns gepflückt hatte – *seine* Lilien –, und umstellten schließlich Ouija, die sich neben unserem Bett duckte, den Schwanz gegen die Wand am Kopfende emporrichtete, die Zähne zu einem ängstlichen Fauchen bleckte, das Fell sträubte, die Ohren anlegte und einen Buckel machte. Mit Hilfe von Simons Taschenlampe betrachteten wir sie gemeinsam mit Hektor und Achilles. Ich muß gestehen, daß mir Tränen der Bewunderung in die Augen traten. Sie war der vollkommene Ausdruck für weibliche defensive Aggression; immer mal wieder kam ein furchteinflößendes Zischen irgendwo tief aus ihrem Innern hervor. Ich weiß nicht, wie sie das machte, denn ihr Mäulchen blieb in der klassischen Fauchpose, ein Abbild selbstsicherer Wildheit.

»Simon, kommst du an sie ran?« fragte ich. In diesem Augenblick ging die Tür auf, das elektrische Licht wurde angeschaltet, und unsere Gastgeber traten ein. Wir müssen einen ungewöhnlichen Anblick geboten haben mit unseren Köpfen unter dem Bett und den beiden in die Höhe gereckten Hinterteilen. Hektor und Achilles kauerten neben uns in einer ähnlichen Haltung mit peitschenden Schwänzen und ausgefahrenen Krallen, die bereit waren zum Gemetzel. Unsere Gastgeber begriffen sofort, daß etwas nicht in Ordnung war, schnappten sich Hektor und Achilles, schlossen sie in die Wohnung ein und kehrten dann wie edle Heilige zurück und brachten uns Brandy. Ich tröstete den armen Thomas, der Gott sei Dank seinen Daumen gefunden hatte und gierig daran nuckelte. Wir ließen Ouija, wo sie war, damit sie sich beruhigen konnte.

Nach diesem Abend konzentrierten wir uns alle auf die Regelung mit den Fenstern, und die Nächte vergingen ruhig; lediglich eine kleine Spur von dreckigen Pfotenabdrücken unter dem Fenster, wo Ouija hinein- und heraussprang, wies auf ihre Ausflüge hin. Wir beschlossen, daß wir das vor unserem Auszug wegwischen würden.

Die wirklich schreckliche Zeit begann, als Simon erfuhr, daß ihn seine berufliche Laufbahn im Forstwesen zurück nach England und dann weiter nach Schweden führen würde. Zuerst klang es aufregend, aber dann dachte ich plötzlich an die Tierquarantäne.

»Simon«, fragte ich. »Was wird mit Ouija?«

»Wir müssen sie hierlassen«, antwortete er herzlos, fügte aber hinzu: »Bis wir zurückkommen.«

»Das können wir nicht«, sagte ich erschreckt.

Aber Simons Augen waren rund und klein geworden, seine Ohren lang und spitz, und der Mund war leicht geöffnet und zeigte seine scharfen Zähne. Speichel tropfte aus den Mundwinkeln.

»Wenn sie erst in Quarantäne soll, bleibt sie auf jeden Fall hier«, erwiderte der Wolf.

»Ihr wird es ohne uns elend gehen«, quengelte ich.

»Sie würde es hassen, acht Wochen lang in einem kleinen Käfig eingesperrt zu sein, das wäre grausam.« Der Wolf hechelte unangenehm.

»Sie würde sich daran gewöhnen«, meinte ich.

»Außerdem wäre es unglaublich teuer.« Und damit sprang der Wolf aus dem Bett und rannte durch die offene Tür hinaus in den Wald.

Also fuhren wir wieder in dieses Nest Powell River, wo die Küstenstraße aufhört, und ließen Ouija dort zurück, wo sie geboren wurde, was keine große Überraschung war. Unsere Freunde auf der Farm nahmen sie freudig bei sich auf. Sie konnte zusammen mit zwei anderen Katzen oben im Lagerraum wohnen, würde genügend Milch bekommen, denn Graham stellte jeden Tag ein bißchen für die Katzen hin – es gab massenhaft Ratten und Mäuse, so daß sie ihren Lebensunterhalt selbst verdienen konnte, wie sie lachend hinzufügten. Was konnte ich anderes sagen, außer daß sie gern mit Menschen zusammen war und daran gewohnt war, im Haus zu sein ... Doch das konnten sie nicht versprechen, nur daß sie auf sie aufpassen würden, bis wir sie wieder abholten. Ich spürte deutlich, wie mein Herz brach.

Aber das Leben ist nun einmal, wie es ist, unvorhersehbar, wenn man jung ist, vielleicht ist es das ja auch immer, jedenfalls kehrten wir nicht mehr nach Kanada zurück, deshalb sah ich Ouija nie wieder. Sie versicherten uns hin und wieder in einem Brief, daß sie glücklich und gesund sei, aber wer weiß das schon. Ich gab mir alle Mühe, ihnen zu glauben, daß sie mit den anderen Katzen gut auskam, die ja immerhin ihre Verwandten waren, aber ich konnte mir nicht vorstellen, daß es bei Katzen so einfach ist.

Jetzt lebe ich auf einer Farm mit vier Katzen. Meine erwachsenen Kinder besuchen mich häufig, und sie bringen dann auch ihre Katzen mit. Sie weisen darauf hin, daß sie sie ja schließlich nur haben, weil ich sie ihnen aufgedrängt habe, als die Anzahl meiner Katzen zu explodieren drohte. Aber inzwischen mögen sie sie zu sehr, um sich von ihnen zu trennen, und außerdem sind Katzenheime recht teuer. Ich habe gelernt, mich auf ihre Katzen zu freuen. »Natürlich«, sage ich, wenn sie mir erklären, daß sie sie mitbringen. Ich erkundige mich sogar nach ihnen im gleichen Atemzug wie nach den Babies. Das heißt, daß Weihnachten und Ostern, wenn es schön ist, aus London herauszukommen, wie jeder weiß, meine drei Kinder, deren Lebensgefährten und deren Katzen bei mir auftauchen. Damit steigt die Anzahl der Katzen von vier auf neun an – eine von ihnen hat ein Kätzchen geworfen, und das muß natürlich auch mit. Sie vertragen sich alle überhaupt nicht miteinander – die Katzen, meine ich –, das Haus ist angefüllt mit unterdrückten Reibereien. Katzen schleichen verstohlen und mißtrauisch umher und haben Angst, auf ihre Mütter zu treffen, raffinierte Mütter, die jeden Muttersinn abgeworfen haben. Knurren dringt unter jedem Bett hervor. Meine eigenen Katzen ziehen sich häufig in den Stall zurück.

Diese Stadtkatzen werden sehr gut versorgt, sie fressen Hummer und Krabben, tragen Flohhalsbänder – besonders wenn sie auf die Farm kommen – und haben eigens Katzenklos mit gewölbten Dächern für ihre Geschäftchen zu Hause. Die Flöhe, die meine Katzen gelegentlich haben, verursachen bei diesen verwöhnten Geschöpfen Bandwürmer, so erklärt man mir. Und an dieser Stelle muß ich ein Versagen gestehen, das wohl in der Familie liegt, denn wir sind alle sehr ängstlich, wenn wir mit der Reaktion unserer Katzen auf Sprays und Pillen konfrontiert werden. Wir wickeln sie ein, stecken sie in Leinensäcke wie der Tierarzt, drei Leute halten eine Katze fest, während der vierte ihr eine Tablette zwischen die Zähne steckt, die denen des *Weißen Hais* durchaus ähnlich sind. Zwei Minuten später würgt die Katze die Pille auf dem Fußboden wieder heraus. Wir wußten keinen Rat – ja, nicht einmal Simon –, bis Emma auftauchte. Emma ist eine große, elegante blonde Frau, sie ist eigentlich ganz reizend und verströmt eine dezente Spur von herrlichem teurem Parfum. Sie hat diese typische London-Aura, ich gebe das Vorurteil gerne zu.

Eines Tages, wir grillten gerade ein Hähnchen, sprachen wir über die Schwierigkeit, einer Katze Arznei zu geben, und ich war vollkommen verdutzt, als sie sagte: »Wenn Sie wollen, mache ich das für Sie.«

Ich schaute auf ihre langen weißen Finger mit den perfekt geformten perlmuttglänzenden Nägeln und stellte mir die nadelscharfen Zähne unserer Katzen und ihre ausgestreckten Krallen vor. »Nein«, erwiderte ich. »Ihr Angebot ist sehr nett, aber Sie haben ja keine Ahnung, wie die sind.«

»Wenn Sie mir sagen, welche«, beharrte Emma, »dann tu ich es.«

»Zwei von uns könnten das Tier festhalten«, schlug ich vor. »Wickeln Sie eine Decke um ihre Beine, damit sie nicht kratzen kann.«

»Ich brauche keine Hilfe«, sagte sie. »Setzen Sie sie einfach auf meinen Schoß.«

Ihre Selbstsicherheit verlangte sofortigen Gehorsam. Wie in Trance plazierte ich eine Katze auf ihren Beinen und reichte ihr eine Tablette. Mit einem schnellen, heftigen Druck auf den Kiefer, blitzschnell, als wäre es die Hand einer Zauberin, verschwand die Tablette. Emma streichelte die Katze und setzte sie auf den Fußboden zurück.

»Hat sie die Tablette geschluckt?« fragte ich ungläubig.

»Ja«, sagte Emma ruhig. »Soll ich noch mehr Katzen mit Medizin versorgen?«

Ich reichte ihr noch fünf weitere – kein Kratzen, kein Kampf, keine einzige erbrochene Tablette.

Und das zeigt mal wieder, sagte ich an diesem Abend im Bett zu Simon, wie dumm Vorurteile sind.

»Wer hätte das auch von Emma gedacht«, erwiderte er.

»Ja«, stimmte ich zu. »Wer? Sie ist offensichtlich ein Genie mit Katzen.«

Und so lebe ich nun inmitten von schnurrenden, glücklichen Katzen, und meine Familie hat keine Angst mehr, daß sich ihre Katzen bei einem Besuch anstecken könnten. Der einzige Nachteil sind Telefonanrufe wie dieser: »Das ist doch in Ordnung, wenn ich Domino und Cluedo bei euch lasse, wenn wir weg sind, oder nicht? Oh, und kann Henry vielleicht seine Katze auch vorbeibringen?«

Es ist ein ernüchternder Gedanke, festzustellen, daß ich nun so bin wie der Wolf, der aus dem Bett gesprungen ist, um ein kleines Mädchen zu fressen, das ein Kätzchen haben wollte.

Lynne Bryan
Katzengespräche

*Die Katze hat ein außerordentlich bewegliches Schultergelenk.
Es ermöglicht dem Vorderlauf, in jede Richtung zu kreisen.*

Meine Arbeit endet zu unterschiedlichen Zeiten, und deshalb erwische ich den Halb-Sechs-Uhr-Bus nicht immer. An manchen Tagen ist das ein Segen. Der Halb-Sechs-Uhr-Bus ist ständig überfüllt, ständig voller Zigarettenqualm, und das Aussteigen ist stets eine Tortur.

Die Bushaltestelle, die dem Haus, in dem ich wohne, am nächsten liegt, ist die erste nach einem Kreisverkehr. Wenn der Bus leer ist, gibt es kaum Probleme, aber wenn er voll ist wie der um halb sechs, ist es der reine Mord. Die Fahrgäste, die im Gang stehen, versuchen sich aufrechtzuhalten, wenn der Bus in die Kurve geht; sie rühren sich nicht vom Fleck, um einen durchtreten zu lassen.

Aber dennoch hat der Halb-Sechs-Uhr-Bus eine Attraktion: drei Frauen, die sich über Katzen unterhalten. Sie sind alle über fünfzig, tragen alle die gleichen braunen Regenmäntel mit Bindegürtel. Zwei von ihnen haben die übliche Dauerwelle, die dritte, die am meisten redet, hat einen röhrenartigen Dutt. Er sitzt oben auf dem Kopf. Ein nickender Empfänger, der Mitteilungen über Katzen aufnimmt und aussendet.

Ich hörte ihre Unterhaltung zum ersten Mal am ersten Tag des Golfkriegs. Im Bus war es ungewöhnlich still, abgesehen von ein paar Stimmen, die beunruhigt fragten, ob Saddam wohl Terroristen nach Schottland schicken würde, und abgesehen von den Frauen, die sich über Katzen unterhielten. Ich wunderte mich, daß niemand den Frauen nahelegte, den Mund zu halten. Es war, als ob sie ein Verbrechen begingen: sie jammerten über verfilztes Katzenhaar, während junge Männer sich auf den Tod vorbereiteten.

Aber inzwischen habe ich sie schätzen gelernt. Man kann in

Katzengrippe, Katzenfieber, den Vorzügen von Namensschildern und dehnbaren Halsbändern aufgehen. Man kann den Jammer und das Elend des Lebens vergessen.

Die Katzentoilette sollte so groß sein, daß das Tier bequem darin stehen kann. Sie sollte wasserdicht und leicht zu säubern sein.

Ich arbeite in einem Warenhaus an einem Kosmetikstand. Aber ich war für was Höheres bestimmt. In der Schule war ich die Aufgeweckteste in der Klasse und die Beliebteste. Ich hatte beste Aussichten. Dann lernte ich Danny kennen. Er war auf Urlaub und stammte aus Schottland. Ich lernte ihn in einer Disko kennen, und meine Hormone gerieten außer Rand und Band. Ich gab alles auf und zog nach Glasgow, um mit einem siebenundzwanzigjährigen Mann zusammenzuleben, der bereits Fett ansetzte und Steingut- und Plastikgeschirr auf dem Markt verkaufte.

Eine Zeitlang lief unsere Ehe ganz gut. Aber dann fing ich an, mich zu langweilen. Es ist alles Routine: die Missionarsstellung, das Strümpfewaschen am Sonntag, das Fischessen am Freitag. Danny hat keine Ahnung. Er glaubt, daß wir glücklich sind. Er glaubt, daß ich ihn liebe.

Dabei hatte ich in den letzten fünf Jahren immer Affären. Bei meiner Arbeit sehe ich die Männer, wie sie Parfüm für ihre Großmütter aussuchen, und ich mache mich an sie heran, biete mehr als einen Spritzer »Obsession« an. Ich habe was übrig für den mickrigen Typ mit hoffnungslos dünnem Haar. Weil die sich mir unterordnen. Weil sie sich mit mir über das Leben unterhalten. Weil sie mir Selbstvertrauen geben.

Mein augenblicklicher Liebhaber heißt Bob. Ich habe ihn schon eine ganze Weile, weil er mich immer zum Lachen bringt. Wenigstens hat er das früher getan. Aber jetzt, wo die Welt so unsicher wird, hat er sich verändert.

Am ersten Tag des Golfkriegs kam er zu mir an den Stand und schenkte mir eine Schachtel Konfekt. »Für dich«, sagte er, »weil ich dich in dieser langen weißen Bluse liebe, weil ich alles an dir schön finde.«

»Ach Bob«, sagte ich und lächelte ihn an. »Du solltest als Witzeerzähler gehn.«
»Als Witzeerzähler?« sagte er.
»Als Komiker«, sagte ich.
»Aber ich meine es ernst«, sagte er.

Wann immer Sie eine plötzliche Veränderung im Verhalten Ihrer Katze bemerken, untersuchen Sie sie eingehend.

Bob senkte sein kantiges Gesicht über die Eau-de-Toilette-Flaschen für 99 Pence. Er war wütend. »Bob«, sagte ich, »das Konfekt ist Klasse, du bist Klasse, aber ich bin verheiratet.«
»Und was ist, wenn sie mich einziehen?« fauchte er. »Was ist, wenn ich weg muß? Dann möchte ich wissen, daß du mir gehörst.«
»Das ist doch dummes Gewäsch, Bob«, sagte ich. Mir war, als säße ich im Kino. »Sie werden niemand einziehen.«
Jetzt dauert der Golfkrieg schon drei Wochen, und Bob ist beinahe verrückt. Er denkt an nichts anderes als ans Eingezogenwerden, aber noch viel schlimmer – sein Hirn ist nur noch ein schwarzes Loch. Er ist nicht fähig zu studieren. Er wäscht sich nicht mehr. Er ißt nur noch Brot und trinkt nur noch Wasser. Ein Teil von mir genießt seine Verzweiflung: der Sex ist fabelhaft. Aber meistens macht sie mich krank ... Bob stört mich bei der Arbeit. Er begleitet mich zur Bushaltestelle, hält meine Hand fest umklammert. Ich kann erst dann aufatmen, wenn ich den Halb-Sechs-Uhr-Bus kriege und den Frauen zuhöre, die sich über Katzen unterhalten.

Lassen Sie altersschwache und senile Katzen nicht am Leben, nur weil Sie den Gedanken an einen Besuch beim Tierarzt nicht ertragen können.

Bob kommt an meinen Stand. Er kommt um zwölf, das ist seine gewöhnliche Zeit. Er sieht schrecklich aus. Er trägt seinen grünen Winterpullover, der schon Löcher unter den Achseln hat, und vom Halsloch zieht sich eine breite Ölspur quer über seine Brust.

Seine Hosen sind schwarz, doch auch sie sehen schmutzig aus. Sie schlottern locker um seinen mageren Körper. Und er hat sich den Kopf kahlrasiert. Seinen Bart hat er stehenlassen, aber sein Haarschopf ist weg. Ich fühle mit ihm, aber ich bin auch wütend auf ihn. Alle anderen werden mit ihren Problemen fertig, leben ihr Leben weiter, warum bringt er das nicht fertig? Warum muß er sich so melodramatisch aufführen?

»Bob«, sage ich. »Mir reicht's. Ich bin nicht dafür geschaffen.«

»Was?« flüstert er. »Willst du mich abschieben?«

»Tut mir leid, Bob. Aber es ist nicht mehr so, wie es war. Ich habe zu dir aufgeblickt. Und wir hatten Spaß zusammen. Doch jetzt fühle ich mich für dich verantwortlich. Und ich ertrage deine Miesepetrigkeit nicht mehr. Ich habe genug eigene Probleme, ich kann nicht auch noch deine bewältigen.«

Heute morgen löffelte ich mein Reismüsli, tankte Kraft für die Schicht im Warenhaus. Rex kam herein und bettelte wie gewöhnlich. Er ist Dannys Schäferhund, und ich hasse ihn. Er riecht aus der Schnauze. Er saß vor mir und klopfte mit seinem großen Schwanz auf den Teppich. Kleine Sandkörner sprangen aus seinem Fell, und ich wurde an Dannys Arbeitsstiefel erinnert, die derben Stiefel mit den Stahlkappen, die er für den Fall trägt, daß Regen oder Sturm seinen Stand treffen. Mir schauderte. In den Nachrichten habe ich eine Menge von diesen Stiefeln gesehen. Sie gehören Soldaten, den Erfolgreichen, die mit diesen Stiefeln über die Körper der anderen hinwegmarschieren und rennen und trampeln.

Danny begrüßt die Nachrichten mit Jubel: er jubelt über die Soldaten, die brennenden Ölfelder, die ausgebombten Familien, die Scud-Raketen, die Kriegsgefangenen. Er ist ein Schläger, und das ist der Grund, warum ich immer noch bei ihm bin.

»Du willst mich also abschieben«, sagt Bob. Er steht eine Weile da, den Kopf schräg geneigt wie ein dummer Vogel, dann stolziert er aus dem Warenhaus.

»Gott sei Dank«, sagte Marjorie, die Frau vom Max-Factor-Stand. »Bei dem hab ich immer 'ne Gänsehaut gekriegt.«

Katzenjunge mit angeborenen Behinderungen wie eingewachsenen Augenlidern, nach innen gewachsenen Augenlidern, geknickten Schwänzen oder mit nur einer Hode im Scrotum sollte man kastrieren lassen.

Diesmal erwische ich den Halb-Sechs-Uhr-Bus, und der einzige freie Platz ist neben den Frauen, die sich über Katzen unterhalten. Ich höre zu, was sie reden. Das hilft mir, Bobs kahlrasierten Schädel zu vergessen, seinen gekränkten Blick.

»Also ich weiß nur, mein Onkel George ist kaum tot, da landet dieser kleine ingwerfarbene streunende Kater auf meiner Türschwelle. Ich hebe ihn hoch, und was sehe ich? Onkel Georges Augen. Dieselben Augen wie der alte Herr. ›Na gut‹, sage ich zu dem Katerchen, ›ist's dir recht, wenn ich dich George nenne?‹« Die Frau mit dem Röhrendutt klopft ihre Zigarette ab, die Asche fällt auf ihren Mantel, und sie fegt sie weg. Ihr Gesicht ist ganz ernst. Ich möchte sie dafür umarmen.

Als ich nach Hause komme, wartet Danny schon auf mich. Ich weiß, irgendwas ist nicht in Ordnung, denn er hat die Fernsehnachrichten abgeschaltet. »Ich habe einen Anruf bekommen«, sagt er, »von jemand, der Bob heißt. Behauptet, dich zu kennen, und ist rasend verliebt in dich.«

Ich versuche ruhig zu bleiben, unschuldig zu tun. »Bob?« sage ich und schüttle den Kopf. »Ich kenne keinen Bob.«

Katzen sind unter Umständen nervös. Laute Geräusche, Knallen und Krachen erschrecken sie.

Ich gehe früh zu Bett. Danny bleibt noch auf und sieht sich an, wie ein Fernsehnachrichtenmensch kleine Plastikkriegsschiffe über eine Karte der Golfregion schiebt. Er ist wütend, aber er hat mich nicht geschlagen, hat nur mit seiner Hand dicht vor meinem Gesicht gewedelt. »Wenn ich mir dich jetzt vorknöpfe«, hat er gesagt, »wär das dein Ende.«

Ich ziehe meinen Arbeitsoverall aus und mein Nachthemd an. Ich krieche ins Bett und versuche einen Entschluß zu fassen, was ich jetzt tun soll. Wegen Bob ist mein Kopf ganz leer. »Du egoistischer Dreckskerl«, sage ich laut, »du egoistischer Dreckskerl.«

Ich schlafe unruhig, habe wilde Träume. Ich renne Korridore entlang, schlittere holterdipolter bergab. Ich bin ein kleiner brauner Spatz, der von einem großen braunen Adler gejagt wird. Ich brenne. Ich wälze mich hin und her und komme erst dann richtig zur Ruhe, als ich merke, daß sich Danny nicht zu mir ins Bett legen wird.

Am Morgen weckt mich lautes Klopfen an der Schlafzimmertür. Ich richte mich nicht etwa langsam schlaftrunken auf, sondern bin sofort hellwach und angespannt. »Ja«, sage ich.

Danny kommt herein. Offenbar ist er mit sich zufrieden. Er trägt ein Tablett, auf dem zwei Teller und zwei Tassen voll Tee stehen. Auf den Tellern liegen Brotscheiben und Landjägerwurst. Ich fühle mich unwohl, vor allem, als er mich anlächelt. »Ich dachte, wir könnten zusammen frühstücken und uns ein bißchen unterhalten, bevor du zur Arbeit gehst. Ein paar Dinge klären.«

Die Haut der Katze sitzt nicht fest und bietet daher bei einem Kampf oder bei einem Unfall einen guten Schutz. Viele Katzen haben sich von schweren Verletzungen nach einem Kampf sehr schnell erholt, weil nur die lose Haut und kein lebenswichtiges Organ darunter verletzt wurde.

»Was ist denn mit dir passiert?« sagt Marjorie, die Kollegin vom Max-Factor-Stand.

»Ich bin gegen eine Straßenlaterne gerannt«, erwidere ich und ziehe den Ärmel meines Overalls hinunter, damit man die blauen Flecke nicht sieht. Sie zeichnen sich dunkel und eindrucksvoll auf meiner hellen Haut ab, und keine Schminke kann sie überdecken.

»Also eine Straßenlaterne«, sagte Marjorie und stößt einen Pfiff aus.

Ich warte darauf, daß sie mich weiter nervt, aber ein Kunde kommt dazwischen. Der Rest des Tages geht drauf für Inventur machen, fürs Abstauben der Parfümflaschen, die seit Jahren hinter dem Ladentisch gestanden haben. Um zwölf wird sicherlich

Bob aufkreuzen. Er wird mit Entschuldigungen ankommen, mich anflehen, ihm zu verzeihen und einen neuen Anfang mit ihm zu machen. Doch Bob kommt nicht.

Ich bin nicht böse. Ich hätte gern auf ihn eingedroschen, aber ich weiß, er ist es nicht wert. Ich stelle ihn mir vor, wie er auf seiner Eckcouch hockt, sich die Nachrichten anhört und betet, daß es ohne Einberufung abgeht. Armer Bob. Ich bin nicht so schwach wie er.

Katzen haben ein zähes Leben.

Ich steige in den Halb-Sechs-Uhr-Bus ein und klettere, eingeklemmt in eine Menschenschlange, die Metalltreppe zum Oberdeck hoch. Der Bus ist proppenvoll, aber ich kriege den Platz, den ich haben möchte, neben den drei Frauen, die sich über Katzen unterhalten. Sie sind gerade mitten in einem Gespräch über Entflöhen, und ich unterbreche sie.

Die Worte stürzen nur so aus meinem Mund. »Hallo«, sage ich. »Darf ich mich einmischen? Ich habe eine Katze, und die ist mit Zecken übersät. Ich hab's mit allen Sorten Puder versucht, aber davon wird sie nur krank. Und ich hab sie immer wieder gewaschen, und natürlich gefällt ihr das nicht.«

Die drei Frauen sehen mich an. Sie verhalten sich abweisend; sie fürchten, man wolle sich über sie lustig machen. Ich versuche mein Bestes, harmlos zu erscheinen. Ich lächle, und das nimmt sie für mich ein.

»Keine Katze mag Wasser«, sagt die eine Frau. Sie wirft ihren Freundinnen einen Blick zu.

Die Frau mit dem röhrenförmigen Dutt gibt ihr recht. »Aber alle Katzen sind fasziniert von Wasser«, kommentiert sie. »Meine Molly sieht so gern zu, wenn ich bade. Sie mag es, wenn ich die Knie anziehe und sie zusehen kann, wie das Wasser von ihnen herunterperlt. Manchmal leckt sie das Wasser sogar ab.«

»Also was schlagen Sie vor, was soll ich tun?« frage ich flehend. »Ich bin schon ganz verzweifelt. Soll ich mein ganzes Haus desinfizieren lassen? Soll ich Tinkerbell einschläfern lassen?«

»Nein. Niemals«, sagt die Frau mit dem Röhrendutt. Sie scheint empört zu sein. »Es gibt so schon zu viel Tod und Vernichtung auf dieser Welt. Bitten Sie den Tierarzt um eine Lotion, nicht um Puder. Lotion hält besser.«

Ich merke, wie der Bus in die Kurve geht, und als ich aus dem Fenster blicke, sehe ich, daß ich meine Haltestelle verpaßt habe. Mir ist übel, aber ich rühre mich nicht. Statt dessen nehme ich den vertrauten Anblick von Läden und chinesischen Imbißbuden in mich auf und halte den Atem an.

»Entschuldigen Sie«, sagt die eine der drei Frauen, die immer über Katzen reden. »Ich will nicht neugierig sein, aber ich bin sicher, daß ich Sie schon öfter in diesem Bus gesehen habe, und jedesmal sind Sie am Kreisverkehr ausgestiegen.«

»Nein«, sage ich. »Nein, ich wohne in Greenock. Und meistens fahre ich mit dem Auto, aber es ist kaputt, und mein Mann ist nicht da, der es reparieren könnte. Er ist am Golf, wissen Sie.«

Hunderte Katzen verschwinden spurlos, die meisten davon nachts.

Heute morgen war Danny wie ein Blutegel; er klebte regelrecht an mir, als ich mich für die Arbeit fertigmachte. Ich konnte keine Aktentasche mitnehmen, auch nicht mein Mietbuch und nicht die Halskette, die ich von meiner Großmutter geerbt habe. Er durchsuchte meine Manteltaschen und stülpte meine Stadttasche um, bevor er sie mir wieder über die Schulter hängte. »Nicht daß ich dir nicht vertraue, Christine«, sagte er und gab mir einen Lippenstift, fünfzig Pence und meine Monatsfahrkarte.

Während der Bus nach Greenock zuckelt, betrachte ich die mir fremde Gegend und wehre die Angst ab. Die Frau mit dem Röhrendutt sitzt neben mir. Sie winkt den beiden anderen Frauen zu, als die in Woodhall aussteigen. »Tschiau Miau«, ruft sie.

»Tschiau Miau«, rufen die beiden zurück.

»So«, sagt sie und dreht sich mir zu. Auf ihrem Gesicht liegt feiner rosa Puder, er riecht nach Babypuder. »Was machen wir nun mit Ihnen?«

Katzen haben ein scharfes Wahrnehmungsvermögen. Sie verfügen über einen sechsten Sinn, der sie Situationen richtig einschätzen läßt.

Meine Arbeit endet zu unterschiedlichen Zeiten, aber ich sorge immer dafür, daß ich den Halb-Sechs-Uhr-Bus kriege. Der Halb-Sechs-Uhr-Bus ist ständig überfüllt und ständig voller Zigarettenqualm. Aber er hat eben diese Attraktion. Meine drei Freundinnen, die sich über Katzen unterhalten. Thelma, Jean und Doris.
 Doris paradiert mit ihrem Röhrendutt. Ich habe sie zu überreden versucht, den Dutt abzuschaffen. Am ersten Abend, als ich bei ihr in der Wohnung war, sagte ich, ich wüßte einen guten Frisiersalon. Sie sagte, ich soll sie damit in Ruhe lassen. Sie ist sehr geradezu, aber freundlich. Sie schaltete die Nachrichten ab, als sie sah, daß ich mich langweilte, und gab mir Schmerzwurzsalbe für meine blauen Flecke. Sie läßt sich auch von Danny und Bob erzählen. Aber nicht jetzt. »Es kommt ein Punkt«, sagt sie, »da muß man eine andere Platte auflegen. Mit Männern kann man sich nicht unterhalten. Mit Katzen ja.«

Dinah Lampitt
Piccolo Mac

Buon giorno, come stai? Bene, bene, das hört man doch wirklich gerne. Ich selbst? Na, in hervorragender Verfassung wie immer; schlagkräftig, wie die Katzen sagen würden, die die schmalen Gassen in dieser unserer schönen Stadt bevölkern. Aber in aller Bescheidenheit möchte ich doch feststellen, daß es nicht schwierig ist, in einem solchen guten Zustand zu sein, wenn man ein solches Herrchen wie das meine hat. Ganz entschieden nein. Ich eifere ihm einfach in allem nach, was er macht, und – *ecco* – da bin ich, eine wohlgenährte und sehnige Masse von gelocktem Fell, und zwischen meinen Ohren, die gänzlich frei sind von Kampfnarben, befindet sich eines der pfiffigsten Gehirne von Florenz, auch wenn ich es selbst bin, der das behauptet. Sie zweifeln daran? Dann lassen Sie mich bitte ausführlicher werden.

Ich heiße Mac, Piccolo Mac, um genau zu sein, benannt nach ebendiesem Herrchen, von dem ich gerade gesprochen habe. Obwohl sein richtiger Name eigentlich Niccolo ist, wird vom ihm natürlich als dem Grande oder auch Big Mac gesprochen, um zwischen uns beiden unterscheiden zu können. Wir, das heißt wir beide sowie einige Hausangestellte und meine Frau Carlotta, wir wohnen in einem großen Haus, das mit Holzschnitzereien sehr schön geschmückt ist und als eines der erlesensten in der Stadt gilt, in der Nähe der Ponte Vecchio. Jeden Tag überqueren sowohl Niccolo als auch Piccolo, also ich, diese schöne Brücke, schieben uns an den Händlern vorbei, ignorieren die Schreie der Kaufleute, die sich in ihren kleinen Läden auf beiden Seiten der Straße drängen, und erwidern die vielen Grüße, die uns entgegengebracht werden mit einer würdevollen Verbeugung des Kopfes. Da ich natürlich eine eigenständige Person bin, gehe ich nicht direkt neben dem Grande Mac, sondern folge ihm in diskretem Abstand, behalte meine Meinung für mich, beobachte alles, was er macht, und ahme ihn nach, denn das ist schließlich die höchste Form von Schmeichelei. Traurigerweise muß ich zugeben, daß mich meine Frau bei diesen Spaziergängen nicht begleitet, denn Tatsache ist, daß an ihr die Jahre nicht so spurlos vorübergezogen sind wie an mir.

Ich will ehrlich zu Ihnen sein, denn es ist nicht meine Art, zu schwindeln, was mein Alter angeht. Ich bin sogar so stolz auf meine jugendliche Erscheinung, daß ich eher vorgebe, ein bißchen älter zu sein, nur um diese erstaunten Blicke in den Gesichtern der Leute zu sehen. Aber wahr ist, daß ich acht Jahre alt bin, was nach menschlicher Zählweise vierzig entspricht, und damit im allerbesten Mannesalter. Bei Carlotta, so traurig es mich auch macht, das sagen zu müssen, ist das etwas anders. Zuviel Nudeln und jahrelange Kätzchenaufzucht haben ihren unvermeidlichen Tribut von ihrer Figur gefordert, und nun sitzt sie fett, schnurrend und zufrieden vor der Küche – diesen Platz hat sie für den Fall gewählt, daß sie im Laufe des Tages ein kleines Häppchen gebrauchen könnte – und vertreibt sich ihre Stunden im Sonnenschein. Wenn ich *arrivederci* zu ihr sage, öffnet Carlotta ein Auge, mauzt einen kleinen Abschiedsgruß und beobachtet mich, wie ich mit erhobenem Schwanz und glänzenden Barthaaren davonschlendere. Dann schläft sie weiter. Ich nehme an, daß das alles in allem ein recht gutes Arrangement ist, wenn man das kleine Geheimnis ins Auge faßt, das ich mir im Palast der Medici halte. Aber ich schreite viel zu schnell voran! Lassen Sie mich zuerst weiter auf mein Herrchen eingehen.

Zusätzlich zu seinem Stadthaus hat Niccolo noch ein Domizil in San Casciano, wo anscheinend eine weitere Katze wohnt, wie man mir erzählt hat. Da ich jedoch diese Person nie gesehen habe und nichts von ihr weiß, kann ich kaum etwas darüber sagen und muß es dabei belassen. Aber ich schweife schon wieder ab. Vor einigen Jahren wurde mein Herrchen auf seinen Landsitz verbannt – das war Gott sei Dank vor meiner Geburt –, und es war erst zu meinen Lebzeiten, daß er die Gunst der Medici, einer mächtigen italienischen Familie, von der Sie vielleicht schon einmal gehört haben, wiedererlangte und nach Florenz zurückkehren durfte. Sie setzen ihn jetzt unter anderem als Hauslehrer für die drei Kinder des Hauses ein, für Ippolito, Alessandro und natürlich für die kleine Katharina. Aber von ihnen später mehr. Lassen Sie mich zum Ausgangspunkt zurückkehren, zum Gang über den Ponte Vecchio.

Von allen Seiten gegrüßt, verfolgen wir unseren Weg und bleiben hier und dort stehen, um mit ein paar Bekannten zu plaudern. Wie es bei großen Männern üblich ist, hat Grande Mac kaum enge Freunde, auch wenn viele gern von sich behaupten, sein Freund zu sein. Und ebensowenig war er verheiratet, so sehr wird er von der Politik in Anspruch genommen. Natürlich kenne ich seine Schlafzimmergeheimnisse, habe durch einen Spalt in der Tür einen Blick auf den Glanz von Taft geworfen, das Schillern von Seide, wenn eine weibliche Besucherin beiläufig ihre Gewänder hat fallen lassen. Aber meine Lippen sind versiegelt. Die Identität dieser engen Freundinnen wird niemals aufgedeckt werden, und ich würde jeden zu einem ehrlichen Kampf auffordern, der es wagte, ihre Namen auszuplaudern.

An diesem speziellen Tag, von dem hier die Rede sein wird, war es sonnig und warm in Florenz, ein schöner Frühlingsmorgen. Diese Art von Morgen, an dem ein heißblütiges Männchen spüren kann, wie seine Gedanken eine romantische Richtung einschlagen. Und nun muß ich wirklich alles gestehen. Ich bin ein Kater von großer Manneskraft, und diese Tatsache zusammen mit meinem beeindruckend guten Aussehen – ich habe rotes Fell in einem besonders feurigen Farbton – lenkt jede Menge weiblicher Aufmerksamkeit auf mich. In jüngeren Jahren, als ich Carlotta hinter der diskret aufragenden Masse des Palazzo della Signoria den Hof machte, ignorierte ich noch die vielen verführerischen Blicke, die mich trafen. Aber in mittlerem Alter ... *scusi*, die Versuchung wurde zu groß, und ich nahm mir eine Geliebte. Ja, damit ist die Wahrheit heraus. Aber wenn Sie sie sehen könnten, würden Sie mich sicher verstehen. Sie ist jung, schlank und sinnlich und hat das himmlischste weiße Fell, das ich jemals gesehen habe. Zur Krönung des ganzen hat Bianca die hinreißendsten blauen Augen, in welche zu blicken mich je ins Verderben gestürzt hat.

Natürlich hat sie als Geschöpf von Rang ein wunderbares Zuhause. Sie wurde als herrenloses Kätzchen von einem Koch aus den Medici-Küchen bemerkt und von der Straße geholt, und er brachte sie an seinen Arbeitsplatz, wo er sie in allem Luxus aufzog. Zum ersten Mal sah ich sie, als ich den Palast zusammen mit Grande Mac besuchte, und da war sie nicht älter als ein paar Monate. Elender Verführer, kann ich Sie murmeln hören, und ich gebe ja zu, daß ich tatsächlich ein paar Jahre älter bin als sie, auch wenn Bianca darauf schwört, daß sie reife Männchen kultivierter findet und diese sich in der Welt auskennen würden. Und ich behandle sie in der Tat gut. Obwohl sie keinen Bedarf an Leckereien hat, wurde es bekannt, daß ich eine ganze Taube den weiten Weg von meinem Haus bis zu ihrem geschleppt habe, um ihr einen Leckerbissen zu bringen. Aber es gibt noch einen weiteren Punkt, den ich gestehen muß, bevor ich mit meiner Geschichte fortfahren kann. Letzten Monat hat unsere leidenschaftliche Beziehung Früchte getragen, und Bianca hat zwei Kätzchen zur Welt gebracht, eines weiß, das andere rötlichgelb. Ich wurde mit vierzig wieder Vater und war sehr stolz und zufrieden.

Jedenfalls war an diesem speziellen Morgen alles sehr heiter, und die Sonne schien, als ich aus dem Schatten des überdachten Durchgangs des Ponte Vecchio trat, und so war ich in einer recht romantischen Stimmung und sprang höflich zur Seite, als eine hübsche junge Katze aus einem Metzgerladen raste, verfolgt vom Besen des Besitzers. Um klarzumachen, bei wem meine Sympathien lagen, zog ich meine Lippen zurück und fauchte ihn an, aber er trat mir sehr schmerzhaft in das Hinterteil, worauf die Katze, die offensichtlich eine Schlägerei befürchtete, in eine schmale Gasse hineinlief und mich zurückließ, um die Fetzen meiner Würde einzusammeln und weiterzuschlendern, als wäre nichts geschehen.

Grande Mac war inzwischen nicht mehr in Sichtweite, und mein unbekümmerter Gang entwickelte sich zu einem schnellen Trab bei dem Versuch, ihn einzuholen. Dann sah ich ihn aus dem Augenwinkel heraus, wie er gerade den Palast betrat. Da ich mich nicht verspäten wollte, rannte ich flink, nahm eine Abkürzung durch die großartige Gartenanlage, die hinter dem schönen Haus der Medici liegt, und so gelang es mir, nur wenige

Augenblicke nach meinem Herrchen durch die Tür in die Küche zu marschieren. Bei meinem Anblick zog Alessandro, ein ungehobelter Halbwüchsiger sondergleichen, seinen Finger aus dem Honigtopf, über den er sich gerade hergemacht hatte, floh nach oben zum Unterricht und rief seinen jungen Verwandten zu: »Dieses elende Katzenvieh ist da. Haut ab!«

Ich schaute ihm finster hinterher, mein Schwanz war zur Größe eines Schornsteinbesens angeschwollen, und ich war mir nicht sicher, welches Wort mich mehr aufgeregt hatte. »Katzenvieh« ist die Bezeichnung, die einem Kater von meinem sozialen Rang am allerwenigsten gebührt, und dasselbe gilt für »elend«, denn trotz meiner ernsthaften Seite möchte ich mich doch als so frohgemut, witzig und heiter wie jeder andere Kater, den Sie nennen könnten, bezeichnen. Sehr empört suchte ich nach Bianca, bei der ich hoffentlich etwas Trost und ein Häppchen zu fressen finden würde. Aber schon wieder wurde ich enttäuscht. Meine Geliebte begrüßte mich mit einem Schütteln ihres bezaubernden Kopfes und verengte deutlich ihre porzellanblauen Augen.

»*Cara mia*«, wagte ich zu sagen.

Sie schaute zornig. »Treib nicht deine alten Spielchen mit mir. Wenn du deine Pflichten als Vater ein bißchen ernster genommen hättest und einen oder zwei Abende hiergeblieben wärst, um deinen Sohn zu erziehen, wäre mein Leben um einiges leichter.«

Ich versuchte, streng dreinzublicken. »Du weißt, daß das nicht möglich ist. Ich darf mein Herrchen nicht vergessen. Und außerdem ist da immer noch Carlotta. Was würde sie sagen, wenn ich abends nicht nach Hause käme?«

Bianca fiel zischend über mich her. »Von ihr war nie die Rede, als du hier Stunde um Stunde verbracht und mir deine Leidenschaft aufgezwungen hast.«

»Aufgezwungen?« wiederholte ich sarkastisch.

»Ja, aufgezwungen«, fauchte sie und ohrfeigte mich grob.

Ich habe in meinen jungen Jahren viele Weibchen erfolgreich umworben, das heißt bevor ich mich an Carlotta gebunden habe, und eines habe ich sicherlich aus meinen vielfältigen Erfahrungen gelernt. Diskutiere nie. Meinem eigenen Ratschlag gemäß streckte ich meinen Schwanz herrisch in die Höhe und stolzierte mit erhobenem Kopf davon, ohne ein Wort zu sagen.

Einer der Küchengehilfen lachte, als er mich sah. »Hey, Piccolo, hat dich deine Freundin verschmäht? Geschieht dir recht, du unartiger Junge. Komm her, dann geb ich dir zum Trost ein schönes Stück Hähnchen.«

Das Angebot besänftigte mich etwas, also nahm ich es an und drückte mich dann schnurrend an seine Beine. Aber es gab sonst nichts mehr zu erwarten, und um eine weitere Konfrontation mit meiner Geliebten zu vermeiden, beschloß ich, auf den Fenstersims des Unterrichtszimmers zu klettern und den weisen Worten von Grande Mac zu lauschen, bis sich Bianca wieder beruhigt hatte. Ich kehrte in den Garten zurück, schwang meinen drahtigen und athletischen Körper zwei Stockwerke nach oben, immer im Bewußtsein, daß mich ein versteckter Zuschauer beobachten könnte, und spazierte behutsam einige Simse entlang, bis ich schließlich den richtigen fand. Durch die Scheibe konnte ich alles, was drinnen vor sich ging, ganz deutlich sehen. Katharina lauschte wie immer jedem Wort meines Herrchens, aber Ippolito und Alessandro waren dabei, Listen zu vergleichen, auf denen die Namen von Mädchen standen, die sie verführt hatten, und das verwunderte mich nicht weiter.

Ein paar Worte über diese Kinder, falls es Sie nicht langweilt. Sie sind die einzigen Erben einer ehemals mächtigen Familie und wurden nach Florenz gebracht, um als zukünftige Herrscher der Stadt standesgemäß erzogen zu werden. Ippolito ist der uneheliche Sohn Guilianos, des inzwischen verstorbenen Herzogs von Nemours, und Alessandro ist auch ein kleiner Bastard. Es ist nicht meine Art »in jedem Sinne« hinzuzufügen, deshalb sehe ich davon ab. Jedenfalls wurde offiziell in Umlauf gebracht, daß er ein Kind der Liebe ist von Lorenzo, dem Herzog von Urbino, der ebenso unerwartet entschlief. Falls das stimmen sollte, wäre dieser erbärmliche Junge der Halbbruder von Grande Macs Lieblingsschülerin Katharina, die einwandfrei legitim auf die Welt kam. Aber an dieser Stelle wird die Geschichte wirklich undurchsichtig, denn alle Eingeweihten in Florenz, zu denen mein Herrchen natürlich und in erster Linie gehört, wissen, daß er in Wirklichkeit das Kind von Papst Clemens VII ist, der ihn gezeugt hat, als er noch Kardinal Guilio de' Medici war! *Dio mio,* und sie schimpfen über die Unmoral von Straßenkatzen! Aber ich schweife wieder ab, verzeihen Sie mir.

Obwohl er ihnen den Rücken zukehrte, war sich Grande Mac offensichtlich der beiden jugendlichen Schurken und ihres Verhaltens bewußt, denn er drehte sich plötzlich um und packte Alessandro am Handgelenk.

»Wenn du eines Tages über Florenz herrschen willst, mein geschätzter junger Freund«, zischte er, »täte es dir recht gut, jetzt aufzupassen. Sonst könntest du irgendwann auf deine wirklich abscheuliche Nase fallen. Das Messer des Attentäters funkelt ständig in der Dunkelheit, mußt du wissen.«

Alessandro versuchte Mut zu zeigen. »Ich werde dem Papst von Ihnen berichten.«

Das Schnurren meines Herrchens war eine hervorragende Kopie meines eigenen. »O ja, bitte, mein Lieber, tu das. Er wird dann zweifellos zu deinem eigenen Schutz dafür sorgen, daß du eine kirchliche Laufbahn einschlägst.« Er räusperte sich. »Also, das Thema der heutigen Stunde ist, wie man seine gesamte Umgebung beeinflußt, während man die Leute gleichzeitig in dem Glauben bestärkt, daß sie völlig aus eigenem und freiem Willen heraus handeln. Versteht ihr mich?«

»Aber ja«, antwortete Katharina, und ihre dunklen Augen funkelten.

Ich lauschte mit einem Ohr Grande Macs Unterricht, das andere aber hatte ein Geräusch unter mir im Garten vernommen, und so warf ich einen verstohlenen Blick über meine Schulter. Ich fiel beinahe vom Fenstersims bei dem Bild, das sich mir bot. Das schönste Weibchen, das ich je in meinem Leben gesehen hatte, schaute zu mir hoch. Sie war vollkommen bernsteinfarben, flauschig wie ein Wollknäuel und hatte große, glasklare, topasähnliche Augen, die ausdrucksstark und – darf ich das sagen? – voll von Begehren waren. Ich streckte sofort meine Krallen aus und klammerte mich an meinem Platz fest, dabei spannte ich alle Sehnen meines Körpers an, um ihr nicht unschön vor die

Füße zu fallen. Als sie meine grenzenlose Bewunderung sah, senkte die Fremde ihren Blick und lief schamhaft, jedoch mit verführerischem Schwanzwedeln ins Gebüsch. Nun, ich habe ja vor Ihnen nicht gerade so getan, als sei ich ein lustloses Männchen. Mit einer schnellen, wendigen Bewegung sprang ich auf den unteren Fenstersims und von dort aus in den Garten.

Die köstliche Neue war nirgends zu sehen, aber aus den Tiefen eines blühenden Hibiskus drang das weiche, verführerische Schnurren eines verliebten Weibchens. Ich stieß einen Antwortruf aus, verschwendete keinen Gedanken auf die Folgen meiner Tat, schob das Blattwerk zur Seite und betrat die Dunkelheit, in der die herrlichste aller Katzen mich erwartete.

Mein Herrchen bringt seinen Schülern immer bei, daß es einige Dinge gibt, über die ein Kavalier nicht sprechen sollte. Anspielungen sind erlaubt, manchmal eine hochgezogene Augenbraue, ein beredtes Schulterzucken, das mehr als alle Worte sagen kann. Aber abgesehen von solchen Andeutungen muß das, was hinter der verschlossenen Schlafzimmertür geschieht, für immer verborgen bleiben. Und als der loyalste Bewunderer von Grande Mac würde ich doch das nicht bestreiten wollen! Lassen Sie mich deshalb einfach sagen, daß im Schatten des verhüllenden Hibiskusstrauchs ein Intermezzo von höchst wilder und leidenschaftlicher Natur stattfand. Ambra, so hieß sie, war trotz ihres großäugigen Unschuldsblicks eine derart raffinierte Kennerin der Liebeskunst, daß sie wohl den Katzen gleichkommen wird, die den Hof der Königin des Nils, der legendären Kleopatra, bevölkert haben. Und da ich mich selbst als eifrigen und einfallsreichen Liebhaber betrachte, nahm ich die Herausforderung an, vor die ich gestellt war. Aber ich verrate bereits zuviel und mißachte die Wünsche meines Herrchens.

Eine halbe Stunde später trat ich mit erhobenem Schwanz aus dem Unterholz, wenn auch meine Beine etwas schwach unter mir waren. Und dort sah ich Carlo, den häßlichen und brutalen Kerl, der am Palast herumhängt und Botengänge für den Chefkater der Medici, den Duce, macht. Carlo, dem ein Ohr fehlt und der sehr unterernährt aussieht, drehte sich bei meinem Näherkommen plötzlich um, warf einen scharfen Blick auf mich und ließ ihn zu dem Hibiskusbusch schweifen, aus dem Ambra hervortrat, die höchst zufrieden wirkte.

»Ich glaube, da ist wohl eine Erklärung fällig«, sagte er unfreundlich, und dabei legte sich sein gesundes Ohr flach an den Kopf.

Ich warf ihm einen abfälligen Blick zu. »Was willst du damit sagen, du räudiger Kater?«

Carlo deutete mit dem Kopf in Ambras Richtung. »Um sie geht's natürlich.«

»Ich fürchte, ich kann dir nicht recht folgen.«

»Das wirst du sofort. Ich glaube sogar, daß du jetzt lieber mit mir mitkommst. Ich denke, daß der Duce gern ein paar Wörtchen mit dir wechseln möchte.«

Es war eine schwierige Situation. Carlo ist ein Kämpfer auf Leben und Tod, der für seine Bisse und Kratzer unterhalb der Gürtellinie bekannt ist. Ich habe sogar gehört, daß er seine Klauen einmal so genau setzte, daß die Manneskraft eines Katers, der zu jenem Arbeitsstab gehörte, der die Laurentische Bibliothek aufbaute, für immer verloren war – eine Geschichte, die man zu jener Zeit oft in Florenz gehört hat. Jetzt schaute er mich mit einem besonders widerlichen Grinsen an, einem Grinsen, das Ärger ankündigt für jeden, der so tollkühn ist, es zu ignorieren.

»Sehr schön«, erwiderte ich würdevoll. »Ein Schwätzchen mit dem Duce ist immer anregend.«

Mit dem deutlichen Wissen um Ambras großartigen Blick, den sie auf mich richtete, schlenderte ich, Carlo folgend, davon und hoffte, daß ich nicht so nervös aussah, wie ich in Wirklichkeit war.

Die Sonne war inzwischen sehr heiß geworden, und deshalb überraschte es mich nicht, daß in einem der kleineren Empfangsräume des Palastes, in den ich geführt wurde, die Fensterläden geschlossen waren, um das Zimmer kühl zu halten. Im Zwielicht konnte ich die Umrisse des großen roten Stuhls mit der hohen Lehne und den gepolsterten, samtenen Armlehnen ausmachen, der früher einmal Lorenzo dem Prächtigen gehört hatte. Und wie ich bereits vermutet hatte, befand sich auf dem

Sitz der Duce, sein Kopf wippte ein wenig, die Augen hatte er geschlossen. Er hielt Siesta.

»*Scusi*«, sagte Carlo, und der Chefkater öffnete ein Auge.

Der Duce war zu dieser Zeit dreizehn Jahre alt, was nach menschlicher Zählweise fünfundsechzig entspricht, und das Leben in Macht und Luxus hatte deutliche Spuren bei ihm hinterlassen. Extrem übergewichtig und auch noch stolz darauf, sah er aus wie ein Riesenbaby mit seinen massigen Schultern und seinem unvergleichlich dicken Bauch. Auch seine Zähne hatten schon bessere Zeiten gesehen; als er einmal den Mund zum Gähnen öffnete, bemerkte ich sogar, daß einige davon fehlten, und sein Atem hätte wohl sogar einen unbedeutenderen Kater ohnmächtig werden lassen.

»Piccolo«, keuchte er und bewegte sich ein wenig, um einen eingeklemmten Fuß zu befreien, der unter ihm hervorkam und einen äußerst zerquetschen Eindruck machte. »Wie geht es dir?«

»Das können Sie mit Fug und Recht fragen«, unterbrach ihn Carlo barsch. »Er hat in Ihrem Revier gewildert, Duce, so geht es ihm.«

Der Medici-Kater verlagerte sein Gewicht noch einmal und öffnete beide Augen. »Was genau willst du damit sagen?«

Carlo zeigte seinen Mangel an guter Kinderstube. »Er hat um Ihre Herzensdame herumgeschnüffelt, Signor. Und nicht nur geschnüffelt übrigens.« Er ließ ein heiseres Gekicher hören, das mich zusammenzucken ließ.

Der Duce bewegte sich und hievte seine riesige Masse in Sitzposition. »Deutlicher.«

Carlo grinste bösartig. »Er war mit Ambra im Gebüsch, Duce, und hat es dort mit ihr getrieben.«

Der Chefkater wandte sich in meine Richtung, und ich konnte sehen, daß sich seine funkelnden alten Augen zu Schlitzen verengt hatten. »Ist das wahr?«

Ich überlegte schnell und wünschte mir, daß ich wenigstens für ein paar Augenblicke die goldene Zunge meines Herrchens besessen hätte. »Signor«, sagte ich schließlich. »Es ist wahr, daß ich mich mit Ihrer Geliebten hinter dem Hibiskus unterhalten habe. Ich glaube, sie sei eine Fremde in Ihrem Revier, und so befragte ich sie nach ihrer Loyalität Ihnen gegenüber. Ich vermutete, wenngleich nur kurze Zeit, sie könnte eine Spionin sein.«

Carlo kicherte wieder. »Das ist ja wohl 'n Witz.«

Der Duce erhob eine Pfote und brachte ihn damit zum Schweigen. »Fahr fort.«

»Es ist außerdem wahr, daß ich Ihre *inamorata* schön fand, Signor. Und da ich nicht wußte, daß sie zu Ihnen gehört, versuchte ich sogar, um sie zu werben, aber sie wies mich recht heftig zurück, denn sie sagte, daß sie einen anderen liebe. Das war das Geräusch, das Carlo gehört hat. Der Widerhall der Ohrfeigen, die mir Ambra verpaßte.«

»Hm«, sagte der Duce, und man konnte sehen, daß er über meine Worte nachdachte. Aber er war kein Idiot. Man steigt nicht in den Rang eines Chefkaters der Medici auf, wenn man dumm ist.

Genau in jenem Moment wurde ich von einem lauten kreischenden Geräusch gerettet, das von der großen Marmortreppe her kam, die in die oberen Räume führt. Wollte man nach der Stimmlage und dem Klang des Schreis urteilen, konnte es scheinen, daß mein kleiner Sohn, der so weiß und blauäugig wie seine Mutter ist, irgendwelchen Ärger hatte. Ich warf einen Blick über die Schulter und sah, daß die Tür zu dem Raum, in dem ich befragt wurde, offenstand, und nachdem ich etwas Unverständliches über Zuhilfeeilenmüssen gestottert hatte, raste ich mit geschwollenem Schweif und gesträubten Nackenhaaren hinaus.

Einen Augenblick lang waren meine Augen geblendet von den unerwarteten Lichtstrahlen, die durch die Glaskuppel von weit oben einfielen, und dann sah ich, wie der gemeine Alessandro meinen Riccolo als Fußball benutzte, ihn Stufe um Stufe nach unten stieß und dabei nicht besonders zart war. Ich sprang mit ausgefahrenen Krallen durch die Luft und landete auf dem Bein des elenden Jungen, wo ich die erfreuliche Erfahrung genoß, meine Zähne tief in seine fleischige Hüfte zu bohren. Gleichzeitig schlugen meine Klauen wild und schnell wie ein Blitz auf ihn ein, und ich war beglückt, eine Blutspur aus seiner zerfetzten Hose rinnen zu sehen. Mit einem Aufschrei der Wut wandte sich der Junge mir zu, und Riccolo nutzte den Moment, um schnell wie ein

Blitz die Treppe in Richtung Küche herunterzurasen. Spuckend und fluchend wehrte ich mich, als Alessandro versuchte, meinen Griff zu lösen. Und dann erbebte die Luft, als eine Stimme von oben dröhnte:

»Alessandro de Medici, ich sehe, daß dir jede Spur von Verstand abhanden gekommen ist. Ich glaube, daß du nicht einmal die Bedeutung dieser Worte begreifst. Deshalb bleibt mir nichts anderes übrig als etwas, was sogar du nachvollziehen kannst.«

Mit diesen Worten stürzte sich mein Herrchen Niccolo, Grande Mac in Person, auf uns und schleppte den protestierenden Jungen in das Zimmer mit dem Stuhl von Lorenzo dem Prächtigen, wo er den Duce und Carlo vertrieb und Alessandro mit seinem Gürtel sechs heftige Schläge verpaßte. Während dieser Maßnahme sausten wir drei so schnell davon, wie wir nur konnten, und es schien, als führte uns der Duce von hinten an. Derweil ich rannte, überlegte ich mir meinen nächsten Schritt, aber selbst ich mußte zugeben, daß die Zeit nun reif für einen taktischen Rückzug war. Folglich raste ich, ohne nach rechts oder links zu schauen, in die Küche und direkt durch die Tür, die auf den gepflasterten Innenhof führte. Dort mußte ich ganz plötzlich anhalten, denn direkt vor mir stand Bianca.

»O Piccolo, *caro mio*,« seufzte sie, süß lächelnd.

Ich schaute sie etwas verwundert an und fragte mich, welche weibliche List sie jetzt benutzte. Aber meine Geliebte fuhr im gleichen Tonfall fort.

»Liebling, vergib mir, daß ich so zornig auf dich war. Der kleine Riccolo hat mir alles erzählt. Ich nehme alles zurück, was ich über dich als schlechten Vater behauptet habe. Bleib einfach heute nacht hier, und ich zeige dir, wie dankbar ich bin.«

Ich schluckte schuldbewußt, und in diesem Augenblick spazierte Ambra um die Ecke, und als sie mich sah, verwandelte sich ihr anmutiger Katzengang in ein Schleichen.

»Wer ist das?« fragte Bianca mit plötzlich sehr frostiger Stimme.

»Die neue Dame des Duce. Ein sehr hochnäsiges Geschöpf«, erwiderte ich. Als sich die Blicke der beiden Weibchen trafen, fügte ich hinzu: »Ich muß mich jetzt aber wirklich beeilen. *Ciao.*«

Und war verschwunden, bevor eine von beiden sich daran machen konnte, mich weiter aufzuhalten.

Die berauschende Erleichterung, den Palast mit all seinen Intrigen hinter mir zu lassen, wirkte stärker als jedes Pülverchen, und ich trottete vergnügt zu meiner nächsten Verabredung und warf dabei nur gelegentlich einen Blick über meine Schulter zurück. Aber niemand verfolgte mich, und so erreichte ich mein Ziel, eine kleine Gasse in der Nähe des Ponte Vecchio, ohne weitere Schwierigkeiten. Ein paar Katzen warteten dort bereits auf mich, und ich nahm schnell meinen Platz auf einem hohen Steinblock ein, wo ich von allen Anwesenden gesehen werden konnte.

An diesem Punkt ist wohl ein Wort der Erklärung angebracht. Der Ruf meines Herrchens ist legendär in der schönen Stadt Florenz, und da ihre Bewohner wissen, daß ich ganz und gar sein Geschöpf bin, hat auch mein Ruf weit und breit die Runde gemacht. Genauso wie man ihn in manchen Vierteln als Wundertäter betrachtet, ergeht es auch mir. Deshalb halte ich täglich eine Audienz ab, bei der alle Katzen, seien sie groß oder klein, reich oder arm, mir ihre Probleme vortragen können, während ich mich für eine kleine Spende bemühe, sie zu lösen. Als ich die kleine Gruppe von wartenden Katzen sah, machte ich mich sofort an die Arbeit, denn ich wußte, daß weitere Ratsuchende vermutlich bald folgen würden.

Zuerst war eine notleidende Witwe an der Reihe, die mir eine Fischgräte als Bezahlung anbot. Natürlich lehnte ich das ab, was mir ein anerkennendes Gemurmel von den Zuhörern eintrug. Ihre Geschichte war traurig, denn nicht nur war ihr alter Gatte unter den Rädern einer Kutsche ums Leben gekommen, auch ihre Kinder waren entweder gestorben oder hatten das Haus verlassen. So war sie allein mit einem Enkel zurückgeblieben, einem ungebärdigen rötlichgelben Kater, der sich wild benahm und ihre armseligen Erziehungsversuche ignorierte. Ich setzte sofort Brutus und Caligula auf ihn an, zwei professionelle Straßenkämpfer, die Gefallen daran finden, verirrte Ehemänner, Söhne und so weiter zur Ordnung zu rufen. Ich versicherte der besorgten alten Dame, daß ihr Enkel nur die allermildeste Form von Bestrafung bekommen würde, und schickte die erleichtert wirkende Katze nach Hause.

Dann war ein Tigerkater in mittlerem Alter an der Reihe, der sich bitter über einen Neuling in seinem Revier beklagte. Es sah so aus, als habe er nicht mehr die Kraft, den Eindringling zu vertreiben, und jede Nacht gab es Vergewaltigungen und Plünderungen in seinem Revier; es ging so weit, daß kein Weibchen nachts auf der Straße mehr sicher war.

»Er hat bereits eine meiner Töchter in Schwierigkeiten gebracht«, jammerte der arme Kerl verzweifelt. Ich bemitleidete ihn, so gut ich konnte, vermutete aber stark, daß der Kläger in seiner Zeit genau so bösartig gewesen war, nahm ein Stück Steak von ihm an und versprach, daß sich noch in derselben Nacht Brutus und Caligula auf die Lauer legen würden, eventuell unterstützt von Carlo aus dem Palast. Er ging davon und sah erwartungsgemäß dankbar aus.

Als drittes ersuchte eine schöne junge Katze um meine Hilfe; sie war noch nicht ganz ausgewachsen und kaum mehr als sechs Monate alt. Sie war sehr verliebt, wie sie mir mit einem Seufzen gestand, aber weil sie noch so jung war, ließ es ihr Besitzer nicht zu, daß sie sich mit ihrem Zukünftigen paarte, sondern hielt sie im Haus und goß Eimer voll kaltem Wasser auf ihren Bewunderer, wann immer er auftauchte. Diese Geschichte amüsierte mich sehr, und es fiel mir schwer, ein strenges Gesicht zu bewahren. Immerhin gelang es mir, recht ernst auszusehen, als ich ihr riet, aus Gesundheitsgründen weitere sechs Monate zu warten, bevor sie die Härten des Ehelebens auf sich nahm.

»Aber wie kann ich mich zurückhalten?« fragte sie kläglich.

»Selbstkontrolle«, antwortete ich bestimmt, »und erlaube deinen Besitzern, dich weiterhin einzusperren. Es gibt keinen besseren Weg, der Versuchung zu widerstehen, als ihr aus dem Weg zu gehen.«

Die Jungfrau senkte sittsam den Blick. »Weichen Sie der Versuchung auch immer aus, Piccolo Mac?«

Ich schaute ernst drein. »Ich halte hier Audienz ab, um Ratschläge zu erteilen, meine liebe junge Frau, nicht um über mich selbst zu sprechen.«

»Ich verstehe«, erwiderte sie, aber ich hätte schwören können, daß sie mir zuzwinkerte. Als sie davoneilte, hatte ich den Eindruck, daß sie dabei war, jedes Wort von mir zu ignorieren und geradewegs in die Arme ihres Geliebten zu laufen. Um meiner Verwirrung Ausdruck zu verleihen, aß ich ganz formlos das Stück Fisch, daß sie für mich mitgebracht hatte.

Die Audienz ging weiter, und schließlich trat die letzte Person, die mich aufsuchen wollte, an den Steinsockel heran, auf dem ich thronte. Es war Sixtin, die Katze des Bildhauers Michelangelo, die von ihrem wilden und individualistischen Herrchen tags zuvor getreten worden war und sich gar nicht so sehr beschweren als vielmehr darüber reden wollte.

»Das ist der Preis dafür, für ein Genie arbeiten zu dürfen, weiß Gott«, sagte ich tröstend.

»Aber er ist so furchtbar temperamentvoll«, seufzte Sixtin traurig.

»Leider Gottes liegt die Entscheidung über deine Zukunft bei dir, mein Freund. Entweder bleibst du bei ihm und sonnst dich in seinem Ruhm, oder du beschließt, ein einfacheres Leben zu führen und deine Koffer zu packen.«

Michelangelos Katze seufzte noch einmal. »Aber ich schätze ihn doch so sehr, das ist das Problem. Es war die Kapelle, nach der ich benannt bin, die seinen Charakter zugrunde gerichtet hat. Wie würde dir das gefallen, vier Jahre auf einem Gerüst liegend zu verbringen und unter großen persönlichen Unannehmlichkeiten malen zu müssen, während dein Bart himmelwärts gerichtet ist?«

»Ich hätte es gehaßt.«

»Na also.«

Jetzt war ich mit dem Seufzen an der Reihe. »Sixtin, *du* beschwerst dich über dein Herrchen, nicht ich.«

»Da hast du recht. Ich entschuldige mich.«

»Deshalb ist der beste Rat, den ich dir geben kann, einen mitleiderregenden Schrei auszustoßen, wenn er dich das nächste Mal tritt. Dank seines großen, warmen, launenhaften Herzens wird er dann mit Sicherheit zu Tränen gerührt sein und dich in den nächsten paar Tagen mit den feinsten Leckereien füttern, um sein Gewissen zu beruhigen.«

Sixtin rieb sich die Augen. »Oh, was für einen Preis müssen wir bezahlen, die wir mit Talent in Verbindung stehen!«

»Wie wahr, wie wahr. Aber wenn du gestattest, muß ich diese Sitzung nun wirklich für beendet erklären.«

Der Nachmittag wurde langsam kühler, als ich die Gasse verließ. Der Sommer war noch nicht angebrochen, und die schönen Frühlingstage gingen rasch zu Ende. Ich war glücklich darüber, wieder in Bewegung zu sein, und rannte eilig über die Brücke und die schmalen Straßen hinab, die zum Haus meines Herrchens führten. Dort lief ich zur Küchentür hinein und bemerkte, daß Carlotta jetzt am Feuer schlief und hin und wieder ein Auge öffnete, um zu sehen, ob das Abendessen bereits fertig war. Mit einem Gähnen ließ ich mich neben ihrer wohligen Fülle nieder, denn ich wollte vor meinen Abendaktivitäten ein kleines Nickerchen einlegen.

Ich wachte zu der Tageszeit auf, die ich am liebsten mag. Außerhalb des großen Fachwerkhauses war die Nacht angebrochen, und Kerzen waren in jedem Zimmer angezündet worden. Der köstliche Geruch des Abendessens meines Herrchens erfüllte die Luft, und Carlotta stand bereits in der Nähe der Töpfe, um auf Häppchen zu warten. Ein großartiges Gefühl der Leichtigkeit überkam mich, als ich an den angenehmen Abend dachte, der vor mir lag. Denn Grande Mac hatte die Angewohnheit, sich nach dem Abendessen in sein Arbeitszimmer zurückzuziehen, und dort saßen wir beide dann vor einem heißen Feuer und verbrachten die Zeit allein miteinander. Heute abend mußte ich nicht allzu lange warten. Mein Herrchen aß sein Mahl schnell, denn er hatte keine Gäste, und nach kaum einer Stunde hörte ich ihn die steile Holztreppe emporsteigen. Das war mein Signal, und ich tat das Entsprechende.

Nachdem ich Carlotta beschnüffelt hatte, eine Pflicht, die ich in diesen Tagen nicht allzu gern erfülle, sagte ich ihr schnell *arrivederci* und sauste die Treppe hinauf, meinem Herrchen hinterher. Dort vollführte ich einen meiner brillanten Tricks. Ich stellte mich auf die Hinterbeine und rüttelte mit den Vorderpfoten am Griff seiner Tür, um ihm zu zeigen, daß ich da war.

»Komm herein«, rief er, und ich beendete das Kunststück, indem ich den Holzgriff nach unten drückte.

Grande Mac saß in einem bequemen Stuhl vor dem Feuer, seine Füße ruhten auf einem Hocker, und seine weichen und formschönen Schuhe standen neben dem Kamin. Mit einem lauten Begrüßungsschnurren sprang ich auf seinen Schoß und schwelgte in einer galanten Entfaltung von Heldenverehrung, derweil ich seine Hand mit meinem Kopf nach oben drückte und ihm klarmachte, was ich wert war. Schließlich ließ ich mich jedoch zusammengerollt nieder und erlaubte, daß seine langen gescheiten Finger meinen Kopf streichelten.

»Na, du alter Halunke«, schäkerte Niccolo. »Ich habe gehört, daß du heute im Palast in allen möglichen Schwierigkeiten gesteckt hast. In so einen wie Alessandro die Krallen schlagen und schöne Katzen in die Büsche verfolgen! Du solltest dich schämen.« Grande Mac lachte noch einmal. »Aber nachdem sie beide bekommen haben, was sie verdienten, kann ich deine Taten eigentlich nur loben.«

Ich schnurrte noch lauter, um zu zeigen, daß ich seine Worte zu würdigen wußte.

»Du bist wirklich ein guter Kater«, fuhr mein Herrchen fort. »Sogar ein sehr guter.«

Es klopfte an der Tür, und herein trat ein Diener mit einem Tablett voller Delikatessen – Wein, Süßigkeiten und Obst –, die wir uns teilen würden. Er stellte es auf den Tisch neben meinem Herrchen und verbeugte sich dann.

»Ist das alles für heute abend, Signor?«

»Ja, danke sehr.«

»Und werden Sie Piccolo Mac nach unten schicken, wenn Sie mit ihm fertig sind?«

Grande Mac zwinkerte mit einem Auge. »Er hat einen recht anstrengenden Tag hinter sich. Ich glaube, ich könnte ihn ausnahmsweise auf meinem Bett schlafen lassen.«

Der Diener verbeugte sich noch einmal. »Sehr wohl, mein Herr.«

Er ging zur Tür und drehte sich dort herum. »Gute Nacht, Signor Machiavelli«, sagte er.

An diesem Punkt will ich Sie verlassen, im vom Feuerschein erhellten Raum, der vom klügsten Mann in Florenz und seinem scharfsinnigen Kater bewohnt wird. Als er sich ein Glas Wein einschenkt und ich meine Augen schließe, um zu schlafen, bleibt für mich nichts weiter, als Ihnen zu sagen: *Arrividerci,* leben Sie wohl, *ciao,* miau.

Rudyard Kipling
Die Katze, die für sich allein ging

Höre, lausche und vernimm, mein liebstes Kind; dies begab und ereignete sich, wurde und war, da die Haustiere noch wild waren. Der Hund war wild, und das Pferd war wild, und die Kuh war wild, und das Schaf war wild, und das Schwein war wild – das war schon ganz und gar wild –, und die gingen da im nassen, wilden Wald ihre wilden, einsamen Wege. Aber das wildeste aller wilden Tiere war die Katze. Die ging ganz allein für sich, und ein Ort war für sie wie der andere.

Der Mensch war selbstverständlich auch wild. Furchtbar wild sogar. Er fing erst an, ein bißchen zahm zu werden, als er mit der Frau zusammengetroffen war und die ihm gesagt hatte, sie habe keine Lust, in so wilder Weise zu leben wie er. Sie suchte sich eine hübsche trockene Höhle, um darin zu schlafen, statt auf einem Haufen nassen Laubs; und dann streute sie sauberen Sand auf den Boden und zündete hinten in der Höhle aus Holz ein hübsches Feuerchen an; darauf hängte sie noch die getrocknete Haut eines Wildpferdes mit dem Schwanz nach unten vor den Einlaß der Höhle und sagte: »Wische deine Füße ab, mein Lieber, bevor du eintrittst; so, und nun wollen wir mit dem Haushalt anfangen.«

Am Abend gab es dann Wildschaffleisch, das auf heißen Steinen gebraten und mit wildem Pfeffer gewürzt war; darauf mit wildem Reis, wildem Fenchel und wildem Koriander gefüllte Wildente; danach Markknochen von wilden Ochsen und schließlich wilde Kirschen und wilde Granatäpfel. Und dann legte sich der Mann glücklich und zufrieden vor dem Feuer schlafen; aber die Frau blieb auf und kämmte ihr Haar. Und sie nahm das große, flache Schulterblatt von dem Hammel und betrachtete die wundersame Zeichnung darauf, und dann warf sie frisches Holz aufs Feuer und machte einen Zauber, den ersten Sangeszauber auf der Welt. Draußen im nassen, wilden Wald trafen all die wilden Tiere zusammen an einer Stelle, wo sie von weit her den Schein des Feuers sehen konnten, und machten sich Gedanken darüber, was das bedeuten möge. Schließlich stampfte das Wildpferd mit dem wilden Huf auf und sagte: »O meine Freunde und meine Feinde, warum haben der Mann und das Weib das große Licht in der großen Höhle dort angezündet, und welchen Schaden wird uns dies bringen?« Und der Wildhund hob die wilde Nase und roch den Geruch des Hammelbratens und sagte: »Ich werde einmal hingehn und nachsehn und euch Bescheid sagen; denn mich dünkt, es ist schon recht, Katze, komm mit!«

»Nichts da!« sagte die Katze. »Ich bin die Katze, und ich gehe nur allein für mich, und jeder Ort ist für mich wie der andere. Ich gehe nicht mit.«

»Dann können wir nie wieder Freunde sein«, sagte der Wildhund und setzte sich in Trab nach der Höhle. Als er aber ein Stückchen weit fort war, sprach die Katze bei sich selbst: »Ein Ort ist für mich wie der andere. Warum soll ich nicht auch hingehn, mir alles ansehn und wieder weggehn, grade wie es mir beliebt?« Sie schlich also hinter dem Wildhund drein, sachte, ganz sachte, und versteckte sich an einer Stelle, wo sie alles hören konnte.

Als der Wildhund beim Eingang zur Höhle angelangt war, schob er die getrocknete Pferdehaut mit der Nase hoch und schnupperte den herrlichen Duft vom Hammelbraten. Die Frau aber, die immer noch das Schulterblatt betrachtete, hatte ihn gehört und sagte: »Da kommt der erste. Wildes Wesen aus dem wilden Wald, was willst du?« Der Wildhund sagte: »O meine Feindin und Weib meines Feindes, was duftet so herrlich in den wilden Wald hinaus?«

Da nahm die Frau einen angebratenen Hammelknochen, warf ihn dem Wildhund zu und sagte: »Wildes Wesen aus dem wilden Wald, da koste einmal.« Und der Wildhund nagte den Knochen ab, und er schmeckte köstlicher denn alles, was er je gekostet hatte; und er sagte: »O meine Feindin und Weib meines Feindes, gib mir noch einen.«

Und die Frau sagte: »Wildes Wesen aus dem wilden Wald, hilf

meinem Mann tagsüber beim Jagen und bewache diese Höhle zur Nachtzeit, dann werde ich dir so viele gebratene Knochen geben, wie du magst.«

Da das die Katze hörte, sagte sie: »Ei, ei, das ist eine gescheite Frau, aber so gescheit wie ich ist sie doch nicht.«

Der Wildhund aber kroch in die Höhle hinein zu der Frau hin, legte seinen Kopf in ihren Schoß und sagte: »O meine Freundin und Weib meines Freundes, ich werde deinem Mann tagsüber bei der Jagd helfen und zur Nachtzeit eure Höhle bewachen.«

»Ei, ei«, sagte die horchende Katze, »das ist ja ein ganz dummer Hund.« Und sie ging zurück durch den nassen wilden Wald und wanderte, mit dem wilden Schwanz wedelnd, für sich allein ihres wilden Weges. Aber sie erzählte niemandem je etwas davon.

Als der Mann aufwachte, sagte er: »Was tut der Wildhund hier?« Und die Frau sagte: »Er heißt nicht mehr Wildhund, sondern Erster Freund, denn er wird immer und ewig unser Freund sein. Nimm ihn mit, wenn du auf die Jagd gehst.«

Am nächsten Abend schnitt die Frau ganze Armvoll frischen, grünen Grases auf den nassen Wiesen ab und trocknete es am Feuer, so daß es duftete wie frischgemähtes Heu, und dann setzte sie sich an den Eingang zur Höhle und flocht einen Halfter aus Pferdeleder; dabei schaute sie immer auf das Hammelschulterblatt und machte einen Zauber. Das war der zweite Sangeszauber auf der Welt.

Draußen im wilden Wald wunderten sich alle wilden Tiere darüber, was dem Wildhund zugestoßen sein möge, und schließlich stampfte das Wildpferd mit dem Huf auf und sagte: »Ich werde einmal hingehen und sehen und euch Bescheid sagen, warum der Wildhund nicht zurückgekehrt ist. Komm mit, Katze!«

»Nichts da!« sagte die Katze. »Ich bin die Katze, die für sich allein geht, und ein Ort ist für mich wie der andere. Ich gehe nicht mit.« Trotzdem aber lief sie sachte, ganz sachte dem Wildpferd nach und versteckte sich an einer Stelle, wo sie alles hören konnte.

Als die Frau das Wildpferd herantrappeln und über seine lange Mähne stolpern hörte, lachte sie und sagte: »Da kommt der zweite. Wildes Wesen aus dem wilden Wald, was willst du?«

Und das Wildpferd sagte: »O meine Feindin und Weib meines Feindes, wo ist der Wildhund?«

Da lachte die Frau, hob den Schulterknochen hoch, schaute darauf und sprach zum Wildpferd: »Wildes Wesen aus dem wilden Wald, du bist nicht wegen des Wildhundes gekommen, sondern um des wunderschönen Grases willen.«

Und da trappelte das Wildpferd und verhedderte sich in seiner langen Mähne und sagte: »Wahrlich, so ist es ... laß mich davon fressen.«

Und die Frau sagte: »Wildes Wesen aus dem wilden Wald, beuge deinen wilden Kopf und trage, was ich dir zu tragen gebe, und du sollst dreimal am Tag das wunderschöne Gras zu fressen bekommen.« – »Ei, ei«, sagte die horchende Katze, »das ist eine sehr gescheite Frau, aber sie ist nicht so gescheit wie ich.«

Das Wildpferd aber beugte den wilden Kopf, und die Frau streifte ihm den geflochtenen Lederhalfter über, und das Wildpferd schnaubte auf die Füße der Frau und sagte: »O meine Herrin und Weib meines Herrn, um des wunderschönen Grases willen will ich dein Knecht sein.«

»Ei, ei«, sagte die horchende Katze. »Das ist ja ein ganz dummes Pferd.« Und sie ging zurück durch den nassen, wilden Wald und wanderte, mit dem wilden Schwanz wedelnd, für sich allein ihres wilden Weges. Aber sie erzählte niemandem je davon. Als der Mann und der Hund von der Jagd heimkamen, sagte der Mann: »Was tut denn das Wildpferd hier?« Und die Frau sagte: »Es heißt nicht mehr Wildpferd, sondern Erster Knecht, denn es wird uns nun immer und ewig von einem Ort zum andern tragen. Reite auf ihm, wenn du auf die Jagd gehst.«

Am nächsten Tag kam, den wilden Kopf hoch haltend, damit sich ihre wilden Hörner nicht im wilden Baumgeäst verfingen, die Wildkuh zu der Höhle, und die Katze schlich ihr nach und versteckte sich wieder, wie sie vorher getan; und es begab sich auch alles genau wie vorher; und als die Wildkuh versprochen hatte, der Frau gegen das wunderschöne Gras alle Tage ihre

Milch zu geben, ging die Katze wiederum davon durch den nassen, wilden Wald und wanderte, mit dem wilden Schwanz wedelnd, für sich allein ihres wilden Weges. Und erzählte niemandem je ein Wort davon.

Und als der Mann mit dem Pferd und dem Hund von der Jagd heimkam, stellte er wieder die gleiche Frage, und da sagte die Frau: »Sie heißt nicht mehr Wildkuh, sondern Spenderin trefflicher Nahrung. Immer und ewig wird sie uns ihre warme weiße Milch spenden, und ich werde für sie sorgen, während du mit dem Ersten Freund und dem Ersten Knecht auf der Jagd bist.«

Am nächsten Tag paßte die Katze auf, ob noch irgendein wildes Wesen zur Höhle ginge; aber es regte sich nichts im nassen, wilden Wald, und so ging die Katze für sich allein hin; und sie sah die Frau die Kuh melken und den Feuerschein in der Höhle und roch den Geruch der warmen weißen Milch.

Und die Katze sagte: »O meine Feindin und Weib meines Feindes, wo ist die Wildkuh hingekommen?«

Da lachte die Frau und sagte: »Wildes Wesen aus dem wilden Wald, geh nur wieder in den Wald zurück, denn ich habe mein Haar geflochten und aufgesteckt und habe den Zauberknochen von mir getan, und wir brauchen in unserer Höhle keine weiteren Freunde noch Knechte.«

Da sagte die Katze: »Ich bin weder ein Freund noch ein Knecht. Ich bin die Katze, die für sich allein geht, und ich möchte in eure Höhle.« – Und die Frau sagte: »Warum bist du dann nicht mit dem Ersten Freund am ersten Abend gekommen?«

Da wurde die Katze erbost und fragte: »Hat der Wildhund mich verklatscht?«

Da lachte die Frau und sagte: »Du bist doch die Katze, die für sich allein geht und für die ein Ort ist wie der andere. Du bist weder ein Freund noch ein Knecht. Das hast du selbst gesagt. So geh denn auch für dich allein an alle Orte, die dir einer wie der andere sind.«

Da tat die Katze, als sei sie traurig, und sagte: »Darf ich denn nicht in die Höhle? Darf ich denn nicht am warmen Feuer sitzen? Darf ich denn nicht die warme weiße Milch trinken? Du bist sehr klug und sehr schön. Du solltest selbst gegen eine Katze nicht grausam sein.«

Und die Frau sagte: »Ich wußte, daß ich klug bin; aber ich wußte nicht, daß ich schön bin. Drum will ich ein Abkommen mit dir machen. Wenn ich jemals ein Wort zu deinem Lobe sage, dann magst du in die Höhle kommen.«

»Und wenn du zwei Worte zu meinem Lobe sagst?« fragte die Katze.

»Das wird nicht geschehen«, sagte die Frau. »Aber wenn ich zwei Worte zu deinem Lobe sage, dann darfst du in der Höhle am Feuer sitzen.«

»Und wenn du drei Worte sagst?« fragte die Katze.

»Das wird nicht geschehen«, sagte die Frau. »Aber wenn ich drei Worte zu deinem Lobe sage, dann darfst du für immer und ewig dreimal am Tag warme weiße Milch trinken.«

Da machte die Katze einen Buckel und sagte: »So mögen der Vorhang am Einlaß der Höhle und das Feuer hinten in der Höhle und die Milchtöpfe neben dem Feuer sich dessen entsinnen, was meine Feindin und das Weib meines Feindes gesagt hat.« Und sie ging davon durch den nassen, wilden Wald und wanderte, mit dem wilden Schwanz wedelnd, ihres einsamen wilden Weges.

Als nun am Abend der Mann mit dem Pferd und dem Hund von der Jagd heimkam, erzählte ihnen die Frau nichts von dem Abkommen, das sie mit der Katze getroffen hatte; denn sie fürchtete, das werde ihnen nicht recht sein.

Die Katze aber ging weit, weit fort und versteckte sich in der wilden Einöde des nassen, wilden Waldes, bis die Frau gar nicht mehr an sie dachte. Nur die Fledermaus, die kleine Fledermaus, die mit dem Kopf nach unten in der Höhle hing, kannte den Ort, wo die Katze sich versteckt hielt; und jeden Abend flog die Fledermaus zur Katze hin und berichtete ihr, was es Neues gab.

Eines Abends sagte nun die Fledermaus: »In der Höhle ist ein Kleines. Ganz neu ist es und rosig und dick und winzig, und die Frau hat es sehr gern.«

»Ei, ei«, sagte die Katze aufhorchend, »aber was hat das Kleine gern?«

»Das hat Sachen gern, die weich sind und kitzeln«, sagte die Fledermaus. »Warme Sachen hat es gern, die es in den Armen halten kann, wenn es einschläft. Es hat gern, wenn man mit ihm spielt. All das hat es gern.«

»Ei, ei«, sagte die Katze, »dann ist meine Zeit gekommen.«

In der nächsten Nacht wanderte die Katze durch den nassen, wilden Wald und versteckte sich in der Nähe der Höhle, bis der Morgen anbrach und der Mann mit dem Hund und dem Pferd auf die Jagd ging. Die Frau hatte an dem Morgen viel Arbeit mit Kochen; das Kind aber schrie immerzu und störte sie. Darum trug sie es vor die Höhle und gab ihm eine Handvoll Steinchen zum Spielen. Allein das Kind schrie immer weiter.

Da streckte die Katze ihre Samtpfote aus und streichelte damit dem Kind über die Wange, und das Kind gurrte vor Vergnügen; und da rieb sich die Katze an seinen dicken Knien und kitzelte es mit ihrem Schwanz unter seinem dicklichen Kinn. Da lachte das Kind, und die Frau hörte das und lächelte auch.

Da sagte die Fledermaus, die kleine Fledermaus, die mit dem Kopf nach unten am Eingang der Höhle hing: »O meine Hauswirtin und Weib meines Hauswirts und Mutter von meines Hauswirts Sohn, ein wildes Wesen aus dem wilden Wald spielt ganz wunderschön mit deinem Kind.«

»So sei das wilde Wesen gesegnet dafür, wer es auch sein mag«, sagte die Frau, sich von der Arbeit aufrichtend, »denn ich hatte heute früh viel zu tun, und es hat mir einen Dienst erwiesen.«

Aber im gleichen Augenblick, auf die Sekunde genau, fiel – bums! – die trockene Pferdehaut, die mit dem Schwanz nach unten als Vorhang am Einlaß der Höhle hing, herunter, denn sie entsann sich des Abkommens, das die Frau mit der Katze geschlossen hatte; und als die Frau hinging, um den Vorhang aufzuheben – siehe da! –, da saß die Katze ganz gemütlich am Eingang der Höhle.

»O meine Feindin und Weib meines Feindes und Mutter meines Feindes«, sagte die Katze, »ich bin es. Hast du doch ein Wort zu meinem Lobe gesagt, und so darf ich nun immer und ewig in der Höhle sitzen. Doch ich bin und bleibe die Katze, die für sich allein geht, und ein Ort ist für mich wie der andere.«

Die Frau ärgerte sich sehr; sie biß die Lippen zusammen, nahm ihr Spinnrad und machte sich ans Spinnen.

Doch das Kind schrie wieder, weil die Katze von ihm fortgegangen war, und die Frau konnte es nicht zum Schweigen bringen; es fuchtelte und strampelte, daß es blau im Gesicht wurde.

Da sagte die Katze: »O meine Feindin und Weib meines Feindes und Mutter meines Feindes, nimm einen Faden von dem Garn, das du da spinnst, binde den Wirtel daran und ziehe ihn über den Boden, dann werde ich dir einen Zauber zeigen, der bewirkt, daß dein Kind so laut lacht, wie es jetzt weint.«

»Das will ich tun«, sagte die Frau, »weil ich mir keinen andern Rat mehr weiß, aber danken werde ich dir dafür nicht.«

Sie knüpfte also den kleinen tönernen Wirtel an den Faden und zog ihn über den Boden, und die Katze lief ihm nach und schlug mit der Pfote danach, überkugelte sich und schleuderte ihn über die Schulter weg und zwischen den Hinterbeinen herum und stellte sich, als ob sie ihn nicht mehr fände; dann sprang sie wieder drauf zu, bis das Kind so laut lachte, wie es vorher geweint hatte, und hinter der Katze herkrabbelte und jauchzte, bis es müde wurde und sich, die Katze im Arm, zum Schlafen hinlegte. »Nun«, sagte die Katze, »werde ich dem Kind ein Liedchen singen, damit es eine Stunde lang schläft.« Und sie schnurrte erst laut, dann leise, laut, leise, bis das Kind fest eingeschlafen war.

Und da sie auf die beiden heruntersah, mußte die Frau lächeln und sagte: »Das hast du wunderschön gemacht. Keine Frage, du bist sehr gescheit, Katze.«

Aber im gleichen Augenblick, auf die Sekunde genau, schlug – pfff! – der Rauch des Feuers hinten in der Höhle in Qualmwolken von der Decke herunter, denn das Feuer entsann sich des Abkommens, das die Frau mit der Katze gemacht hatte; und als sich der Rauch verzogen hatte – siehe da! –, da saß die Katze gemütlich dicht am Feuer.

»O meine Feindin und Weib meines Feindes und Mutter meines Feindes«, sagte sie, »ich bin es: hast du doch jetzt zum zweitenmal ein Wort zu meinem Lobe gesagt, und nun darf ich für immer und ewig hinten in der Höhle am warmen Feuer sitzen.

Aber ich bin und bleibe die Katze, die ganz für sich allein geht, und ein Ort ist für mich wie der andere.«

Da wurde die Frau sehr, sehr ärgerlich, ließ ihre Haare über die Schulter fallen, legte frisches Holz aufs Feuer, holte das breite Hammelschulterblatt und machte einen Zauber, der sie davor bewahren sollte, zum drittenmal ein gutes Wort über die Katze zu sagen. Es war kein Sangeszauber, sondern ein stummer Zauber, und nach und nach wurde es in der Höhle so still, daß ein winzig kleines Mäuslein aus einer Ecke hervorkroch und über den Fußboden huschte.

»O meine Feindin und Weib meines Feindes und Mutter meines Feindes«, sagte die Katze, »gehört das Mäuslein da zu diesem Zauber?«

»Huhu! Huhu! Wahrlich nicht!« rief die Frau aus, ließ den Hammelknochen fallen, sprang auf den Schemel vor dem Feuer und knotete rasch, rasch ihr Haar zusammen, vor Angst, das Mäuslein könne daran hinauflaufen.

»Soso«, sagte die Katze, »dann kann es mir nicht schaden, wenn ich die Maus fresse?«

»Nein«, sagte die Frau, ihr Haar hochsteckend, »friß sie nur rasch; ich werde dir das ewig danken.«

Die Katze machte einen Satz und hatte schon das Mäuslein gepackt. Die Frau aber sagte: »Tausend Dank, selbst unser Erster Freund vermag nicht so schnell kleine Mäuse zu fangen, wie du das eben getan hast. Du mußt sehr klug sein.«

Da, im gleichen Augenblick, genau auf die Sekunde, zersprang – krrr! – der Milchtopf, der am Feuer stand, in zwei Stücke, denn er entsann sich des Abkommens, das die Frau mit der Katze gemacht hatte; und als die Frau vom Schemel herabsprang – siehe da! –, da leckte die Katze die warme weiße Milch aus einer der beiden Scherben. »O meine Feindin und Weib meines Feindes und Mutter meines Feindes«, sagte die Katze, »jetzt hast du zum drittenmal ein Wort zu meinem Lobe gesagt, und nun darf ich für immer und ewig dreimal am Tag die warme weiße Milch trinken. Aber deshalb bin und bleibe ich doch die Katze, die für sich allein geht, und ein Ort ist für mich wie der andere.«

Da lachte die Frau und setzte der Katze einen Napf voll warmer weißer Milch vor und sagte: »O Katze, du bist so gescheit wie ein Mensch, du mußt jedoch bedenken, daß du das Abkommen nicht mit dem Mann und dem Hund gemacht hast, und wie die sich verhalten werden, wenn sie heimkommen, das weiß ich nicht.«

»Was kümmert das mich?« sagte die Katze. »Wenn ich meinen Platz am Feuer und dreimal täglich meine warme weiße Milch habe, dann ist es mir gleich, wie der Mann und der Hund sich verhalten.« Als dann am Abend der Mann und der Hund in die Höhle kamen, erzählte ihnen die Frau die ganze Geschichte von dem Abkommen, derweil die Katze am Feuer saß und lächelte. Darauf sagte der Mann: »Jaja, aber mit mir hat sie kein Abkommen geschlossen noch mit allen richtigen Männern, die nach mir kommen.« Dann zog er seine zwei Lederstiefel aus und nahm sein kleines Steinbeil – das macht drei – und holte ein Scheit Holz und eine Axt – das macht zusammen fünf –, stellte alles nebeneinander in eine Reihe und sagte: »So, jetzt werden wir zwei unser Abkommen machen. Wenn du nicht, solange du immer und ewig in der Höhle bist, Mäuse fängst, dann schmeiße ich diese fünf Sachen nach dir, wann immer ich dich zu Gesicht kriege, und so sollen alle richtigen Männer tun, die nach mir kommen.«

»Ei, ei«, sagte die Frau, die zuhörte, »die Katze ist sehr klug aber so klug wie mein Mann ist sie doch nicht.« Die Katze besah sich die fünf Sachen eine nach der andern – und sie sahen alle recht grobkantig aus – und sagte: »Ich werde in der Höhle immer und ewig Mäuse fangen; aber trotz alledem bin und bleibe ich die Katze, die für sich allein geht, und ein Ort ist für mich wie der andere.«

»Nicht, wenn ich um die Wege bin«, sagte der Mann. »Hättest du das, was du zuletzt gesagt hast, nicht gesagt, dann würde ich all die Sachen da für immer und ewig beiseite getan haben; nun aber werde ich meine beiden Stiefel und mein kleines Steinbeil – das macht drei – nach dir werfen, wann immer ich dich sehe. Und so werden alle richtigen Männer tun, die nach mir kommen.«

Und da sagte der Hund: »Einen Augenblick! Die Katze hat auch kein Abkommen mit mir geschlossen, noch eines mit allen richtigen Hunden, die nach mir kommen.« Und dann fletschte er die Zähne und fuhr fort: »Wenn du nicht lieb und artig zu dem Kind bist, solange ich für immer und ewig in der Höhle wohne, dann werde ich auf dich Jagd machen, bis ich dich packe, und wenn ich dich gepackt habe, dann werde ich dich beißen. Und so sollen alle richtigen Hunde tun, die nach mir kommen.« – »Ei, ei«, sagte die Frau, die zuhörte, »die Katze ist sehr gescheit, aber sie ist doch nicht so gescheit wie der Hund.«

Die Katze beschaute die Zähne des Hundes einen nach dem andern – und sie schienen alle sehr scharf – und sagte: »Ich werde lieb sein zu dem Kind. solange ich in der Höhle wohne, wenn es mich nicht zu fest am Schwanz zieht, für immer und ewig. Aber deshalb bin und bleibe ich doch die Katze, die für sich allein geht, und für mich ist ein Ort wie der andere.«

»Nicht, wenn ich um die Wege bin«. sagte der Hund. »Hättest du das letzte, was du gesagt hast. nicht gesagt, dann hätte ich meine Kiefer für immer und ewig geschlossen gehalten; nun aber werde ich dich auf den nächsten Baum jagen, wo immer ich dich treffe. Und so sollen alle richtigen Hunde nach mir tun.«

Und da warf der Mann seine Stiefel und das kleine Steinbeil- das macht drei – nach der Katze, und die Katze rannte aus der Höhle hinaus, und der Hund lief ihr nach und jagte sie auf einen Baum hinauf; und von jenem Tag an bis zum heutigen werfen von fünf richtigen Männern drei immer Sachen nach einer Katze, sobald sie eine zu Gesicht kriegen, und alle richtigen Hunde jagen die Katze einen Baum hinauf.

Doch auch die Katze hält das Abkommen ein. Sie vertilgt Mäuse und ist lieb zu Kindern, wenn sie im Hause ist, solange die sie nicht zu fest am Schwanz ziehen. Aber danach und auch zwischenhinein und wenn der Mond aufgeht und die Nacht anbricht, dann geht die Katze ganz allein für sich spazieren, und ein Ort ist für sie wie der andere. Dann wandert sie hinaus in den nassen, wilden Wald oder hinauf in die nassen, wilden Bäume oder über die nassen, wilden Dächer, wedelt mit dem wilden Schwanz und geht ihres einsamen, wilden Weges.

Charles Mcphee
Die Katze im Feigenbaum

Der Große Führer fühlte sich ausgebrannt. Er hörte auf zuzuhören. Es passierte so selten, daß ihm jemand irgend etwas sagte, was er hören wollte. Er gähnte ausgiebig, entblößte kräftige gelbe Zähne. Es würde ein langer Tag werden. Zuerst die Parade und dann die Verleihung der Orden und danach natürlich die Ansprache vom Balkon, ohne die kein Nationalfeiertag vollständig war. Der Große Führer schob seinen Stuhl zurück und ging zu den französischen Fenstern hinüber. Er hatte im Grün des Feigenbaums ein orangenes Aufblitzen gesehen und wollte wissen, was es war. Der Polizeichef ermahnte ihn beständig, sich von den Fenstern fernzuhalten, aber wozu war man allmächtig, wenn man nicht durch die eigenen Fenster sehen durfte?

Der Innenminister, der ihm gerade einen Vortrag über die Wasserknappheit hielt, als ob er sich auf einer öffentlichen Versammlung befände, geriet ins Stottern, verlor den Faden und verstummte. Blicklos starrte er auf den Rücken des Großen Führers, sah, wie der Schweiß dessen Hemd feucht und fleckig gemacht hatte. Der Minister war angespannt. Die Unaufmerksamkeit entsprach dem Chef so wenig, daß er sich fragte, ob dieser das Gerücht gehört hatte. Er kannte ihn lange und gut, aber trotzdem konnte er nicht immer erraten, woran er dachte. Erst vor ein paar Minuten hatte er seine unumstößliche Treue dem Großen Führer gegenüber zum Ausdruck gebracht, dem er in all diesen Jahren zu herrschen geholfen hatte, aber jetzt fragte er sich, ob er zu leidenschaftlich, zu aufrichtig gewesen war. Er bedauerte die Notwendigkeit, ihn zu betrügen.

Der Große Führer wußte, daß sein alter Freund zu einer Gruppe von Verschwörern gehörte, die ihn umbringen wollte. Er war nicht übermäßig besorgt, aber ihn betrübte, daß selbst seine engsten Vertrauten ihn hintergingen. Immer gab es irgend jemanden, der sich gegen ihn verschwor. Das letzte Attentat lag weniger als ein Jahr zurück, und ohne es zu merken, strich der Große Führer über die Narbe auf seiner Hand, mit der er das Messer abgewehrt hatte. Es war letztendlich sicher, daß sie erneut versuchen würden, ihn umzubringen.

Der Polizeichef wartete zwar auf den passenden Moment, um die Verschwörer zu verhaften, aber bis dahin, so dachte der Große Führer, würde er selbst sich vermutlich zu Tode gelangweilt haben. Es gab so viele Worte und Reden, und im Grunde konnte man doch nichts machen. Für das Wasser war er nicht verantwortlich, obgleich er gewiß nicht gut daran getan hatte, seiner Geliebten ein Haus mit Schwimmbad auf dem Hügel über der armseligen Stadt zu schenken. Sie würden sie ermorden, die Menschen, für die zu kämpfen er aufgegeben hatte, und es würde ihm leid tun.

Die Feigen am Baum, dunkellila, reif und fleischig, sahen aus wie Blutergüsse. Er trat durch das Fenster auf den Kiesweg hinaus. Fast stolperte er über die flache Stufe, und das ärgerte ihn. Er wurde alt, und seine Glieder schmerzten. Er ging zu dem Baum, seine Schritte knirschten laut auf den losen Kieseln. Er pflückte eine der Feigen und biß hinein. Der rote Saft belebte ihn. Er ließ ihn an Mund und Kinn herabtropfen.

Bei näherem Hinsehen entpuppte sich das Orange im Feigenbaum als eine Katze. Es war ein einäugiges Tier, schien sehr alt zu sein und trug Narben von unzähligen Kämpfen. Als er die Hand nach ihr ausstreckte, eilte die Katze am Stamm herunter, streifte dabei die Blätter und schlug unreife Feigen zu Boden. Der Große Führer mochte Katzen. Sie waren meistens still und verlangten wenig von den Menschen, bei denen zu wohnen sie wählten. Er empfand sofort Zuneigung zu diesem kämpferischen alten Strolch. Auch er war kämpferisch, aber er fragte sich, wie lange er wohl noch willens wäre, die jungen Katzen in die Flucht zu schlagen, die so darauf brannten, ihn tot zu sehen. In ihrer Eile hatte die Katze ein mitleiderregendes kleines Federbündel fallen lassen. Sie hatte an einem Vogeljungen herumgekaut. Der Große Führer tadelte sie nicht. Gab es irgendeinen Unterschied zwischen der Gewalt im Tierreich und der Barbarei unter seinesgleichen? Er glaubte es nicht. Im Gegenteil, wenigstens verletzte die

Katze das Vögelchen aus dem natürlichen Bedürfnis, ihren Hunger zu stillen. Seine eigene Grausamkeit, erinnerte er sich, geschah mit Vorbedacht und diente dem Streben nach Macht um ihrer selbst willen.

Anderswo in der Stadt war ein Mann, nackt bis an die Taille, damit beschäftigt, mit liebevoller Sorgfalt ein Gewehr zu ölen. Während er mit der Hand über das schwarze Metall fuhr, das so rein und kühl in seiner Handfläche lag, roch er seinen eigenen Schweiß, sauer und alt. In der Wohnung hatte es seit drei Tagen kein Wasser gegeben, und das in Flaschen abgefüllte, warme und abgestandene Wasser bewahrte er zum Trinken auf. Am Tage konnte er sein Zimmer nicht verlassen, und nachts wagte er nur kurz zum Luftschnappen hinauszugehen, beständig auf die bewaffneten Polizeiautos horchend, die ohne Warnung aus der Dunkelheit hervorschossen, mit durchdringenden Sirenen. Es war jetzt am frühen Morgen schon so heiß, daß es mittags gewiß unerträglich sein würde. Er dachte, er könnte es wagen, ein wenig Luft hereinzulassen. Vorsichtig entriegelte er die schweren hölzernen Läden. Als er das tat, strich ein Luftzug über sein Gesicht und kühlte seine Stirn. Er trat auf den Balkon hinaus und vergaß für einen Moment die Notwendigkeit, sich zu verstecken.

Sein Zimmer lag direkt über dem Freiheitsplatz, genau gegenüber dem Mausoleum, auf dessen Dach der Große Führer seine Ansprache halten würde.

Ein plötzlicher Schmerz ließ seine Hand an die Wange fahren. Blut tropfte warm zwischen seinen Fingern. Für einen Moment glaubte er, man habe auf ihn geschossen. Dann sah er die Katze, die ihn mit einem feindseligen Auge von der anderen Seite des Balkons anblickte. Wo das andere Auge gesessen hatte, war nur eine schreckliche leere Höhle. Er fluchte und trat in ihre Richtung, aber sie wich seinem Stiefel mit ärgerlich schlagendem Schwanz aus und sprang auf den schmalen Sims zwischen seinem Appartement und dem des Nachbarn. Wo das Tier hervorgesprungen war, oder warum es ihn angegriffen hatte, konnte er sich nicht vorstellen. Die Stadt wimmelte von streunenden Katzen, und er wußte, es war besser, den Riß behandeln zu lassen, bevor er sich entzündete. Dies mußte natürlich warten, bis der Auftrag erledigt war und er die Stadt verlassen konnte.

Der Große Führer entließ den Minister und ging zurück in seine Räume, um sich anzukleiden. Trotz der Pracht des Palastes war sein Schlafzimmer wie eine Zelle. Neben dem schmalen eisernen Bettgestell waren ein hölzerner Schaukelstuhl und eine Nachtkonsole mit einem Wasserkrug und einem gesprungenen Spiegel die einzigen Möbel. Aber nebenan gab es ein Ankleidezimmer, in dem sein Diener schlief. Darin stand ein riesiger Schrank, in dem, ein Rang nach dem anderen, seine Uniformen hingen. Er neigte nicht zur Selbstbeobachtung, aber bisweilen fragte er sich, weshalb er all diese bedeutungslosen Uniformen mit ihren gleichermaßen bedeutungslosen Verzierungen aufbewahrt hatte.

Als Kind hatte er gelesen, wie der englische Admiral Nelson bei der Schlacht von Trafalgar darauf bestanden hatte, in Uniform auf dem Achterdeck seines Schiffes *Victory* zu stehen. Er trug sie aus Eitelkeit, aber auch, um in der Gefahr der Schlacht möglichst vielen seiner Seeleute ein sichtbares Zeichen zu sein. Er hatte weiter gelesen, wie ein französischer Scharfschütze ihn vom Besanmast aus durch den Geschützrauch hindurch an seiner bunten Aufmachung erkannt und niedergeschossen hatte. Schon beim ersten Lesen der Geschichte war der Große Führer hinsichtlich ihrer Moral unsicher gewesen, aber später hatte er immer wieder nach Gelegenheiten gesucht, bei denen auch er schimmernde Orden, goldene Schulterstücke und glänzende schwarzlederne Stiefel tragen konnte. Ungeachtet dessen, was Nelson zugestoßen war, gab ihm das Tragen einer seiner Uniformen ein Gefühl von Unverwundbarkeit.

Sein Diener brachte ihm ein Gericht aus Schinken und Eiern und einen mit Weinblättern umwickelten Weichkäse. Dazu trank er maßvoll von einem leichten, trockenen Wein, den sein Land in viele andere Länder exportierte – eine seiner wenigen wirtschaftlichen Errungenschaften. Der Diener fragte, ob er ein Mädchen wünsche, aber er lehnte ab. Er würde vor den Pflichten des Nachmittags eine Stunde ruhen. Der Diener solle ihn wecken, wenn es Zeit sei, sich vorzubereiten. Ohne seine Stiefel auszuziehen, legte er sich aufs Bett, und bei dessen Knarren schoß die orangefarbene Katze, die er im Feigenbaum gesehen hatte, darunter hervor und kam vor der Tür zitternd zum Stehen. Zuerst überrascht und dann amüsiert, versuchte der Große Führer, sie mit den Resten seiner Mahlzeit zu locken, aber die Katze machte einen Buckel und spuckte verächtlich. Der Große Führer gab ihr in Gedanken den Namen Nelson.

Nach einer weiteren Minute sprang die Katze auf den Tisch, wobei sie mit ihrem Schwanz das Weinglas umwarf. Sie fuhr herum, schien zu verstehen, was sie getan hatte, und begann den Wein, der im Tischtuch versickerte, aufzulecken. Der Große Führer goß aus der Flasche Wein in einen Aschenbecher, und die Katze schleckte mit sichtlichem Vergnügen, als ob es Milch wäre. Zumindest betrifft dich die Wasserknappheit nicht, Nelson, dachte der Große Führer ironisch.

Nachdem sie den Wein getrunken hatte, streckte sich die Katze und gähnte, rollte sich auf dem schmalen Bett zusammen und war bald eingeschlafen. Der Große Führer saß im Schaukelstuhl, betrachtete die Katze und rauchte eine Zigarre. Schließlich zog er seine Stiefel aus und kroch unter die Bettdecke, bemüht, die Katze nicht zu stören. Die Wärme des Körpers zu seinen Füßen war seltsam beruhigend, und der Große Führer, der wie viele Militärs die Gabe besaß, einzuschlafen, wann immer er wollte, atmete bald tief und gleichmäßig.

Am anderen Ende der Stadt konnte der Mann mit dem verletzten Gesicht nicht schlafen. In seinem Gesicht pochte es, und er fühlte sich, als hätte er Fieber. Er sah in den Spiegel an der Wand. Die messerscharfen Krallen hatten sein Auge um Haaresbreite verfehlt und Scharten in seine Wange geschlitzt, wie ein Metzger in die Schweineschwarte. Unten auf dem Platz kochte der Asphalt, und nur gelegentlich vorbeifahrende Autos unterbrachen die mittägliche Stille.

Um zwei Uhr wurde der Große Führer geweckt. Mit Bedauern sah er, daß die einäugige Katze nicht gewartet hatte, um ihn in vollem Wichs zu sehen. Er wusch sich und kleidete sich an. Er trug seine Lieblingsuniform, die des Flottenadmirals. Ihm gefiel es besonders, in diesem landumschlossenen Staat die Uniform einer nicht existierenden Marine zu tragen. Eine kleine Gruppe von Ministern erwartete ihn, und er bemerkte, daß der Verteidigungsminister stark schwitzte und der Innenminister nervös und ärgerlich an einem Pickel in seinem Gesicht kratzte. Er lächelte, und den beiden Männern schien noch unbehaglicher zu werden. Der Große Führer ging davon aus, daß der Polizeichef schon wisse, was er tat, er war sich aber nicht sicher, ob es ihm wirklich wichtig war. Zumindest empfand er es als einen gewissen Reiz, dem Schicksal so sehr ausgeliefert zu sein.

Er stieg in seine kugelsichere schwarze Limousine und ließ sich zu der Tribüne auf dem Platz fahren, von der aus er die Parade abnehmen würde. Die Menschenmenge erschien ihm dünner und feindseliger als sonst. Auf dem Freiheitsplatz herrschte immer noch eine furchtbare Hitze. Einige Soldaten brachen ohnmächtig zusammen. Nichtsdestoweniger marschierten andere Soldaten weiter, und die Panzer, importiert aus einer stärker entwickelten Diktatur, hielten auch durch. Drei schrottreife Kampfflugzeuge schossen über seinen Kopf hinweg. Das Benzin reichte nur für eine solche Vorführung, und die war schnell vorbei. Die junge Garde marschierte singend vorbei. Ihre Zuversicht kam ihm unpassend vor.

Er heftete Orden an die Uniformröcke derjenigen, die im Norden des Landes streikende Bergleute erschossen hatten, und einen »Adler«, die höchste Auszeichnung des Landes, an den Soldaten, der geholfen hatte, den messerstechenden Wahnsinnigen zu überwältigen. Jedes Mal, wenn er an dem groben Stoff eine der glänzenden Medaillen anbrachte, die sein Gesicht im Profil zeigten, küßte er den Soldaten zuerst auf die rechte und dann auf die linke Wange. Der Geruch von Knoblauch und billigen Zigaretten, der von diesen treuen Veteranen ausging, nahm ihm die Luft.

Danach schritt er mit den Ministern zum Mausoleum hinüber, in dem der Leichnam des Helden der Revolution beigesetzt war. Langsam stieg er die Paradetreppe empor und auf das flache Dach hinauf. Dort, hinter einer Balustrade, nahm er Haltung an, seine Minister zu seinen beiden Seiten aufgereiht. Der

Große Führer war gezwungen gewesen, den Helden am Tage nach der Revolution von hinten zu erschießen. Obgleich viele vermuteten, daß er es getan hatte, wußte es nur der Polizeichef mit Sicherheit. Zusammen hatten sie die Leiche des Helden in den Palast geschleift und das Märchen erdacht, das die Kinder in den Geschichtsbüchern des Landes lasen.

Der Mann in dem Zimmer am gegenüberliegenden Ende des Platzes schwitzte. Er legte des Gewehr an seine Wange und zuckte vor Schmerz zusammen. Der Riß von den Krallen der Katze begann zu schwären. Er stellte das Zielfernrohr ein. Zuerst sah er verschiedene Männer in Anzügen, dann das allzu vertraute Gesicht: die edle römische Nase, die grauen Augen unter den buschigen Brauen und den kleinen, gestutzten Schnauzbart. Er senkte das Gewehr einige Zentimeter. Die Orden auf der Brust des Großen Führers füllten sein Gesichtsfeld. Aus der Wohnung unter ihm drang Lärm, dann Geschrei. Er konnte Schritte auf den Steintreppen hören und rauhe Stimmen, als er den Abzugshahn drückte. Der Große Führer, der aufrecht und bewegungslos dastand, fragte sich, ob er sterben würde. Seine Nackenhaare waren gesträubt und kitzelten, für ihn stets ein Zeichen von Lebensgefahr. Er warf einen schnellen Seitenblick auf den Innenminister, der neben ihm stand. Ein orangefarbenes Aufblitzen zu seinen Füßen ließ ihn nach unten sehen. Es war die Katze. Einem Impuls folgend, bückte er sich, um sie aufzuheben. Er spürte den Luftzug des Geschosses, als es haarscharf seinen Schädel streifte. Er sah nicht, wie es den Innenminister traf, der, gleichermaßen überrascht vom Auftauchen der Katze, einen Schritt zur Seite getan hatte. Aber er sah ihn zusammenbrechen, und unwillkürlich dachte er: Als ob die ganze Füllung aus ihm rausgeplatzt wäre!

Er ließ die Katze los, kniete neben dem sterbenden Mann hin und hob seinen Kopf von den kalten Steinen. Er sah, daß der zu sprechen versuchte, und fragte sich, welche Worte dieser äußersten Anstrengung wert sein könnten. Er beugte sich tiefer zu dem Gesicht seines alten Freundes hinab und bemerkte, daß er lächelte.

»Die verdammte Katze ...«, flüsterte der Minister. »Unver-

schämt von ihr ... war mal meine ... ist mir überallhin gefolgt ...
hat mich betrogen ...«

Dann trat blutiger Schaum auf seine Lippen und tropfte an seinem Kinn herab, und der Große Führer erinnerte sich an die Feige, die er am Morgen gegessen hatte.

Elisabeth Beresford
Impeys neun Leben

Aus Gründen, die schon lange in Vergessenheit geraten waren, hieß die Müllhalde auf der kleinen Insel »der Impot«, Impo ausgesprochen. Hier wurde alles abgeladen, vom Autowrack bis zu Tiefkühllebensmitteln nach dem Verfallsdatum. Eine Handvoll Inselbewohner ging jeden Tag dorthin, durchstöberte die Halle und fand recht oft etwas durchaus Brauchbares: einen Kofferfernseher, der nach einer kleinen Reparatur tadellos funktionieren würde, ein paar Decken, die noch nie aus ihrer Zellophanhülle herausgekommen waren, eine Großhandelsbüchse mit Anchovis-Filets. Der Impot war ein richtiger Glücksfall für diejenigen, die Zeit und Geduld hatten. Es hieß, der alte Jean Louis habe sein ganzes Haus mit Sachen ausgestattet, die er auf dem Impot gefunden hatte.

Nachts war alles anders. Sobald der Flammenschein der Unkrautfeuer erloschen war und die nach Nahrung suchenden Seevögel zu ihren Klippen und Felsen zurückgekehrt waren, wagten sich die Ratten hervor. Vorsichtig zuerst, mit zuckenden Nasen, die Augen rot wie der Sonnenuntergang, hielten sie sich zwischen dem Müll versteckt, bis sie sicher sein konnten, daß keine Menschen mehr in der Nähe waren. Und dann rannten sie los, Kopf an Schwanz, springend und jagend. Ihre einzigen Feinde waren jetzt die streunenden Katzen. Die waren nicht viel größer als die Ratten, aber sie waren Kämpfer, und die Ratten waren im Grunde feige. Die Katzen würden mit allem und jedem kämpfen, beißend, fauchend und zischend. Ihre langen Barthaare waren steif vor Blutdurst, wenn sie lautlos im Mondlicht losliefen.

Und dann, in einer Vollmondnacht, verschwanden die Katzen ohne erkennbaren Grund. Es war, als habe sie alle ein plötzlicher Wahnsinn ergriffen: sie rasten über die Müllberge, fast ohne eine Blechbüchse oder eine Plastikflasche ins Trudeln zu bringen. Sie rannten auf die Klippen zu, bogen hart am Rand seitlich ab und verschwanden. Aber ein Kater blieb zurück.

Impey – wir nennen ihn so in Ermangelung eines besseren Namens – war nie genau wie die anderen gewesen. Vielleicht war einer seiner Eltern eine Hauskatze gewesen, eine, die manchmal mit Menschen zu tun hatte. Impey war noch ganz jung, ein schwarzweißer kleiner Kater mit großen Ohren und einem dicken Fell. Er hatte ein physisches Merkmal, das sein Umfeld verriet: die langen, harten Barthaare einer wilden Katze.

Impey erwachte aus tiefem Schlaf in einem weggeworfenen Guernsey-Sweater, putzte sich gründlich, fraß zwei aufgetaute Fischstäbchen, die er sich beiseitegelegt hatte, bürstete seinen Schnurrbart, stellte seine Vorderpfoten auf dreiviertel zwei und sah sich nach Gesellschaft um.

Die Lichter von Fischerbooten tanzten auf dem Meer auf und ab, eine Eule stieß lautlos herab und an ihm vorbei, und ein Kaninchen verschwand hüpfend in der Dunkelheit, aber es war keine andere Katze zu sehen. Impeys Augen, türkisgrün im Dämmerlicht eines Frühlingsabends, suchten die Schatten ab, sein Fell begann sich zu sträuben. Nirgendswo Augen, die ihn funkelnd anblickten. Keine Stimme war zu hören. Nicht einmal ein Zischen. Und dann legte er seine großen Ohren noch weiter zurück, weil er jetzt etwas anderes hören konnte. Ein eiliges Trappeln am anderen Ende der Müllhalde.

Impey kroch zurück in den alten Sweater und lag sehr still. Es kam näher. Das Trappeln und die leisen Pfeiftöne. Es waren die Ratten. Sie waren eine feige Bande, und sie bewegten sich zuerst sehr vorsichtig zurück und vorwärts, aber als sie merkten, daß die Katzen verschwunden waren, wurden sie kühner. Ihre Augen funkelten rot in dem schwachen Sternenlicht, und sie schwärmten aus, so daß es den Anschein hatte, als bewege sich der Impot selber auf und ab.

Impey war nie sehr gut mit den wilden Katzen ausgekommen. Er war immer eine Randexistenz gewesen, ein Außenseiter. Jetzt hoffte er sehnlichst, sie würden wiederkehren, aber sie blieben verschwunden. Untergetaucht in der Frühlingsnacht. Und dann witterte eine der vordersten Ratten den Duft der

Fischstäbchen. Impey wich zurück, so weit er konnte, aber hinter ihm war jetzt ein fester Erdwall. Er saß in der Falle. Welle um Welle strömten die Ratten aus der Dunkelheit. Er war ein sehr junger Kater, und sie waren größer als er. Jeden Augenblick konnten sie angreifen. Er konnte ihre roten Augen und ihre spitzen Zähne sehen.

Einem kämpferischen Impot-Kater blieb nur eins zu tun übrig, wenn er überleben wollte, und Impey tat das. Er holte tief Atem, spannte alle Muskeln an und sprang. Und während er sprang, heulte er mit aller Kraft, die seine Lungen hergaben. Es war kein lautes Heulen, er war noch klein und hatte nicht viel Übung, aber es zeigte Wirkung, weil es überraschend kam. Die Ratten wichen zurück, fielen übereinander, bissen und kratzten in panischer Angst, weil sie fürchteten, in einen Hinterhalt wilder Katzen geraten zu sein. Die paar Augenblicke völliger Verwirrung waren alles, was Impey brauchte, und er sauste davon, so schnell seine kleinen Pfoten ihn trugen. Er empfand selber panische Angst, weil er merkte, daß die Ratten jetzt nicht mehr zurückliefen, sondern kehrt machten und ihn verfolgten. Sie waren nun richtig wütend, weil man sie irregeführt hatte, und sie wollten Blut sehen. Impeys Blut.

Der Impot nahm eine große Fläche auf einer Seite der Insel ein, wo die senkrechten Klippen Hunderte Fuß zur tiefen schwarzen See hin abfielen. Hätte Impey seine Richtung beibehalten, dann hätte er alle seine neun Leben auf einmal verloren, doch ein Instinkt ließ ihn landeinwärts rasen. Die Ratten kamen immer näher, und er wurde schwächer, aber die Angst gab ihm noch einmal Kraft, als er den Weg erreichte, der zur Straße führte. Ein winziger schwarzweißer keuchender Schatten, ließ er sich die Böschung hinunterrollen und fiel in den Graben. In diesem Augenblick bog ein Wagen mit voll aufgedrehten Scheinwerfern um die Kurve. Ihr Licht spiegelte sich in den Augen von einem halben Hundert Ratten, die mit einem Schlag kehrt machten und in die sichere Dunkelheit des Impots zurückjagten ...

Ein Leben war dahin.

Impey, der diebische Kater

Impey saß im Schatten und blickte zum Haus hin. Gebäude waren etwas Fremdes für ihn. In seinem ganzen kurzen Leben war er noch nie in einem Haus gewesen, doch sein Magen sagte ihm, daß er sehr bald etwas Verzweifeltes unternehmen mußte. Von Menschen war nichts zu sehen oder zu hören, also kroch er langsam, mit zuckenden Schnurrbarthaaren und aufgestellten Ohren, an das Haus heran. Und dann witterte seine schwarze Nase etwas sehr Interessantes. Fischgeruch. Der Duft zog an ihm vorbei, und sein Magen knurrte lauter denn je.

Impey sah sich aufmerksamer um. Die Türen waren geschlossen und ebenso alle Fenster bis auf eins, und aus diesem Fenster kam der wunderbare Geruch und stieg hinauf in den nächtlichen Himmel. Impey schätzte die Entfernung ab und sprang. Er hatte Glück. Er hielt sich schwankend auf dem Fensterbrett aufrecht, und binnen einer halben Sekunde war er drinnen. Er hatte nicht gewußt, daß es »drinnen« so warm, so angenehm sein konnte – ganz anders als in einem Guernsey-Sweater –, und sein Fell glättete sich. Seine Nase zuckte heftig und leitete ihn durch das Zimmer zu einem Tisch. Und auf dem Tisch lag ein Räucherhering. Niemals in seinem kurzen Leben war Impey bisher an einen Räucherhering geraten, aber er wußte sofort, daß das der herrlichste Leckerbissen auf der Welt war.

Den Räucherhering vom Tisch und den Fußboden entlangzuziehen war leicht, ihn zum Fenster hinaufzubringen schwieriger. Erstens einmal war er halb so groß wie Impey, und zweitens war er ziemlich unhandlich. Er ragte zu beiden Seiten von Impeys Mäulchen heraus, hinderte ihn beim Sehen und schlenkerte ihm um die Nase, wenn er zu springen versuchte. Es bedurfte mehrerer Versuche, aber Impey war fest entschlossen. Schließlich landete er seitlich auf dem Fensterbrett, hielt sich mit knapper Not auf den Beinen, fiel dann mehr oder weniger aus dem Fenster und landete auf dem Rücken, alle vier Pfoten in der Luft, aber mit dem Räucherhering zwischen den scharfen weißen Zähnen.

Räucherhering und Impey verschwanden im Dunkel des Grabens. Impey brauchte mehr als vierundzwanzig Stunden, um ihn vollständig aufzufressen, und als er es geschafft hatte, war sein Magen voller als je zuvor in seinem Leben. Impey schnarchte, ein zufriedener schwarzweißer Fellball. Nur die Barthaare zuckten ab und zu.

Der Mann, der in dem Haus wohnte, begnügte sich mit Rührei zum Abendessen und dachte lange über den verschwundenen Räucherhering nach. Am übernächsten Abend legte er ein Kabeljaufilet auf den Teller …

Impey putzte sich sorgfältig, trank saure Milch, die irgend jemand freundlicherweise für die Igel hingestellt hatte, und beschloß, dies sei ein Ort, wo er sich niederlassen könnte. Keine Ratten, gutes Futter, ein warmer Graben, gelegentlich eine Maus. Kein kleiner Kater konnte mehr verlangen. Der Duft des Kabeljaus zog an seiner Nase vorbei. Impey streckte sich, putzte sich noch einmal und schlenderte hinüber zu dem Fenster, das einen Spalt breit offen stand. Er war wirklich recht zufrieden mit seinem Leben. Elegant sprang er auf das Fensterbrett, hielt einen Augenblick inne, schnupperte, um den Augenblick zu genießen, und machte dann einen Satz zum Tisch hin …

Er war sich nicht ganz sicher, was dann geschah. Er war genau neben dem Kabeljau gelandet, mit offenem Mäulchen, hochgestelltem Schwanz, und gleich darauf gab es einen Krach wie bei einem Donnerschlag. Etwas sauste über seinen Kopf hinweg, prallte mit lautem Knall gegen die Wand, und ein riesiges brüllendes Wesen sprang aus der Dunkelheit auf ihn zu und jagte ihm solche Angst ein, daß es ihn fast sein zweites Leben gekostet hätte. Impey reagierte, ohne nachzudenken. Er schoß wie der Blitz vom Tisch hinunter, durch das offene Fenster und quer durch den hinteren Garten. Er landete im Graben, gerade als die Bratpfanne von neuem dicht an ihm vorbeisauste.

»Verdammte wilde Katzen«, schrie das Wesen. »Warte, bis ich dich zu fassen kriege …«

Impey wartete auf nichts. Er rannte zur Straße bis zu einem hohen Baum, kletterte wie ein Eichhörnchen hinauf und lag da, zitternd und vor sich hin miauend, bis er schließlich einschlief.

Zwei Leben …

Impey und das Tierheim

Eine Zeitlang verhielt sich Impey vorsichtiger, aber der Magen verlangte sein Recht, und die Mäuse hörten offenbar immer, wenn er sich näherte. Vielleicht hatte er den Trick des Mäusefangens noch nicht heraus. An diesem Ende der Insel gab es nur wenige Häuser und ein altes Steinfort, das in vier Ferienwohnungen aufgeteilt worden war. Jetzt, im späten Frühjahr, waren bereits ein paar Feriengäste da. Das bedeutete Reste von ihren Picknicks und, wenn er sehr, sehr vorsichtig war, Küchenabfälle. Es war nicht viel, aber es war besser als nichts für einen noch im Wachstum befindlichen Kater. Wenn auch einen sehr mageren.

Zweimal wurde Impey beinahe erwischt, und dann geschah etwas Seltsames: ein Mensch wurde sehr unaufmerksam und ließ immer etwas zu fressen am Fort zurück. Impey faßte wieder Mut. Von Natur aus war er ein Optimist. Vielleicht war das hier gar kein so schlechter Ort, um sich häuslich einzurichten ...

Er verputzte gerade eine kleingehackte Leber, die jemand umsichtig auf einen gesprungenen Teller gelegt hatte, und schnurrte vor sich hin, als plötzlich von nirgendwoher so etwas wie eine dünne Haut über ihn geworfen wurde. Er war gefangen. Er kämpfte wie eine wilde Katze, die er ja zum Teil auch war, aber es nutzte nichts, er war in einem Tuch gefangen. Um sich schlagend, kratzend und zischend wurde er in einen Korb gesteckt und der Deckel geschlossen. Sein Herz hämmerte wie rasend. Und es wurde alles noch schlimmer, weil der Korb in so eine Maschine gestellt wurde, die dröhnte und bebte. Impey miaute verzweifelt.

»Ist ja schon gut, Miez, Miez, Miez ...«

Der Lärm hatte aufgehört, und er wurde herausgenommen und aus dem Tuch in einen Käfig geschüttelt. Es war ein ziemlich großer Käfig, aber dennoch war er ein Gefängnis für einen Kater, der sein ganzes junges Leben lang frei gewesen war. Impey hockte zitternd in einer Ecke. Stimmen erklangen rings um seine großen Ohren.

»Ich bekam mehrere Meldungen über eine wilde Katze unten

am Fort. Die Gäste haben Angst, sie könnte ihre Kinder angreifen...«

»Aber es ist keine richtige wilde Katze...«

»Sehen Sie sich doch die Barthaare an! Ganz jung...«

»Wenn es uns gelingt, ihn etwas zu zähmen, glaube ich, irgend jemand könnte sich für ihn interessieren...«

Die Stimmen bedeuteten Impey nichts. Er bekam zu fressen und dünne Milch, und in dem Käfig neben seinem gab es eine große ingwerfarbene Katze, aber sie schlief und schnarchte die meiste Zeit, und der Käfig an der anderen Seite war leer. Menschen blieben stehen und sprachen zu Impey, doch er verharrte immer im hintersten Winkel des Käfigs und schenkte ihnen keinen Blick. Er hatte furchtbares Heimweh nach der Welt da draußen. Sogar die Ratten waren besser als dieses Gefängnis. Er paßte auf und wartete. Wenn man ihm frisches Futter brachte, tat er so, als schliefe er. Besucher kamen und sahen ihn sich an. »So ein hübscher kleiner Kater«, sagten sie.

Impey drehte ihnen den Rücken zu oder tat so, als bemerke er sie gar nicht. Seine Schnurrbarthaare hingen schlaff herab.

»Den nimmt niemand. Er ist einfach nicht zutraulich«, sagte der Mann, der das Tierheim leitete. »Wir können ihn nicht ewig hier behalten. Ich fürchte, es bleibt uns nur eins übrig: wir müssen ihn entsorgen...«

Imprey verstand den Ton der Worte, und ein eisiger Schauer ging durch seinen Körper, von der Nase bis zur Schwanzspitze. Er spähte durchs Fenster in den bleichen Frühsommerhimmel. Mit allen Fasern sehnte er sich nach der Welt da draußen, ihrem Anblick, ihren Geräuschen, ihren Gerüchen. Er wartete.

Seine Chance kam an dem Abend, als ein junger Spaniel den Mond anheulte und alle anderen Tiere im Heim dazu anregte, dasselbe zu tun. Menschen liefen im Kreis herum und hin und her, und einer von ihnen verschloß Impeys Käfig nicht richtig. In dreißig Sekunden war Impey draußen und rannte wieder einmal. Genau vierundzwanzig Stunden vor der Vollstreckung seines Todesurteils. Er war nur um Haaresbreite entkommen, und das bedeutete...

Drei Leben waren dahin...

Impey geht zur See

Impey hatte die Nase voll von Menschen. Er schlich durch die kleine Stadt und hielt sich fern von allen halboffenen Türen und Fenstern – das waren alles Fallen –, bis ihm ein altvertrauter Duft in die Nase stieg. Das Meer. Aber diesmal lag das Meer auf der anderen Seite der Insel. Das Meer unten am Hafen. Und die Brise trug Fischgeruch heran. Es war wie das Paradies.

Die Fischerboote waren noch nicht hinausgefahren. Sie schaukelten sanft rückwärts und vorwärts in der leichten Dünung, hüpften auf ihr Spiegelbild zu. Die Lichter des Hafenbüros leuchteten, und dasselbe taten Impeys saphirfarbene Augen. In dem Tierheim war er gut gepflegt worden; sein schwarzweiß geflecktes Fell war glatt, die Schnurrbarthaare waren leicht gelockt, und sein Schwanz stand aufrecht, als er lautlos den Kai hinunter lief. Er wußte genau, was er wollte. Ein Boot, das nicht zu groß war – in dem Fall hatte es vielleicht schon eine Katze an Bord –, aber auch nicht so klein, daß man ihn sofort entdecken würde.

Die »Vijon« entsprach diesen Anforderungen voll und ganz. Impey wartete auf die richtige Neigung, und schon war er an Bord und unter der Persenning, zusammen mit ein paar köstlich schmeckenden Fischköpfen und Fischschwänzen. Er rührte sich nicht einmal, als der Motor losknatterte und die beiden Bootseigner Pierre und Pete ihre Fahrt begannen. Sie umrundeten das Ende der Hafenmauer mit dem Leuchtturm und hielten dann auf die tiefe See zu. Die »Vijon« schaukelte ein bißchen, aber Impey machte das nichts aus; er döste vor sich hin, und schließlich wurde seine Geduld belohnt, als eine große Menge glitschige silberne und braune Fische an Bord glitten. Es waren auch Krabben darunter, aber als sie drohend ihre Scheren hoben, ließ er sie in Frieden. Kurz vor der Morgendämmerung erreichten sie den französischen Markt, wo Lastwagen dröhnten und lautes Geschrei herrschte. Impey verkroch sich in der dunklen Höhle, putzte seine Schnurrbarthaare und schlief.

Es war ein herrliches Leben: so viel zu fressen, wie er wollte, niemand, der ihn einzufangen versuchte, niemals eine Ratte und keine Gefahr in Sicht. Er lernte es, sich Bewegung zu verschaffen und sich in der Abenddämmerung auf den Kai zu schleichen, um dort aus einer Pfütze zu trinken, bevor Pete und Pierre an Bord kamen. Er lernte es, ihre Stimmen zu unterscheiden, wenn sie in ihren schweren Stiefeln den Kai hochgestampft kamen. Impey hätte für immer sorglos auf der »Vijon« vor Anker gehen können, aber er wurde dick und unvorsichtig. Wiederholt ließ er Fischgräten herumliegen.

»Das müssen die Möwen sein, die lassen sie fallen«, sagte Pierre. »Verschwindet!« und er schüttelte drohend die Faust in Richtung der kreisenden, kreischenden Möwen, die ihnen weit hinaus aufs Meer folgten. Die Möwen lachten sie aus: »Hehehe.« Sie waren doppelt so groß wie Impey, doch einmal, als eine frech an Bord kam, derweil Pierre ihr den Rücken zukehrte und Pete gerade unter Deck war, ging Impey auf sie los und scheuchte sie hinauf in den Abendhimmel. Er war so stolz auf seine Tat, daß er jede Vorsicht vergaß, und Pierre sah ihn gerade noch aus einem Augenwinkel.

»Wir haben eine verdammte Katze an Bord«, brüllte er.

»Niemals...«

Pete kam schwerfüßig heraufgestapft und wollte sich gerade prüfend umblicken, da zog es heftig an den Netzen, und er wurde abgelenkt. Aber später, als die beiden ihren Fang verkauft hatten und nach Hause gehen wollten, sah er sich noch einmal um und fand verräterische Katzenhaare. Wind kam auf, und Gischt überflutete das Deck, das von einer Seite zur anderen kippte, so daß das Wasser zurück in die See troff. Es war der erste richtige Sturm, den Impey erlebte, und er klammerte sich in Todesangst fest. Dann waren sie im Schutz der langen Hafenmauer, und die Wellen wurden zu einer tiefen rollenden Dünung. Impey ließ einen Augenblick zu früh los, das Deck war glitschig, und er rutschte direkt vor Pierres Stiefel. Unglücklicherweise hatte er aus reiner Gewohnheit ein ziemlich großes Stück Meeraal zwischen den Zähnen.

»Verfluchtes Katzenvieh!« brüllte Pierre, der müde und bis auf die Knochen durchnäßt war, und er packte Impey beim Genick und schleuderte ihn zur Hafenmauer hin. Und verfehlte die Mauer. Impey war nie zuvor geschwommen, aber jetzt lernte er das Schwimmen in Sekunden, und zum Glück für ihn erfaßte ihn die Dünung und setzte ihn auf der Mauer ab. Im Nu war er in der Dunkelheit verschwunden ...

Und ließ ein viertes Leben hinter sich.

Impey der Forscher

Impey hatte die Nase voll vom Meer. Es lieferte zwar Nahrung in Hülle und Fülle, aber es war zugleich auch naß und kalt und feindselig. Er zog trockenes Land vor. Er war jetzt größer, kein Kätzchen mehr, aber auch noch kein ausgewachsener Kater. Er schüttelte sich immer wieder und nahm Kurs auf die Mitte der Insel, trottete die Hauptstraße entlang, die in der Morgendämmerung verlassen dalag, mit geschlossenen Läden und zugezogenen Vorhängen hinter den Fenstern. Kein Mensch war zu sehen.

Impey fand eine Pfütze, trank ausgiebig, verließ dann die Straße, lief einen Feldweg entlang und steuerte auf eine alte zerbrochene Steinmauer zu, die Schutz zu versprechen schien. Das Gras hier war hoch und mit wilden Blumen untermischt. Auf der Mauer hockten Spatzen und beobachteten ihn wachsam. Eine Lerche stieg immer höher und sang aus voller Kehle. Impey wälzte sich in dem langen Gras und schlief bis zum Abend.

Er war sofort wach, als das altvertraute Zischen und Fauchen an sein Ohr drang. Ratten. Er öffnete die Augen, sein Fell sträubte sich, während er sich langsam vorwärtsschob, doch die Ratten schienen zusammengeschrumpft zu sein. Sie waren nun genauso groß wie er, und als er seine Zähne zeigte und sie anfauchte, liefen sie fort. Impey war stolz auf sich. Nun jagte *er* die Ratten. Aber sie waren zu gerissen für ihn. Sie wichen ihm geschickt aus und brachten ihn durch ihr Kreuz- und Quer-Laufen ganz durcheinander, so daß er nicht wußte, welche Ratte er jagen sollte. Hunger machte ihn gelehrig, und er fing ein Kaninchen, aber das war bereits halbtot; die Augen quollen ihm hervor, und es schleifte die Beine nach. Er tötete es und ließ es liegen.

Der Hunger wurde erneut zu einem echten Problem, und die

Pfunde, die Impey auf dem Boot zugenommen hatte, nahm er jetzt wieder ab. Dann erblickte er die Spitzmaus. Das war nicht viel, aber immer noch besser als ein leerer Magen. Mit angezogenen Beinen begann Impey sie zu verfolgen. Die Spitzmaus rannte wie wahnsinnig rückwärts und vorwärts im bleichen Licht des aufgehenden Mondes. Impey wählte den richtigen Augenblick, sprang, als die Spitzmaus gerade wieder einen Bogen schlug, und landete mit allen vier Pfoten zugleich. Aber nicht auf einem warmen, bekannten Boden, sondern die Erde schien sich unter ihm zu öffnen, und er fiel tief und immer tiefer, trotz seiner verzweifelten Versuche, sich mit den Krallen festzuhalten, bis er schließlich auf dem Boden einer tiefen Grube aufprallte.

Impey brauchte die ganze Nacht, um sich wieder hochzukämpfen. Aber er schaffte es...

Und damit war sein fünftes Leben vorbei...

Bauer Impey

Es wurde nun richtig warm, und Impey brauchte dringend etwas zu trinken und natürlich auch etwas zu fressen. Mit der schwarzen Nase nach hinten und nach vorn schnuppernd, witterte er Wasser und bewegte sich darauf zu. Der verheißungsvolle Geruch wurde stärker, und zugleich hörte er Geräusche, die er nicht kannte. Laute, heisere Schreie, fast wie die von Seemöwen. Impey kroch weiter, und schließlich teilte er das letzte hohe Gras und sank mit dem Bauch auf den Boden. Es war ein wunderschöner Sommertag. Das bedeutete ihm nichts, aber wichtig war dies: vor ihm, ein wenig tiefer, lag eine große Wasserfläche. Impey sprang mit langen Sätzen auf sie zu.

Als er schließlich genug getrunken hatte, bürstete er seine Schnurrbarthaare, putzte sich und stellte seine Vorderpfoten auf dreiviertel zwei. Dies war wieder eine neue Welt. Er befand sich am Rand eines Teichs. Eine Seite war von Schilf eingefaßt, und aus dem Schilf beobachteten ihn mehrere neugierige Augenpaare. Sie blickten ihn alle von der Seite an, große weiße Vögel, viel kompakter als Seemöwen. Impey starrte zurück. Einer der Vögel paddelte aus dem schützenden Schilf hervor, legte den Kopf nach hinten und gab ein gräßliches Geräusch von sich. Impey ließ sich auf den Bauch fallen. Dann schwammen all die anderen Vögel los. Ein Mensch trat aus einem Gebäude am äußersten Ende des Teichs und schrie etwas. Impey zog sich in den Schutz des hohen Grases zurück.

»Blöde Enten«, brüllte der Mensch. »Was ist denn los mit euch? Ihr wollt wohl euer Mittagessen? Gierige Brut...«

Er trug einen großen Sack, den er jetzt am Rand des Teichs umstülpte. Die Enten paddelten mit vorgestreckten Hälsen zu ihm hin und schrien lauter denn je. Impey beobachtete sie. Sein Maul war ganz trocken, sein leerer Magen knurrte. Der Mensch ging wieder fort, und sobald er außer Sicht war, schoß Impey wie ein schwarzweißer Pfeil vorwärts, um zu sehen, was er stibitzen konnte. Die Enten schlugen mit den Flügeln und zischten ein wenig, doch sie schienen sich nicht groß um den Eindringling zu kümmern. Das Futter roch seltsam, aber Bettelkatzen nehmen, was sie kriegen können. Impey nahm.

Zwischen ihm und den Enten entwickelte sich eine Art Duldungszustand. Sie machten immer noch viel Lärm und plusterten ihr Gefieder, wenn er aus seiner Deckung hervorkam, aber nur der Erpel ging gelegentlich auf ihn los und zischte mit vorgestrecktem Hals. Und er tat es auch niemals längere Zeit, sondern verzog sich schnell wieder, um seine Federn zu glätten. Eigentlich tat er es nur, um Eindruck zu schinden. Es war jetzt Hochsommer, und Impey döste in den heißesten Stunden des Tages vor sich hin, wie es die meisten anderen im Freien lebenden Tiere taten, doch die kurzen Stunden der Dämmerung verbrachte er mit Jagen, und seine türkisfarbenen Augen funkelten. Es war ein wundervolles Leben, nur manchmal fühlte er sich etwas einsam, und wenn ihn dies Gefühl überkam, sang er den Mond an. Manchmal kam es ihm so vor, als fingen seine scharfen Ohren das Konzert der wilden Katzen in der Ferne auf, die ebenfalls sangen. Aber vielleicht waren es auch die Tölpel, die in dichten Scharen auf den Klippen im Westen hockten.

Dieses Leben war zu gut, als daß es lange hätte so weitergehen können, und es endete für Impey an dem Abend des heißesten Tages im Jahr. Das Meer färbte sich tiefrot, als die Sonne auf ihm niederging, und als die Flut einsetzte, gab es fast keine Kräuselung auf der Wasseroberfläche. Impey wollte sich gerade aufraffen und zum Abendessen fertigmachen, da sah er den Menschen auf den Teich zuschreiten, einen Schubkarren mit einem schweren Sack darauf vor sich her schiebend. Impeys Augen funkelten vor Neugier. Er teilte das Gras mit seiner schwarzen Nase. Seine Barthaare waren steif.

»Hallo, ihr da«, rief der Mann den Enten zu, die alle zu ihm hinschwammen und wie üblich gluckten und schnatterten, »hier habt ihr noch jemand zur Gesellschaft.« Und er stülpte den Sack um. Heraus trat der größte Vogel, den Impey je gesehen hatte. Doppelt so groß wie eine Ente, mit schneeweißen Federn, einem sehr langen Hals und riesigen Füßen. Er blickte auf die erstaunte Gesellschaft. Er war ganz offensichtlich schlecht gelaunt. Er senkte den schlangenähnlichen Kopf, hob die Flügel und zischte. Die Enten nahmen zischend und kreischend Reißaus. Der Fremdling schlug wilder denn je mit den Flügeln und stieß den lautesten kollernden Schrei aus, den Impey je gehört hatte. Alle Vögel im Umkreis brachten sich in Sicherheit und ebenso die Ratten, Mäuse, Spitzmäuse und Kaninchen. Die Enten flüchteten ins Schilf. Aber sie waren so dumm, daß sie nach ein paar Augenblicken ihre Angst vergessen hatten, wieder tauchten und sich miteinander zankten.

Impeys Neugier war stärker als seine Furcht. Er schlich vorwärts, ein schwarzweißer Schatten. Doch der Neue hatte offenbar ebenso scharfe Ohren wie Impey. Flügelschlagend, mit gesenktem Kopf, mit den großen Füßen kaum den Boden berührend, stolzierte er geradewegs auf Impey zu. Impeys Fell sträubte sich, sein Rücken krümmte sich, sein Schwanz richtete sich steil auf.

»Gobbelgobbelgobbel«, schrie der Ganter.

Impey nahm sich nicht die Zeit herauszufinden, ob er ihm ans Leder wollte oder nicht. Er floh zu den Klippen ...

Und ließ sein sechstes Leben hinter sich ...

Impey, der Große Jäger der weißen Mäuse

Es war Spätsommer, aber Impey wußte das nicht. Er wußte nur, daß er wieder heimatlos und hungrig war. Die Tage waren immer noch warm, doch abends zogen Nebelschwaden über die See, und die Mauer- und Turmsegler flogen in immer größeren Scharen im Kreis herum. Impeys Nase war zu dicht am Boden, als daß er alles bemerkt hätte, was über seinem schwarzen Kopf vor sich ging. Kein Mensch brachte ihm mehr unabsichtlich etwas zu fressen. Er war wieder allein, auf sich gestellt. Selbst die dummen Enten waren eine Art Gesellschaft gewesen. Aber jetzt mußte er wirklich auf die Jagd gehen. Es war eine gute Jahreszeit für Mäuse, von denen einige weiß waren und rosa Augen hatten. Sie waren von einem fremden Schiff an Land gekommen. Es gab auch braune Mäuse und gelegentlich eine schwarze Maus, ein paar Ratten und ab und an eine Spitzmaus und Kaninchen, aber wenn sich die Jagd länger hinzog, waren sie zu schnell für ihn.

Impey mußte so viel jagen, daß er stets Hunger hatte; die Tage des Dösens im Sonnenschein waren vorbei. Er schlängelte sich durch das goldene Korn, das in diesem Teil der Insel weite Flächen bedeckte. Stellenweise erstreckte es sich fast bis zum Rand der Klippen. Dazwischen wuchsen jetzt blutrote Mohnblumen, die in der heißen Brise nickten und sich wiegten, und nachts schwebten Fledermäuse darüber hin; große Augen funkelten im Mondlicht. Impey fing einmal eine, aber er ließ sie sofort wieder los, weil sie größere Krallen hatte als er. Es gab auch Igel, aber mit denen war nichts anzufangen: sie rollten sich einfach zusammen und richteten ihre Stacheln steif auf, und er konnte nicht dicht an sie herankommen.

Er lebte von der Pfote in den Mund, aber das war immer noch besser als hungern. Und dann kam der Morgen, an dem Impey und alle anderen in der freien Natur lebenden Tiere das schreckliche Geräusch hörten. Es begann wie ein Wimmern und wurde zu einem Rasseln und schließlich zu einem furchtbaren Dröhnen, und dann erschien an einem Ende des Getreidefeldes ein Mähdrescher. Jedes Lebewesen geriet in Panik, als die Maschine langsam, unerbittlich dumpf grollend Runde um Runde machte und das Getreide wie durch Zauberei in ihrem Inneren veschwand, um dann plötzlich als Ballen wieder zum Vorschein zu kommen. Das Getreidefeld wurde immer kleiner, und die Tiere zogen sich immer weiter in die Mitte des Feldes zurück. Seltsamerweise waren es die Kaninchen, die als erste intelligent reagierten. Springend, hüpfend, von einer Seite zur anderen rennend, stürmten sie in die Freiheit. Die Ratten folgten ihnen, fegten dicht an den Stoppeln entlang, und hinter ihnen die Mäuse und Spitzmäuse. Impey allein verharrte reglos vor Entsetzen, und die große brüllende Maschine war schon fast über ihm, als er plötzlich wieder zu sich kam. Er glaubte, sie habe es auf ihn abgesehen, und er war so außer sich vor Angst, daß er geradewegs auf die Klippen zuraste und erst im allerletzten Augenblick zur Seite abbog.

Impey im Herbst

Impey hockte unter einem Ginsterstrauch und beobachtete, wie die wilden Katzen vorbeischlichen. Sie waren eine furchterregende Bande mit ihren grausamen flachen Gesichtern, ihrem langhaarigen Fell und ihren langen Barthaaren. Gelegentlich drehten sie die Köpfe zu ihm hin und fauchten, oder sie zogen die Lippen zurück und zeigten zischend alle ihre scharfen weißen Zähne. Sie lebten, wanderten und jagten im Rudel. Ein geschlossenes Rudel, das keine Fremden aufnahm, auch die nicht, die einmal mit ihnen auf dem Impot zusammengelebt hatten. Wenn Impey etwas fing und sie es haben wollten, mußte er es ihnen überlassen. Sie waren zwanzig, vielleicht sogar dreißig, und er gehörte nicht zu ihrem Stamm, so daß sie jeden Augenblick über ihn herfallen konnten.

Impeys gutentwickelter Selbsterhaltungstrieb sagte ihm, daß er nur um Schnurrbarthaaresbreite überlebte, und das Gefühl der Einsamkeit wurde immer stärker in ihm, je kürzer die Tage wurden. Die Herbstnebel über der See türmten sich wie stumme Wellen über den scharfen Spitzen der Klippen. Alle Tiere bekamen ein längeres Fell, und die Turm- und Mauersegler waren längst verschwunden. Eine große weiße Eule flog rückwärts und vorwärts, und immer wieder fingen Impeys scharfe Ohren das wütende »Gogelgoggelgoggel« des Ganters ein, wenn die Eule über den Teich segelte.

Dann wurde es an einem kurzen Abend kälter, der Nebel über der See verschwand, es klärte sich auf, und ein riesengroßer Mond stieg langsam in den Nachthimmel. Das löste etwas in Impey aus, und es hatte auch eine sonderbare Wirkung auf die wilden Katzen. Sie schlichen aufeinander zu, huschten wie Schatten von Strauch zu Strauch, während sich ein silberner Pfad wellenartig über die dunkle See hinzog. Sie saßen da und starrten mit funkelnden Augen reglos darauf. Impeys Fell sträubte sich. Was immer hier geschah, es gefiel ihm nicht. Er rutschte auf seinen Schenkeln rückwärts.

Eine Katze begann zu singen, ihre Stimme hob sich und senkte sich, und eine nach der andern fiel ein. Es war ein gräßliches Geheul, und sogar die Tölpel auf ihren Felsen verstummten. Instinktiv wußte Impey, daß etwas Grauenvolles bevorstand, als er sah, wie die Köpfe sich zu ihm hindrehten und die ausdruckslosen funkelnden Augen ihn beobachteten. So plötzlich, wie der Gesang begonnen hatte, hörte er auch wieder auf, und dann vernahm man ein anderes Geräusch in der Stille: einen Lastwagen, der nach Hause fuhr.

Impey reagierte, ohne nachzudenken. Zum ersten Mal in seinem Leben suchte er den Schutz eines Menschen. Ein schwarzweißer Pfeil im Mondlicht, rannte er um sein Leben, und die wilden Katzen rasten hinter ihm her. Sie wollten Blut sehen, und sie kamen ihm immer näher. In dem Augenblick, als Impey am Rand eines hohen, felsigen Abhangs anlangte, wurden die Scheinwerfer des Lastwagens unter ihm sichtbar.

Impey blieb nicht stehen, er stürzte einfach ins Leere, ein fliegender Kater, der auf dem äußersten Ende des vorbeiratternden Anhängers landete. Es war ein ungeheurer Sprung, der ihm vollständig den Atem nahm ...

Und mit ihm verlor er sein achtes Leben ...

Impey sitzt am Feuer

Impey hatte eine Menge gelernt, seit er den Impot verlassen hatte. Stehlen zahlte sich nicht aus, die See war naß und tief, Ratten waren im Innersten feige, Gänsen, Mähdreschern und wilden Katzen mußte man aus dem Wege gehen, und es war an der Zeit, daß er ein Heim fand – für immer. Alles, was an wilder Katze in ihm war, hatte man ihm gründlich ausgetrieben. Er ließ sich von dem Anhänger gleiten, sobald das erste etwas abseits liegende Haus in Sicht kam. Dann putzte er sich gründlich. Er war jetzt völlig ausgewachsen, eher mager, aber mit einem schönen, samtweichen Fell.

Das erste Haus hatte einen bellenden Hund und kam deshalb nicht in Frage. In der folgenden Nacht untersuchte er ein zweites Haus, aber dort roch es nur nach Seife und Möbelpolitur, dort würde kein Tier willkommen sein. Die dritte Nacht gelangte er zu einem Haus, das richtig roch und überhaupt den richtigen Eindruck machte, und die Hintertür stand offen. Impey ging nicht hinein, dazu war er mittlerweile zu klug. Er miaute nur ganz leise. Ein Mann kam heraus und betrachtete ihn. Er brüllte ihn nicht an und scheuchte ihn auch nicht weg. Er sagte: »Du bist ein hübscher Bursche, aber ein bißchen dünn. Hier ...«

Er ging ins Haus und holte zwei Teller. Auf einem lagen Essenreste, in dem anderen war fette Milch. Impey hatte solche Milch noch nie gekostet; sie schmeckte wie Nektar. Der Mann ging ins Haus zurück und schloß die Tür hinter sich. Impey leckte beinahe das Muster von den Tellern und legte sich dann im Gartenschuppen schlafen.

Am nächsten Tag miaute er wieder vor der Tür, doch es kam keine Antwort. Sehr vorsichtig zwängte er sich durch die offene Hintertür und sah sich um. Auf dem Küchentisch war etwas, was köstlich roch. Impeys schwarze Nase zuckte, und sein Magen knurrte, aber er ging nicht dichter heran. Er rollte sich vor dem Herd zusammen, und als der Mann zurückkam, schlief er fest und schnarchte leise. Der Mann blickte zuerst auf Impey, dann auf das unberührte Essen und machte »Tittittikeke.« Dann hob er Impey sehr sanft hoch, setzte ihn vor die Hintertür und stellte ihm zwei Untertassen hin, eine mit etwas zu fressen und eine mit Milch. Impey schlief im Schuppen.

Am dritten Abend wartete Impey hinter der Hausecke dicht bei der Hintertür. Es war ein sehr langer Tag, wie es Impey vorkam, aber schließlich trat der Mann heraus und sah sich um.

»Miez, Miez, Miez ...«, rief er. In jeder Hand hielt er eine Untertasse. Impey näherte sich ihm sehr langsam und überraschte ihn mit einem Geschenk – einer mausetoten Maus, die er hinten im Schuppen gefunden hatte. Dem Fressen schenkte er keine Beachtung, trotz seines wütend knurrenden Magens. Er strich nur um die Beine des Mannes herum, mit einem Buckel und einem Schwanz, der so steif wie eine Bürste war. Und er schnurrte lauter als je zuvor in seinem Leben.

Der Mann lächelte und fing dann an zu lachen.

»Na gut«, sagte er, »du schlaues kleines Biest. Herein mit dir...«

Es dauerte keine halbe Sekunde, und Impey saß vor dem Herd.

Um sich nützlich zu machen, fängt er manchmal ein paar Mäuse oder verscheucht eine Ratte. Er patrouilliert rings um sein Revier, um sich zu vergewissern, daß weder wilde Katzen noch Gänse in der Nähe sind, aber er entfernt sich nie sehr weit vom Haus. Manchmal liegt er dösend auf einem alten Guernsey-Sweater, den der Mann in seinen Korb gelegt hat, und sein Schwanz und seine prachtvollen Barthaare zucken ein wenig. Dann erinnert er sich nämlich an seine vergangenen acht Leben...

Impey hat beschlossen, daß sein neuntes Leben weitergehen soll – immer weiter – immer weiter...

Brenda Lacey
Der Eindringling

Niemand hat mich gefragt, ob ich ein Kätzchen haben wollte. Ich war gerade, eines Samstags, nach einem anstrengenden Tag im Garten hereingekommen, und da war es. Ein kleines schwarzweißes Kätzchen, nicht viel größer als ein Knäuel Wolle.

»Jason, sieh mal,« rief Linda, »komm, und sieh es dir an! Schau, was ich uns mitgebracht habe!«

Ich brauchte nicht erst hinzugehen, von dort, wo ich stand, konnte ich ausgezeichnet sehen, und was ich erblickte, gefiel mir nicht im mindesten. Ich bin bestenfalls einfach kein Katzenfreund: und es konnte kaum als bester Fall gelten, daß besagtes Kätzchen von meiner Freundin in mein Haus gebracht worden war und nun in meinem Sessel auf meiner Zeitung schlief – ohne sich auch nur ansatzweise um meine Erlaubnis zu bemühen.

Dies gab ich Linda ohne Umschweife zu verstehen.

Sie lachte. Das ist ihre Art. Wann immer ich mich über etwas beschwere, darauf kann ich mich verlassen. Linda lacht. Zugegebenermaßen, in der Regel funktioniert es. Linda ist bezaubernd, wenn sie lacht, und wann immer ich sie so sehe, ist mein Ärger, was ihn auch ausgelöst haben mag, meistens verflogen.

Aber nicht heute. So leicht würde ich es ihr nicht machen.

Was hast du dir gedacht, fragte ich sie, wo dieses Tier schlafen soll? Es wird jedenfalls nicht auf Dauer von meinem Sessel Besitz ergreifen, soviel ist sicher. Und wo soll es fressen? Ich hoffe, du hast nicht vor, ihm einen von *unseren* Tellern zu geben? Womöglich sollen wir die ganze Küche mit Zeitungspapier auslegen? Weißt du, wie unordentlich Katzenkinder sein können?

Linda sah mich liebevoll an und fuhr mir mit der Hand durchs Haar. »Oh, was für ein mißlauniger Zeitgenosse du heute abend bist. Ich glaube fast, du bist eifersüchtig!«

Eifersüchtig! Was für ein grotesker Einfall. Ich eifersüchtig auf ein Etwas mit schwarz-weißem Fell? Natürlich stritt ich es ab. Und zwar laut.

Sie küßte mich auf den Kopf. »Komm schon, Jason,« sagte sie mit ihrer schmeichelnden Stimme. »Du wirst ihn schon mögen, du weißt, daß es so ist. Er ist doch wirklich entzückend. Wie sollen wir ihn nennen?«

Ich blickte auf das Katerchen, das inzwischen aufgewacht war und kläglich miaute – ein mitleiderregendes, aufstörendes, maunzendes Wimmern. »Jauler?« schlug ich sarkastisch vor. »Maunzer? Heuler? Jammerer?«

Linda lachte wieder. »Oh, du wirst dich an ihn gewöhnen, schon bald. Du wirst sehen. Jetzt komm und iß dein Abendbrot, bevor es verdirbt.«

Ich hätte es wissen sollen. Ich hatte mich auf das Abendbrot gefreut. Ein bißchen Roastbeef oder ein Stückchen gekochtes Huhn. Was wir eben samstags aßen. Aber nicht an diesem Abend. O nein. Diesmal gab es Thunfisch, woraus ich mir noch nie etwas gemacht habe. Zudem noch aus der Dose. Und warum? Weil das Katerchen ihn bestimmt mögen würde. Aber es mochte ihn auch nicht. Schnüffelte ein wenig daran herum und wendete sich dann den Keksen zu, die Linda in eine Schale gelegt hatte. Welche Verschwendung.

»Lucky« nannte sie es. Nun, mir schien das nicht sonderlich glücklich. Eher im Gegenteil.

Na schön – ich war also eifersüchtig. Ich sah, daß es töricht war, sogar damals. Aber Linda und ich waren beinahe länger zusammen, als meine Erinnerung reichte. Sogar als ich ganz jung war, war sie da, meine Nachbarin, und ich betete sie schon damals an – obwohl sie zu dieser Zeit kaum von mir Notiz nahm. Später gab es immer eine Reihe glänzender junger Männer, die darauf warteten, mit ihr auszugehen, hierhin, dorthin, überall hin. Aber ich sah zu und wartete, und am Ende entschied sie sich für mich. Schon bald waren wir unzertrennlich, und dann zogen wir in eine gemeinsame Wohnung – unsere eigene Wohnung am anderen Ende der Stadt, und wenn ich die glänzenden jungen Männer sah, lächelte ich in mich hinein. Linda gehörte mir. Bis dieses Katzenkind auftauchte.

Wir hatten alles gemeinsam getan. Ferngesehen. Musik gehört. Wir interessierten uns sogar für unsere jeweiligen Hobbies, obwohl wir sehr verschieden waren. Ich interessierte mich für ihre Handarbeit und sie sich ebenso für meine Sportpokale. So waren wir. Schliefen zusammen, aßen zusammen, erzählten uns unsere Träume. Und dann tauchte aus dem Nichts dieses elende Katerchen auf, und plötzlich schien sie sich nur noch um das Tier zu kümmern. Keine Zeit zum Reden, Ausruhen. Noch schlimmer, keine Zeit für die Liebe.

Ich glaube, das alles erreichte den Gipfel in der Nacht, als das Katerchen kam und in unsererm Bett schlief – *zwischen* Linda und mir. Als ich protestierte, nahm Linda es zu sich und begann es zu streicheln. Das war zuviel! Ich stürmte aus dem Zimmer und legte mich aufs Sofa. Sie kam mir natürlich hinterher, aber ich würdigte sie keines Blickes. Drehte mich einfach um und stellte mich schlafend.

Danach schien alles vollkommen aus der Bahn zu geraten. Ich gewöhnte mir an, Lucky zu ignorieren. Was immer er wollte – reinkommen, rausgehen, fressen oder trinken – ich sah ihn nicht. Er war Lindas Mißgriff, sie konnte sich um ihn kümmern. Ich weigerte mich, irgend etwas mit ihm zu tun zu haben.

Sie versuchte mich weich zu stimmen. »Jason, Liebling, komm schon. Du bist albern.«

Und das war ich, aber ich würde es nicht zugeben. Mittlerweile stand mein Stolz auf dem Spiel. Sie verhätschelt das Katerchen wie ein Baby, sagte ich mir. Das war es, was mich so verletzte. Gerade weil ich keine Kinder zeugen konnte. Aber das hatte sie gewußt, bevor wie zusammengezogen waren. Ich kam an den Punkt, wo ich in finsteres Starren verfiel, wann immer Linda Lucky auf ihre Knie nahm.

Schließlich merkte sie es. Ich sah es. Ich kannte Linda genau. Und dann hörte ich sie mit einem ihrer Freunde am Telefon reden. »Ja, ein kleines schwarz-weißes Katerchen, ein süßes Ding. Aber es hat nicht funktioniert, ehrlich. Jason mag ihn nicht. Ich dachte, er könnte sich am Ende überwinden, weil er doch eigentlich ein liebevoller Mensch ist, und ich dachte, er würde sich wirklich über ein Kätzchen freuen. Dann hätte er ein bißchen

Gesellschaft, wenn ich nicht da bin. Aber so ist es. Jason ist wichtiger, das ist klar. Also wenn du weißt, wer dem Katerchen ein gutes Zuhause geben kann, sag mir Bescheid.«

Ich triumphierte. »Jason ist wichtiger.« Das Katerchen würde fort müssen. Für mehr als eine Stunde schwebte ich auf Wolken.

Danach begann ich natürlich zu überlegen. Eigentlich konnte man nicht umhin, mit dem Katerchen Mitleid zu haben. Schließlich hatte er sich nicht aufgedrängt. Und genau genommen brauchte er nicht so sehr viel Platz. Ich sah ihn an, wie er auf dem Kaminvorleger beim Feuer saß. Er hatte es sich abgewöhnt, in meinem Sessel zu sitzen, die Zeitung gehörte mir allein. Er war, fand ich, ein hübsches kleines Ding. Wirklich ganz niedlich.

Ich wartete, bis Linda aus dem Zimmer ging, um Kaffee zu kochen, und dann entschloß ich mich. Ging zu dem Katerchen hinüber und strich vorsichtig über sein Fell. Lucky öffnete ein Auge und sah mich an. Und schnurrte. Ich streichelte ihn noch mal. Er schnurrte lauter. Ich fühlte ein breites, närrisches Grinsen der Befriedigung in mir hochsteigen. Er war letztendlich ein recht annehmbares Katerchen. Falls man für seinesgleichen etwas übrighatte. Ich setzte mich neben ihn, lauschte dem Schnurren.

Und da saß ich also, als Linda wieder ins Zimmer kam. Hätte ich sie gehört, wäre ich natürlich weggegangen, aber ich war zu sehr mit dem Katerchen beschäftigt. Sie öffnete die Tür, und es war zu spät. Ich war auf frischer Tat ertappt.

Linda sah mich an und lächelte, ein langsames, frohes Lächeln.

»Hey, Brian!« rief sie einem der glänzenden jungen Männer zu, der mit ihr in der Küche Kaffee trank. »Komm rein und sieh dir das an. Hocken zusammen wie die dicksten Freunde. Und ich dachte, das würde nie passieren. Ach, Jason.« Sie kam und legte ihre Arme um mich und zog mich zu ihrer Schulter hoch. »Du dummer alter Mausekater. Warum konntest du damit nicht früher anfangen?«

Charlotte Wallace
Der Glücksbringer

Gerald Fawnsley war unglücklich und ein bißchen beschwipst, als er morgens gegen zwei in seine Wohnung zurückkehrte. Er warf seinen Mantel ab, der genau wie Basils Fell glatt und schwarz war. »Hör zu, alter Freund«, sagte er, nahm ihn in die Arme und schmiegte seine Wange an den seidigen Pelz des Katers, »heute abend habe ich mich lächerlich gemacht. Du erinnerst dich doch an dieses Mädchen, das gesagt hat, bei dir kriegte sie Asthma, und wenn sie mich heiraten würde, wärst du das erste, was verschwinden müßte? Sie hat jetzt gesagt, sie will mich zeit ihres Lebens nicht wiedersehen. Sie hat gesagt, ich sollte wählen: sie oder dieses verdammte Katervieh. Ich weiß nicht, warum, aber in diesem Augenblick gab es wirklich keine Wahl. Ich entschied mich für dich. Sie brach in Tränen aus und sagte, sie hasse mich, und das war's dann.«

Basil konnte das nicht verstehen. Er wußte, man hielt ihn für einen Glücksbringer, weil er so schwarz war, aber jedesmal, wenn Gerald scharf auf ein Mädchen war, schien er, Basil, diese Beziehung ganz unbewußt zu zerstören. Da war zum Beispiel diese kleine Französin Marie-Claire, die so gut kochen konnte. Gerald wurde langsam fett, und Basil wurde von den Resten so rundlich, daß er kaum mehr auf das Sofa zu springen vermochte. Eines Abends – es mußte der dritte Monat gewesen sein, den das junge Liebespaar zusammen verbrachte – gestand Marie-Claire Basil beim Kochen, daß sie Gerald dazu bringen wollte, ihr einen Heiratsantrag zu machen.

Als Gerald von der Arbeit nach Hause kam, begrüßte ihn Marie-Claire mit einem liebevollen Kuß, und er wäre am liebsten gleich mit ihr ins Bett gefallen. Ihm wurde beklommen zumute, als er den Tisch mit den brennenden Kerzen sah, eine Rose in der eleganten kleinen Vase, das funkelnde Silber. Ganz offensichtlich stand ihm ein besonderes Festmahl bevor, und obwohl er gutes Essen liebte, hatte er doch in letzter Zeit schrecklich viel gegessen, und zufällig hatte er gerade ein paar Mandanten zum Lunch ausführen müssen. Das Curry, den er vor drei Stunden mit solchem Appetit verspeist hatte, spürte er immer noch unangenehm im Magen, aber er hatte den Verdacht, es würde nicht mehr lange der Fall sein.

Doch gehorsam setzte er sich hin und genoß die Lachs-Mousse. Basil konnte Lachs-Mousse nie widerstehen, besonders nicht einer so guten, wie sie Marie-Claire zubereitete. Er machte Anstalten, Gerald auf den Schoß zu springen, aber da er nicht mehr so gelenkig wie früher war, verfehlte er Gerald und mußte sich am Tischtuch festkrallen. Das Tischtuch, die Lachs-Mousse, der Weißwein, die Rose, das Silber glitten ihm nach auf den Fußboden. Es bedurfte gar nicht Marie-Claires Gekreisch, um Basil zu warnen, daß er sich unbeliebt gemacht hatte. Er rappelte sich auf und raste zur Tür, aber er war noch in das Tischtuch eingewickelt. Wie wild er auch um sich schlug, er vermochte sich nicht zu befreien. Als es ihm schließlich gelang, den Kopf herauszustrecken, sah er, daß Gerald sich vor Lachen ausschüttete, während Marie-Claire vor Wut schrie. Sie zog die Bratpfanne vom Herd und schleuderte sie nach Basil, doch sie verfehlte ihn um Längen. Sie hatte vergessen, daß noch Sauce in der Pfanne war, und die Sauce tüpfelte nun Geralds Krawatte und tropfte auf seine Hosen. Jetzt verwandelte sich Geralds Lachen in Wut, und sein plötzlicher Stimmungswandel war nur der Vorreiter eines Aufruhrs in seinem Magen; das ganze Curry schoß seinen bereits mit rosa Sauce bekleckerten Anzug hinunter.

»Sie hatte keinen Sinn für Humor«, vertraute Gerald später Basil an. »Jedenfalls hätte ich sie niemals heiraten können. Dann hätte ich sicher mit vierzig einen Herzinfarkt gekriegt.«

Doch trotzdem hatte sich Basil ein bißchen schuldig gefühlt. Es folgten ein Dutzend andere verheißungsvolle Romanzen seines Herrn, von denen keine Basils Anstrengungen überlebte, hilfreich, höflich und freundlich zu sein. Er wollte doch, daß sein Herrchen heiratete und glücklich war.

Schließlich kam ihm der Einfall, auszugehen und jemand zu suchen, der Herrchen gefallen würde. Es lag doch auf der Hand, daß Gerald selber nicht imstande war, eine Partnerin zu finden, so daß die Verantwortung dafür bei seinen Freunden lag. Basil nahm seine Aufgabe ernst und kam zu Geralds tiefer Beunruhigung oft ganze Nächte nicht nach Hause. »Wo bist du gewesen, Basil?« rief Gerald erschrocken, als der Kater einmal müde und zerschunden, das sonst so glatte Fell zerzaust und ohne Glanz, von einem dieser Ausflüge zurückkehrte. Basil konnte es nicht erklären, aber er blickte seinen Herrn so kummervoll an, daß Gerald, der ihn falsch verstand, sagte: »Mach dir keine Sorgen, alter Junge, ich verlasse dich nie. Wir werden zusammen leben als zwei bärbeißige alte Junggesellen, und die Frauen können sich zum Teufel scheren. Aber ich glaube, ich werde dir ein Halsband mit Adresse spendieren, für den Fall, daß du einmal verlorengehst.«

Obwohl er ganz heiter sprach, glaubte Basil in seiner Stimme ein Zittern wahrzunehmen. Es fiel ihm auch auf, daß sein Herr fast so ungepflegt aussah wie er selber. Sein Anzug war zerknittert, er hatte vergessen, sein Haar zu bürsten, und seine Augen blickten ziemlich glasig. Er hielt ein Glas mit Whisky in der Hand, das er viel zu oft wieder vollgoß. Basil hatte einmal Whisky gekostet, weil er ihn für Wasser hielt, und wußte, daß das Gift war. »Ich kann es nicht ertragen, daß du nicht hier bist, wenn ich nach Hause komme, Basil. Wenn du verschwindest und ich meine Stellung verliere, was durchaus im Bereich des Möglichen liegt, dann, glaube ich, bringe ich mich um.«

Basil war ernsthaft beunruhigt. Bei keinem seiner Erkundungsausflüge hatte er jemand gesehen, der ihm auch nur ein wenig gefallen hätte. Schließlich waren Menschen auch in ihrer besten Zeit nicht besonders anziehend.

Bedrückt schlich er aus der Wohnung und lief im Hausflur einem jungen Mädchen, das es eilig hatte, direkt vor die Füße. Sie stolperte über ihn und fiel lang hin. Das Geräusch trieb Gerald hinaus ins Treppenhaus. »Basil!« brüllte er. »Was hast du getan?« Er stürzte zu der jungen Dame hin und nahm sie sanft in die Arme. Sie war einen Augenblick lang betäubt gewesen, aber jetzt schlug sie die Augen auf. Als ihr Blick Gerald traf, verliebte er sich sofort tief und hoffnungslos in sie.

Beim Versuch, sich aufzurichten, stieß sie einen Schmerzensschrei aus. »Oh, mein Knöchel!« hauchte sie und hielt sich hilfesuchend an Gerald fest. »Ich glaube, er ist gebrochen.«

»Ich bringe Sie jetzt in meine Wohnung, und dann rufe ich einen Arzt«, drängte Gerald besorgt.

»Ach, ich bin ohnehin schon spät dran. Ich muß jetzt wirklich los.«

»Ich fürchte, durch Basils Schuld können Sie nirgendwohin gehen«, sagte Gerald mit fester Stimme und sog die Schönheit der jungen Göttin in sich ein, die ihm wie ein Geschenk des Himmels in die Arme gefallen war. »Ich heiße Gerald Fawnsley. Zu wem wollten Sie denn, Miss ... Miss ... Ich werde dort anrufen und erklären, was los ist.«

»Au!« stieß das Mädchen hervor und lieferte so den Beweis für Geralds Vermutung. »Ich wollte zu meinem Vater. Er haßt es, wenn ich mich verspäte. Er ist immer so beschäftigt – wenn er sich Zeit für mich nimmt, muß ich doch ...«

»Bitte, beunruhigen Sie sich nicht«, sagte Gerald bekümmert, als das Mädchen wieder zu weinen anfing. »Wissen Sie seine Telefonnummer?«

»Ja natürlich. Sie steht hier in meinem Notizbuch. Aber ... wo ist denn meine Handtasche?« jammerte sie.

Gerald veranstaltete eine wilde Jagd nach der Handtasche, die schließlich zwei Treppenabsätze tiefer gefunden wurde. Sie war aufgegangen, und ein großer Teil ihres Inhalts – Gerald konnte gar nicht fassen, wie viel das war – lag noch einen Treppenabsatz weiter unten. Schließlich aber hatte er alles zusammengesucht und auch das Notizbuch sichergestellt.

»730234«, las die junge Dame Gerald in seiner Wohnung vor.

»Und wen soll ich verlangen?« fragte er, während er wählte.

»Meinen Vater natürlich«, erwiderte sie ein wenig gereizt.

»Entschuldigung«, sagte Gerald bescheiden, »aber ich weiß seinen Namen nicht.«

»O Pardon ... ich hatte ganz vergessen, daß wir uns ja fremd sind.« Sie lächelte ihn so strahlend an, daß sein Herz ein paar Purzelbäume schlug. »Ich heiße Caroline Spry, und mein Vater ist Sir Godfrey Spry.«

Gerald vermochte seine Überraschung nicht zu verbergen.

Der Vater der Göttin war einer der bekanntesten Industriellen Englands.

Er war ziemlich niedergedrückt. Die Göttin war also ganz bestimmt eine reiche Erbin, und ihr Vater wünschte sich etwas Besseres als einen nicht besonders erfolgreichen Börsenmakler als Schwiegersohn. O Gott! rief er sich zur Ordnung. Wieder einmal war er allzu voreilig. Er stellte sich bereits vor, wie er Sir Godfrey um die Hand seiner Tochter bat, und dabei kannte er sie erst seit fünf Minuten.

»O ja«, sagte das Mädchen trocken, »manchmal glaube ich, alle kennen meinen Vater, nur ich nicht. Ich sollte so was nicht zu einem Wildfremden sagen, aber mein Vater ist wirklich jemand, den ich kaum kenne. Deshalb liegt mir so sehr daran, unsere Verabredung einzuhalten.«

Inzwischen war Gerald am Telefon zu einer Dame mit schneidender Stimme durchgedrungen, die sagte, sie sei Miss Walmsley, Sir Godfreys persönliche Assistentin. Als Gerald mit seinem Bericht über Carolines Mißgeschick fertig war, herrschte Stille am anderen Ende der Leitung.

»Hallo? Sind Sie noch dran?« fragte Gerald. »Ja natürlich«, sagte die Frau. »Ich bin hier, aber Sir Godfrey ist leider abwesend. Er ist in Genf. Er mußte ganz plötzlich dorthin, und es tut mir leid, aber er hatte völlig vergessen, daß er Miss Caroline gebeten hatte, mit ihm essen zu gehen. Sie ist in dem Zimmer, aus dem Sie jetzt anrufen, nicht wahr?«

»Richtig«, erwiderte Gerald voller Unbehagen.

»Vielleicht«, sagte Miss Walmsey, »wäre es besser, wenn Sie ihr nicht sagen, daß ihr Vater vergessen hatte, daß sie heute kommen wollte.«

»Kann ich mit Papa sprechen?« fragte Caroline von ihrem Sessel her.

»Ich glaube nicht ... Ich meine ...«, stammelte Gerald. Das Mädchen hüpfte plötzlich resolut durchs Zimmer und entriß ihm den Telefonhörer. »Miss Walmsey? Ich bin es, Caroline Spry. Können Sie mich zu meinem Vater durchstellen?« Gerald konnte nicht hören, was Miss Walmsley antwortete, aber das Mädchen schien plötzlich in sich zusammenzusinken. Er nahm ihr sanft den Hörer aus der Hand und half ihr zurück zum Sessel. »Er hatte mich ganz vergessen«, sagte sie leise, beinahe flüsternd. Plötzlich verbarg sie ihr Gesicht dramatisch in den Händen und brach in wildes Weinen aus.

»Bitte, Miss ... bitte, Caroline ...«, sagte Gerald und kniete vor ihr nieder. »Bitte weinen Sie doch nicht. Warum rufen wir nicht Ihre Mutter an?«

Caroline schluckte ihre Schluchzer hinunter und versuchte sich zusammenzunehmen. »Verzeihen Sie, Mr. Fawnsley«, und selbst in diesem Augenblick konnte Gerald sein Entzücken kaum verbergen, daß sie sich seinen Namen gemerkt hatte, »Sie müssen mich für eine dumme Pute halten. Ich weiß auch nicht, warum ich heule. Es muß ein verspäteter Schock sein oder so was. Ich habe keine Mutter mehr. Sie ist gestorben, als ich fünf Jahre alt war, aber mit mir ist alles in Ordnung, ehrlich.«

»Nein, bitte, Miss Spry ... Caroline, Basil und ich werden uns um Sie kümmern. Sie haben einen schlimmen Schock erlitten, und alles durch meine Schuld, oder vielmehr durch die von Basil.« Er warf dem Kater einen finsteren Blick zu, aber Basil sah, daß er nicht wirklich böse auf ihn war. »Wir bringen Sie jetzt in Ihre Wohnung. Sie wohnen genau über mir, nicht wahr?«

»Ja, Appartement Nummer 5. Ich bin erst vor einer Woche eingezogen, und Sie sind der erste Mieter, den ich kennengelernt habe. Hoffentlich sind die anderen alle nicht so gefährlich wie Sie.« Sie lächelte. »Glauben Sie, ich sollte eine Krankenversicherung abschließen?«

Basil und Gerald halfen ihr in ihre Wohnung hinauf, und als Caroline sich im Spiegel erblickte, rief sie: »Mein Gott! Als ob mich eine Katze in den Krallen gehabt hätte!« Dann sah sie Basil und setzte rasch hinzu: »Verzeihung, Basil, ich habe nur Spaß gemacht. Ich liebe Katzen, und ich glaube, wir werden gute Freunde.«

Basil schnurrte zustimmend. Er mochte das Mädchen. Sie saß in einem großen Sessel, das Bein ausgestreckt auf einem Schemel, und er, Basil, lag in ihrem Schoß und wurde gestreichelt. Gerald stand an der Tür und war eifersüchtig.

Es vergingen ein paar Wochen. Die Situation in Geralds Arbeitstelle besserte sich, und er war sogar ausgewählt worden, ein besonders schwieriges Problem zu lösen, das mit dem Auslandsguthaben eines Mandanten zusammenhing. Er war so beschäftigt, daß er oft erst nach neun Uhr abends nach Hause kam. Basil war die meiste Zeit bei Caroline. Sie konnte schon wieder gehen, aber tagsüber blieb sie meist in ihrer Wohnung. Gerald hatte es sich zur Gewohnheit gemacht, an Carolines Tür zu klopfen, unter Umständen etwas bei ihr zu trinken und dann Basil zum Abendessen mit hinunter zu nehmen, wenn sie nicht gerade eine Verabredung hatte. Die Wochenenden verbrachte Caroline immer irgendwo bei Freunden, von denen sie, sehr zu Geralds Kummer, offenbar recht viele besaß.

Eines Montags, ein paar Monate nach dem Unfall, kam Gerald von der Arbeit und ging wie gewöhnlich hinauf zu Caroline, um Basil zu holen. Er war ziemlich verblüfft, als er Caroline mit einem Glas Wein in einer Hand antraf. Ihr anderer Arm umschlang einen gutaussehenden jungen Mann, dessen Gesicht in Geralds Augen durch ein selbstgefälliges Grinsen entstellt wurde. »Ich bin nur gekommen, um Basil mitzunehmen«, sagte Gerald unsicher.

»Ach, Gerald«, flötete Caroline, als Basil ihm in die Arme sprang, »ich möchte Sie meinem *fiancé* vorstellen.«

Gerald konnte sich an nichts von dem erinnern, was darauf folgte, außer daran, daß der Mann, den er von nun an wie nichts auf der Welt haßte, Monty Braggot hieß. Carolines *fiancé*! Schon das Wort allein mit seinem gezierten französischen Klang verursachte ihm Brechreiz. O Gott! Warum hatte er ihr nie gesagt, daß er sie liebte? Nun war es zu spät. Kein Gentleman konnte seine Liebe einem Mädchen gestehen, das ihn ohne eine Spur von Verlegenheit ihrem Verlobten vorgestellt hatte. Aber es war ja immer unmöglich gewesen. Natürlich hatte er Caroline vom ersten Augenblick an geliebt, als er sie halb betäubt auf dem Boden liegen sah, aber irgendwie hatte sich trotz der günstigen Umstände, unter denen sie miteinander bekannt geworden waren, die Beziehung nie entwickelt. Soweit Gerald wußte, betrachtete sie ihn nur als einen netten Nachbarn mit einem Kater, über den man fallen konnte.

Ein Tag nach dem anderen verging, und Basil wurde immer

besorgter ob des Gemütszustands seines Herrchens, dessen Selbstmitleid sich zu tiefer Niedergeschlagenheit verdichtete. Carolines Hochzeit, zu der sie Gerald eingeladen hatte, war auf Anfang März festgesetzt, und als der Tag näherrückte, befiel Gerald noch Schlimmeres als tiefe Niedergeschlagenheit. Caroline war kaum mehr zu Hause, sie war mit den Vorbereitungen für ihren großen Tag beschäftigt. Und so saß Gerald Abend für Abend in seinem Sessel, starrte düster vor sich hin und hielt Basil an sich gedrückt. Er aß nicht, er wusch sich nicht, er schlief nicht einmal mehr.

An einem solchen Abend, zwei oder drei Tage vor der Hochzeit, als Gerald schließlich in einen unruhigen Halbschlaf versunken war, schlüpfte Basil aus der Wohnung. Er hatte kein bestimmtes Ziel; er wollte nur etwas frische Luft schnappen und vielleicht etwas zu fressen aufstöbern, denn in seinem Kummer hatte Gerald ganz vergessen, ihn zu füttern. Zwei Blöcke entfernt stand eine besonders vielversprechende Mülltonne, zu der er schon früher oft einen Abstecher gemacht hatte. Er wollte gerade hinaufspringen und den Deckel hinunterstoßen, um zu erkunden, was für gute Dinge darin lagen – er glaubte Sardinen zu riechen –, da sah er den Mann, der zu seinem großen Ärger die Zuneigung seiner geliebten Caroline gewonnen hatte, in das Haus daneben gehen. Er wußte, daß sein Herrchen das Mädchen anbetete und daß dieser Mann die Ursache von Herrchens Traurigkeit war.

Einer Eingebung folgend, ließ er die Mülltonne sein und lief zu der Tür, durch die Herrchens Feind und deshalb auch sein Feind verschwunden war. Die Tür war fest geschlossen, aber er sah mit einem Blick, daß es einem Kater, der so gelenkig war wie er, nicht schwerfallen würde, sich durch ein halb offenes Fenster im ersten Stock Einlaß zu verschaffen. Nachdem er ein paar Minuten darüber nachgedacht hatte, sprang er lautlos auf eine günstig angebrachte Regenrinne und von dort durch das Fenster. Das Zimmer, in dem er gelandet war, war ein Schlafzimmer, und im Bett lagen zwei Menschen. Sie waren so ineinander und mit den Laken verschlungen, daß er nur einen nackten Arm und ein wohlgeformtes Bein ausmachen konnte und dann ein Gewirr von goldblonden Locken. Gleich darauf hörte das Mädchen auf, mit den Laken zu kämpfen; sie schaute zum Fenster hin und erblickte Basil. »Sieh mal, Monty«, rief sie, »da ist ein Glücksbringer, ein schwarzer Kater. Er muß durchs Fenster reingekommen sein.« Der andere Mensch im Bett hob widerstrebend den Kopf von der Brust des Mädchens. Sein Blick begegnete dem Blick Basils, und sein Gesicht wurde puterrot. »Monty Liebling«, sagte das Mädchen, »warum wirst du so rot? Kennst du den Kater?«

»Natürlich nicht!« sagte Monty finster, »und ich bin auch nicht rot geworden.«

»Doch, bist du«, beharrte das Mädchen. »Du kennst diesen Kater, das steht für mich fest. Warum regst du dich sonst so über ihn auf?«

»Ich versichere dir«, rief der elende Monty und erhob sich aus dem Bett, »ich habe das verdammte Biest in meinem Leben noch nicht gesehen, und jetzt werfe ich es raus.«

»Nein, das tust du nicht«, sagte das Mädchen und sprang auf. Sie sah hinreißend aus in ihrer Nacktheit, und einen Augenblick lang konnte Basil alles sehen, was Monty sehen konnte. Er ließ es zu, daß das Mädchen ihn in die Arme nahm und das Schild auf seinem Halsband las. »Er wohnt hier um die Ecke. Wenn du gegangen bist, bringe ich ihn dahin zurück, wo er hingehört.«

»Mein Gott, Sukie«, rief Monty gereizt, »laß doch den Kater! Er braucht nicht von dir zurückgebracht werden. Sei brav und komm wieder ins Bett. Ich hab nur noch fünf Minuten Zeit, dann muß ich gehen.«

»Weißt du was?« sagte das Mädchen aufgebracht. »Du kannst die fünf Minuten mit dir selber spielen. Ich bin keine schnelle Nummer für dich, mein Lieber.«

»Sei friedlich, Sukie. Ich habe es nicht so gemeint«, sagte Monty schmeichelnd. »Ich wollte doch nur sagen, daß wir nicht viel Zeit haben und ... ach, zum Kuckuck!«

Da er sah, daß keine Aussicht bestand, das Mädchen dazu zu überreden, zu ihm ins Bett zurückzukommen, stand er auf und zog sich an. Als er sich die Krawatte umband, sagte er leichthin: »Gib mir den Kater. Ich bringe ihn nach Hause.«

»Nein«, sagte das Mädchen, das immer noch nackt war, und

drückte den Kater an ihre Brüste, »ich traue dir nicht, Monty. *Ich* bringe ihn zurück. Du machst, daß du in dein Büro kommst. Deine ›Konferenz‹ müßte inzwischen beendet sein, oder? Wir möchten doch nicht, daß Liebling Schwierigkeiten kriegt, nicht wahr?«

Kurze Zeit später klingelte das Mädchen, jetzt in teuren Jeans und einem Männerhemd, das eben jene Attribute zu betonen schien, die es, hätte man annehmen sollen, verbergen sollte, an Geralds Wohnungstür. Gerald war zur Arbeit, aber zufällig kam gerade Caroline die Treppe hinunter. »Wollten Sie zu Mr. Fawnsley?« fragte sie. »Ah, ist das Basil?«

»Sie kennen den Kater?« fragte Sukie. »Ich fand ihn in meiner Wohnung, und ich wollte ihn nach Hause bringen.«

»Wie freundlich von Ihnen«, sagte Caroline. »Er gehört Mr. Gerald Fawnsley, der die Wohnung unter mir hat. Er – ich meine natürlich Basil, nicht Gerald – treibt sich immer irgendwo herum. Ich weiß, Gerald wird sich riesig freuen, daß er wieder da ist. Bringen wir ihn doch hinauf zu mir. Vielleicht haben Sie Zeit für einen Kaffee?«

Die beiden Mädchen gingen in Carolines Wohnung, und Caroline lief in die Küche und setzte den Teekessel auf. Unterdessen sah sich Sukie im Wohnzimmer die gerahmten Photographien auf dem Kaminsims an. Sofort bemerkte sie das Photo von Monty, den der Photograph in dem Augenblick aufgenommen hatte, als er Caroline küßte. Es war Carolines Lieblingsphoto. Als sie ins Zimmer zurückkam, sagte Sukie: »Die Welt ist wirklich ein Dorf! Wie ich sehe, kennen Sie Monty. Wann wurde dieses Photo aufgenommen?«

»Ach, vor einem Monat. Wieso, sind Sie mit meinem Verlobten bekannt?«

»Ihrem Verlobten?« rief Sukie. »Sie müssen sich irren! Monty und ich sind jetzt seit einem Jahr zusammen, und wir wollen nächsten August heiraten.«

Die Kaffeekanne fiel Caroline aus der Hand.

Basil überließ es den beiden, diese Angelegenheit zu klären, und sie merkten nicht, daß er hinausschlüpfte. »Wieder eine Beziehung, die durch mich in die Binsen gegangen ist«, knurrte er in sich hinein. »Ich glaube nicht, daß ich ein Glücksbringer sein kann.«

»Er war nur auf mein Geld aus«, sagte Caroline und schmiegte sich an Geralds Schulter. »Das weiß ich jetzt.«

Es war sechs Monate später, und sie verbrachten ihre Flitterwochen am Gardasee. Am Ende war alles ganz einfach gewesen. Als Gerald nach Hause gekommen war, hatte Caroline tränenüberströmt auf der Treppe vor seiner Wohnung gesessen. Er hatte sie in die Arme genommen und getröstet. Sie erzählte ihm, was Basil getan hatte, und Gerald sagte, der Mann habe ihm noch nie gefallen – er konnte sich nicht dazu überwinden, ihn bei seinem Namen zu nennen. Er sog Carolines Duft ein, als sei es Nektar, und obwohl er wußte, daß es nicht recht war, ihren Kummer auszunutzen, sagte er ihr, er liebe sie, und sie solle lieber ihn heiraten. Sie mußte wissen, überlegte er, daß er sie liebte, sie immer geliebt hatte und immer lieben würde. Er sagte noch vieles andere, aber nichts, das Basil mit anhören konnte, ohne verlegen zu werden.

Caroline erwiderte, sie habe ihn auch immer geliebt, aber nie angenommen, daß ... und dann verschloß er ihr den Mund mit Küssen.

Und so heirateten sie und schwammen in einem Meer von Seligkeit. »Dein Vater hat es schließlich in guter Haltung hingenommen«, flüsterte Gerald, großmütig im Sieg. »Er hätte ja auch Probleme machen können.«

»Ach«, sagte Caroline leise, ich glaube, es war ihm egal, solange er sich nicht um mich kümmern mußte.«

Gerald achtete nicht auf ihre Worte. »Wie wohl Basil ohne uns auskommt?« sagte er und ließ seine Hand über ihren flachen Bauch hinuntergleiten. »Ich nehme an, er macht gerade irgendjemandes Liebesaffäre kaputt.«

Sie drehte sich um und schmiegte sich fester an seine Brust. »Er hat uns zusammengebracht«, sagte sie zärtlich. »Für uns ist er ein Glücksbringer und wird es immer sein.«

Peggy Bacon
Das Kätzchen und sein Schneider

Es war einmal ein junger Lehrling mit blauen Augen und braunem Haar, der schließlich Schneider wurde und mit großer Freude einen eigenen kleinen Laden erwarb mit einer grünen Tür, einem blitzblankgeputzten Fenster und einem richtigen Schild davor in Rot und Gold. Drinnen gab es einen kleinen Raum mit einem Ladentisch und eine noch kleinere Kammer mit einem Regal. Und hierher kam der Schneider an jenem besonderen Tag mit einem Kätzchen und einem Fingerhut; und als er seine Tasse und seinen Teller sowie die Schüssel der Katze auf das Regal gestellt hatte, setzte er sich hin und wartete auf Kundschaft.

Es dauerte nicht lange, bis jemand erschien: Es war ein sehr stattlicher, vornehmer Herr, und das Herz des Schneiders schlug heftig, als er sich hurtig daran machte, seinen ersten Auftrag anzunehmen. Er sollte einen feinen Anzug nähen, aus weißem Satin und mit silberner Spitze, und der Herr bestand darauf, daß diese Aufgabe am übernächsten Tag erledigt sein sollte. Als er gegangen war, setzte sich der Schneider an seine Arbeit, und neben ihm nahm das Kätzchen Platz.

Während sein Herrchen eifrig zuschnitt, spielte das kleine Tier mit dem Fingerhut. Was machte das schon aus, wo der Schneider ihn ja sowieso nicht benutzte? Und als er ihn schließlich brauchte, war der Fingerhut rasch gefunden. Aber nachdem der junge Mann mit dem Nähen angefangen hatte, konnte er nicht umhin, sich zu wünschen, daß das Kätzchen sich nicht ganz so eng an seinen rechten Ellbogen drücken möge, auch wenn das kleine Geschöpf dort offensichtlich saß, weil es ein besonders schmeichelhaftes Interesse an seiner Arbeit hegte.

Hin und wieder streckte es sogar zaghafte eine Pfote in Richtung des langen Fadens, mit dem der Schneider nähte. Aber dem jungen Mann gelang es immer auszuweichen, bis das Kätzchen – ganz plötzlich – einen kleinen Sprung machte, das Garn packte

und so stark daran zog, daß sich die Naht kräuselte, der Schneider sie auftrennen und von neuem beginnen mußte. Da sich das wiederholte, sperrte er das Tier ins Hinterzimmer. Aber das Kätzchen fühlte sich dort so einsam und jammerte so erbärmlich, daß er es wieder hereinließ; allerdings wies er es mit den Worten zurecht: »Crumpet, sei brav!« Daraufhin setzte sich das Kätzchen ein Stück von ihm entfernt hin und blickte wehmütig auf den Faden.
Der Schneider bemerkte die Traurigkeit des Tieres und warf ihm eine leere Garnrolle zu; und während Crumpet spielte, arbeitete der junge Mann eifrig weiter und ließ seine Gedanken zur Bäckerstochter schweifen, die sich aus irgendeinem unerklärlichen Grund weigerte, ihn zu heiraten. Er hatte sie erst am vorigen Tag aufgesucht, denn er hatte gehofft, daß sie seinen Antrag jetzt endlich annehmen würde, wo er doch nun ein richtiger Schneider mit einem neuen Geschäft war – und dazu einem so reizenden. Aber obwohl sie ihm ihre Liebe gestand, lehnte sie immer noch ab, und so machte er sich enttäuscht und verwirrt auf den Heimweg.
Der junge Mann wurde bald von einem Geräusch, das vom Tisch kam, aus diesen Gedanken gerissen. Als er aufschaute, sah er zu seiner äußersten Verärgerung, daß Crumpet eine Rolle mit Seide abgewickelt hatte und dabei war, die Silberspitze durcheinanderzubringen. Dem nun schon beinahe zornigen Schneider mit boshafter Behendigkeit ausweichend, sprang das Kätzchen auf den Ballen mit weißem Satin, schärfte schnell die Krallen daran, drehte sich dann mit entwaffnender Geziertheit auf den Rücken und streckte eine spöttische Pfote nach dem Freund. Aber dieser verschloß sein Herz, öffnete die Ladentür, setzte Crumpet mit aller erdenklichen Sanftheit auf die Straße und kehrte rasch an die Arbeit zurück. Da es ein kühler Tag war, kletterte Crumpet auf das Fensterbrett, miaute traurig und drückte ihr kleines Näschen hilflos an die Scheibe, so daß der Schneider ein schlechtes Gewissen bekam, die Tür aufmachte und das Kätzchen hereinrief, das stürmisch ins Haus sauste, dann jedoch einhielt und sein Gesichtchen putzte. Danach rollte es sich mit dem Anschein von Besserung in einer Ecke zusammen und schlief ein.

Der Schneider betrachtete seine Arbeit. Wegen der ständigen Unterbrechungen war er mit dem Anzug noch nicht weit gekommen; und als er an den Satinballen dachte, der von unartigen Krallen zerstochen und zerrupft dalag, an die hoffnungslos verhedderte Seide und an die zerrissene und zerbissene Silberspitze, mußte er zugeben, daß an diesem Morgen viel Schaden angerichtet worden war. Und da es nun Mittag war, legte er seine Arbeit zur Seite, stellte die Tasse, den Teller und die Schüssel hin und rief Crumpet herbei. Gemeinsam aßen sie ihr Mahl, das aus Brot und Milch bestand, und kehrten dann eilig zur Arbeit zurück: Der Schneider versuchte den Verlust des Vormittags wettzumachen, und das Kätzchen wühlte heimlich in der Kiste mit den Knöpfen, die natürlich bald umkippte, was den armen Mann eine halbe Stunde ärgerlichen Zusammensuchens kostete.

Während des restlichen Tages wurde das Kätzchen viermal aus dem Raum geworfen und dank seiner eindringlichen Proteste viermal wieder zurückgerufen. Seine Missetaten waren unterschiedlicher Natur, denn es verteilte seine Aufmerksamkeit gleichmäßig auf die Garnrollen, die Schere und das Bienenwachs. Es bildete sich offenbar ein, daß letzteres eßbar sei, kaute daran herum und spuckte es schließlich enttäuscht mit viel Husten und Würgen wieder aus, so daß sich der Schneider einige Sorgen um die Luftröhre des Tieres machte. Die Dose mit Nadeln, die der Schneider immer in Reichweite stehen hatte, war bald umgestoßen und der Inhalt weit und breit verstreut. Selbst wenn sechs kleine Kätzchen dagewesen wären, hätten die Nadeln nicht auf weiterem Raum verteilt sein können, denn der Schneider fand sie in den entferntesten Winkeln.

Es ist schwierig, ein molliges kleines Kätzchen zu bestrafen. Und dieses Kätzchen ist ein Waisenkind! so dachte der Schneider voller heftigem Mitgefühl. Am Ende des Tages war er sehr mutlos und das Kätzchen nicht allzu sehr bestraft worden. Da sich die Vorfälle des ersten Tages am darauffolgenden wiederholten, kann man sich leicht vorstellen, daß der Anzug nicht einmal annähernd fertig war, als der feine Herr ihn abholen wollte. Alle Entschuldigungen waren umsonst; Beschimpfungen prasselten auf den armen Schneider nieder, und der Auftraggeber stürmte davon.

An jenem Abend stellte sich der junge Mann ernsthaft den Tatsachen und beschloß, die Absicht aufzugeben, ein Schneider sein zu wollen; und da ein Krämerladen ein angenehmer Platz für ein Kätzchen ist, denn es ist warm dort und gibt immer etwas zu erleben, beschloß er, Kaufmann zu werden. Um diesen Vorsatz in die Tat umzusetzen, suchte er seinen Onkel auf, dem ein großes Lebensmittelgeschäft eine Straße weiter gehörte. »Großartig!« rief der alte Mann aus, als er von dem Plan des Schneiders hörte. »Ich habe schon lange nach einem Kompagnon für meinem Betrieb gesucht, und wer wäre dazu besser geeignet als mein eigener Neffe?«

Und so wurde aus dem jungen Schneider ein junger Krämer, und das Kätzchen und er lebten von da an in jenem Laden. Da die beiden Käse sehr gerne mochten, versöhnten sie sich schnell mit diesem Wechsel, und sie führten in der Tat ein sehr behagliches Dasein. Crumpet schlief auf den Mehlsäcken, am sonnigen Fenster oder in seinem weichen Körbchen hinter dem Ofen und entwickelte bald eine Vorliebe für getrockneten Fisch. Es gab viele Kartoffeln und Walnüsse, mit denen das Kätzchen spielen konnte, und als es älter wurde, lernte es Ratten und Mäuse zu schätzen.

Was den Schneider oder besser gesagt den Krämer betraf, so nahm er bald all seinen Mut zusammen, um noch einmal um die mollige Hand der Bäckerstochter anzuhalten, und zu seiner großen Freude wurde sein Antrag dieses Mal nicht abgewiesen. »Jetzt, wo du ein Kaufmann bist, mein Liebling«, rief sie aus, »habe ich überhaupt keine Einwände; aber ich würde niemals einen Schneider heiraten. Dazusitzen wie ein Türke ist würdelos und barbarisch, und ich habe gehört, daß man davon krummbeinig wird.« Und so wurden sie Mann und Frau.

Mark Twain
Dick Baker und sein Kater

Einer meiner Kameraden dort – auch so ein Opfer von achtzehn Jahren unbelohnter Plackerei und vernichteter Hoffnungen – war eines der sanftesten Gemüter, die je in öder Verbannung geduldig ihr Kreuz getragen haben: der gesetzte und schlichte Dick Baker, Nestergräber von Dead-House Gulch. Sechsundvierzig Jahre alt, grau wie ein Ratz, ernst, beschaulich, mit dürftiger Bildung, schlampig gekleidet und lehmbeschmiert, sein Herz aber aus edlerem Metall als alles Gold, was seine Schippe zutage förderte – ja als alles, was jemals gewonnen oder geprägt worden ist.

Immer wenn er eine Pechsträhne hatte und ein bißchen niedergeschlagen war, fing er an, um den Verlust einer wunderbaren Katze zu trauern, die er einmal besessen hatte (denn wo keine Frauen und Kinder da sind, halten sich gutherzig veranlagte Männer Schoßtiere, weil sie irgend etwas liebhaben müssen). Und immer sprach er von der merkwürdigen Klugheit jener Katze, und er tat dies mit der Miene eines Mannes, der im geheimsten Innern glaubte, daß sie etwas Menschliches – vielleicht sogar Übernatürliches – an sich gehabt hätte.

Ich hörte ihn einmal von diesem Tier erzählen. Sagte er:

»Wissen Sie, ich hab hier mal 'ne Katze gehabt, die hieß Tom Quarz, die hätte Ihnen vielleicht interessiert, meine ich – hätte fast jeden interessiert. Hab ihr hier acht Jahre gehabt – die phantastischste Katze, die *ich* jedenfalls gesehn hab. War 'n großer grauer Kater, mein Tom Quarz, mit mehr Menschenverstand wie jeder hier im Camp und *würdig* – hätte sich nich mal von unsern hohen Gouverneur vertraulich kommen lassen. Sein ganzes Leben lang hat er keine Ratte nich gefangen – war ihm nich fein genug. Ihn hat nischt weiter reizen können wie 's Goldgraben. Da wußt er mehr drüber, dieser Kater, wie alle Leute, die ich überhaupt kennen tu. Übers Seifengraben konnte ihm keiner mehr was vormachen – und für Nester, Mann, dafür war er richtiggehend geboren. Hat hinter mir und Jim hergebuddelt, wenn wir über die Hügel schürfen waren, und is ganze fünf Meilen hinter uns hergetrottet, wenn wir so weit gegangen sind. Und hat den allerbesten Riecher gehabt für Boden mit was drin – so was haben Sie einfach noch nich gesehn. Haben wir denn mit der Arbeit angefangen, hat er rumgeäugt, und wenn er von den Anzeichen nich viel gehalten hat, hat er geguckt, wie als ob er sagen will: ›*Mich* müßt ihr schon entschuldigen‹, und hat denn ohne jedes weitre Wort die Nase hochgenommen und is abgeschoben und nach Hause. Hat ihm der Boden aber gefallen, hat er abgewartet und keinen Mucks gesagt, bis die erste Pfanne ausgeseift war, und denn is er anscharwänzelt gekommen und hat sich's angeguckt, und hatten wir so Stücker sechs bis sieben Goldkörner drin, war er zufrieden – 'ne bessere Schürfe wollte er gar nich –, und denn hat er sich auf unsre Jacketts hingehaun und wie 'n Dampfschiff geschnarcht, bis wir aufs Nest gestoßen sind, und is denn aufgestanden und hat Aufsicht geführt. Im Obersteigern war er schon beinah ganz große Klasse.

Na ja, und denn kam das Gewese mit dem Quarzbau. Sind alle rein versessen drauf gewesen, haben sich alle mit der Picke und Sprengpulver rangemacht, statt auf 'm Hang zu schippen – haben alle ihrn Schacht gebohrt, statt über Tage zu kratzen. Jim ließ keine Ruhe mehr, wir sollten's auch mal mit Adern probiern, und das haben wir denn. Haben uns an einen Schacht gemacht, und Tom Quarz, der hat sich vielleicht gewundert, was in drei Teufels Namen das nu alles bedeuten sollte. So 'ne Art Bergbau hatte er doch noch nie gesehn, und er war reineweg durchnander, es ging ihm irgendwie nich ein, war ihm einfach zu hoch. Hat ihm gestunken, kann ich Ihnen sagen, hat ihm mächtig gestunken – hat's wohl für den reinsten Kokulores gehalten. Aber dieser Kater war schon von früher her gegen alle neumodschen Einrichtungen – die konnt er irgendwie nich ausstehn. Sie wissen ja, wie das mit alte Gewohnheiten so is. Langsam hat sich Tom Quarz denn aber doch 'n bißchen mit ausgesöhnt, bloß hat er nie völlig verstanden, warum nu immerzu Schacht gebohrt und gar nichts mehr ausgeseift wurde. Zuletzt is er auch selber runter in Schacht gekommen, um sich die Sache zu beschnuppern. Und wenn er mal miesepetrig war und niedergeschlagen und verärgert und sauer – denn er wußte doch, daß wir immer tiefer in die Kreide gerieten und keinen einzigen Cent machten –, da hat er sich in der Ecke auf einen Jutesack zusammgerollt und sich ausgepennt. Wie nu eines Tages der Schacht seine zirka acht Fuß tief war, wurde das Gestein so knochenhart, daß wir sprengen mußten – das erstemal in Tom Quarz sein Leben. Und da haben wir denn die Lunte angezündet und sind raus und fünfzig Schritt weit weg – und haben Tom Quarz vergessen und auf dem Sack weiterschlafen lassen. Nach ungefähr 'ne Minute sehn wir aus dem Loch 'ne Rauchwolke rauspuffen, und denn is alles mit furchterbaren Krach losgegangen, und zirka vier Millionen Tonnen Felsen und Erde und Rauch und Splitter sind anderthalb Meilen hoch in die Luft geballert, und weiß der Kuckuck genau mitten mang olle Tom Quarz! Und schießt wie wahnsinnig Kobolz und schnaubt und niest, und haut um sich und will sich wo festkrallen. Half bloß nich, wissen Sie, half überhaupt nich. Und denn haben wir zweinehalbe Minute lang nichts mehr von ihm gesehn, und auf einmal hat's Steinbrocken und Dreck geregnet, und denn plumps! is er runtergekommen, ungefähr zehn Fuß weit ab von da, wo wir standen. Na, der sah aus wie das gewöhnlichste Viech, was Ihnen je übern Weg gelaufen is. Das eine Ohr hinten am Genick und den Schwanz verbogen und die Wimpern versengt und er ganz schwarz von Pulver und Rauch und mit Dreck beschmiert und von oben bis unten mistig. Also, ich sag Ihnen, sich entschuldigen wollen war sinnlos – kein Wort brachten wir raus. Hat er erst sich selber und denn uns angeguckt, ganz empört, so als ob er sagen wollte: ›Ihr kommt euch wohl sehr schlau vor, was, 'ne Katze so reinzulegen, die mit Quarz noch keine Erfahrung hat, aber ich denk da anders drüber!‹, und denn machte er kehrt und zog ab nach Hause, ohne noch weiter was zu sagen.

Das war genau seine Art. Und Sie werden's vielleicht nich glauben, aber was der hinterher für 'n Vorurteil gegen Quarzbau hatte, das war bei 'ner Katze einfach einmalig. Und wie er denn nach und nach doch wieder runter in Schacht gegangen is, da hätten Sie gestaunt, wie schlau er da war. Den Moment, wo wir 'ne Sprengung loslassen wolln und die Lunte anfängt zu knistern, guckt er als wie: ›*Mich* müßt ihr schon entschuldigen‹, und nischt wie raus aus 'm Loch und rauf auf 'n Baum. Klugheit? Gar kein Ausdruck. Schon mehr höhere Eingebung!«

Ich sagte: »Diese Eingenommenheit gegen den Quarzbau ist wirklich erstaunlich, Mr. Baker, wenn man bedenkt, wie er sie sich geholt hat. Konnten Sie ihn denn nie davon heilen? »

»Ihn *heilen*? Ach herrje! Wenn Tom Quarz erst einmal gegen was war, denn war er immer dagegen – und da hätten Sie ihn dreimillionenmal in die Luft sprengen können, sein verdammtes Vorurteil gegen Quarzbau hätten Sie nich aus ihm rausgekriegt, nein, aus ihm nich.«

Die Liebe und der Stolz, die Bakers Gesicht erhellten, wenn er der Standhaftigkeit seines einstigen ergebenen Freundes Tribut zollte, wird mir immer lebendig in Erinnerung bleiben.

Ann Granger
Der Geist vor dem Kamin

Zu Beginn des Frühjahrs, an einem Montag, zogen sie in das Haus ein. Der Kater erschien am Morgen des darauf folgenden Samstags. Als Margot die Küchentür öffnete, drängte sich ein dunkler Schatten tief geduckt an ihr vorbei und flitzte unter den Küchentisch. Sie erschrak und schrie auf.

»Was zum Teufel –?« brüllte Duncan und jagte das Tier rund um den Tisch. Der Kater bewegte sich blitzschnell zwischen Duncans Füßen und den Füßen der Möbel hin und her, bis Duncan stolperte, hinfiel und sich das Knie aufschlug. Er fing an zu fluchen, mit Worten, die Margot überraschten. Für gewöhnlich war er, was seine Wortwahl betraf, nicht besonders einfallsreich.

Schließlich entwischte der Kater durch die Küchentür ins Freie.

»Armer Kerl. Du hast ihn erschreckt!« sagte Margot vorwurfsvoll.

»Gottlob!« erwiderte Duncan gehässig und rieb sich sein verletztes Knie.

Während der Jagd war der Haferflockenbrei fest zusammengeklumpt und der Speck auf dem Grill angebrannt. Das war kein guter Wochenendanfang. Aber es war, überlegte Margot, während sie den Haferflockentopf ausscheuerte, einfach der Ausgleich. Sie hatte nicht in dieses abgelegene Haus einziehen wollen. Ein gottverlassener Waldwinkel war das hier, so kam es ihr vor, wo sich bestimmt keine Seele finden würde, mit der man ein paar Worte wechseln konnte. Sie schlug mit dem Topf unnötig heftig gegen die Wand des Abwaschbeckens.

Der Kater war nicht fortgelaufen. Den Blick auf das Haus gerichtet, kauerte er im Nieselregen unter der Dachtraufe der aus Stein gebauten Scheune, die zusammen mit einer anderen Scheune zu dem Grundstück gehörte.

Vom Fenster her fragte Margot: »Woher mag er wohl kommen?«

Duncan, der mit Hammer und Nägeln herumstampfte, knurrte: »Ist mir egal. Jag das Biest einfach weg!«

»Er ist kein Biest«, sagte sie. »Er ist ausgesprochen hübsch.«

Tischlern war Duncans Hobby, und ein neues Heim bot ihm reichlich Gelegenheit, sich dieser geliebten Beschäftigung hinzugeben. Mit Leidenschaft baute er Regale, gleichgültig, ob neue Regale gebraucht wurden oder nicht, und zeigte sich erst zufrieden, wenn jede vorhandene Wand voller Kiefernholzbretter war. Margot wies darauf hin, daß die Regale Staubfänger seien und man ihretwegen die Möbel nicht so aufstellen konnte wie in ihrer alten Wohnung. Aber er hörte nicht auf sie.

Als der Regen vorüber war und Hämmern in einiger Entfernung anzeigte, daß ihr Mann vollauf beschäftigt war, ging Margot hinaus zu dem Kater und machte freundliche Annäherungsversuche.

Der Neuankömmling war eindeutig ein Kater-Abenteurer. Er war kohlrabenschwarz, ohne ein einziges weißes Haar, voll entwickelt und kräftig. Wenn er einen Fehler hatte, so den, daß sein Kopf sonderbar geformt war, breit und flach, und seine kleinen Ohren zu beiden Seiten seines Gesichts weit abstanden, wie die Griffe an einem Henkeltopf. Zum Ausgleich hatte er prachtvolle topasfarbige Augen, die sich leuchtend von seinem tiefschwarzen Fell abhoben.

Ansonsten befand er sich in einer bemitleidenswerten Verfassung. Das Fell war verfilzt, er hinkte, und es hatte den Anschein, als habe er als wilde Katze im Freien gelebt.

Den ganzen Tag über versuchte er immer wieder, ins Haus zu gelangen, und ging dabei zunehmend erfinderischer und verzweifelter vor. Gegen vier Uhr saßen Margot und Duncan im Wohnzimmer und tranken ihren Tee. Duncan hatte gerade gesagt: »Ich könnte Regale zu beiden Seiten dieses Kamins aufstellen ...«, da schreckten sie hoch: scharfe Krallen kratzten quietschend über Glas.

Duncan fuhr fast aus der Haut. Ein schwarzer Schatten glitt durch das offene Oberlicht und landete mit dumpfem Aufprall auf dem Fußboden. Von einer leeren Umzugskiste, die draußen an der Hauswand vor dem Fenster stand, war der Kater kühn hochgesprungen, hatte sich am Fensterrahmen festgekrallt und durch die enge Öffnung gezwängt.

Es gab eine neue Verfolgungsjagd, bei der ein viktorianischer Kartentisch, der Duncans Großmutter gehört hatte, umgeworfen und leicht beschädigt wurde.

Der Kater wurde wieder hinausgejagt. Er zog sich unter die Scheunentraufe zurück und belagerte die Hintertür.

Schließlich bekam Margot Mitleid mit ihm. Sie suchte in der Speisekammer nach etwas, was einer Katze schmecken konnte, und während Duncan für zusätzliche Einlegebretter im Wäscheschrank Maß nahm, ging sie mit einer Untertasse voll Thunfisch hinaus. Der Kater beobachtete sie argwöhnisch, aber er roch den Fisch. Als sie die Untertasse vor ihn hinstellte, rieb er sein nasses Fell an ihrem Bein, bevor er die Spende näher untersuchte. Dann fraß er alles bis auf den letzten Rest auf. Margot war albern glücklich, wie eine Mutter, deren Baby gerade etwas Neues gelernt hatte.

»Wenn ich doch bloß wüßte, woher du kommst«, sagte sie zu ihm.

Er schenkte ihr einen flüchtigen Blick und begann sich zu putzen. Er machte nicht mehr den Eindruck, als sei er verzweifelt, und er hatte etwas Beharrliches an sich, wie er da saß und seine Barthaare blankrieb. Woher er auch immer gekommen sein mochte, jetzt hatte er offensichtlich die Absicht hierzubleiben.

Die nächsten paar Tage trieb sich der Kater draußen herum. Duncan fluchte über ihn und schleuderte gelegentlich ein Wurfgeschoß nach ihm, dem er jedesmal geschickt auswich. Bei ihrem nächsten Einkaufsausflug kaufte Margot Katzennahrung und fütterte ihn damit hinter Duncans Rücken. Der Kater kannte sie jetzt, und wenn er sie kommen sah, lief er ihr entgegen und stieß dabei zirpende Begrüßungslaute aus. Sie nannte ihn »Miez«, weil ihr kein anderer Name einfiel. Sie hatte nie eine Katze gehabt. Duncan verabscheute die Vorstellung, Tiere im Haus zu halten.

Es geschah immer nur das, was Duncan wollte. Wie dieser Umzug ins Hochland. Sie war in Perth ganz zufrieden gewesen. Aber dann hatte Duncan dieses einstige Bauernhaus gekauft und die Nebengebäude, die alle aus Stein waren, in Garagen verwandelt. Das Haus lag zwischen Pitlochry und Aberfeldy, und er verkündete, trotz der langen Autofahrt werde er immer zwischen hier und Perth hin und her pendeln.

Und all das, wohlgemerkt, ohne mit einem Wort nach ihrer Meinung zu fragen. Offenbar kam ihm nie der Gedanke, daß er Margot damit von allen ihren Freunden trennte, von den vielen karitativen Einrichtungen, für die sie tätig gewesen war, von den Läden, die sie kannte, und jeglicher Form von Unterhaltung, und sie hier in einem Niemandsland aussetzte. An Wochentagen war sie völlig allein, die ganze Zeit nach dem Frühstück, wenn er zur Arbeit fuhr, bis zum Abendessen, wenn er zurückkehrte. Sie konnte mit dem Auto in eine der zwei benachbarten Städte fahren, aber die waren beide nicht groß, und mehr als eine Stunde konnte man kaum in ihnen verbringen.

In der nächsten Woche saß der Kater fast jede Nacht auf dem Scheunendach und schrie klagend. Die umgebenden Hügel nahmen das Geschrei auf und warfen es als unheimliches Echo zurück; manchmal klang es wie das Gebrüll eines Babys, das Schmerzen hatte, und manchmal leise und unheilverkündend, als wäre ein Wesen aus der Vorzeit auferstanden und wollte erkunden, wer da den Schlaf von Jahrhunderten störte.

»Nun hör dir das an!« knurrte Duncan und schlug mit der Faust auf die Kissen. »Wie ein verdammter Todesbote!«

Margot stieg aus dem Bett und trat ans Fenster. Der Himmel war bedeckt, aber während sie hinausspähte, zeigte sich ein blasserer, tintenblauer Fleck, der immer heller wurde, und dann glitt die Wolkendecke zur Seite und gab einen totenbleichen Mond frei. In dem fahlen Licht glaubte sie, eine kleine Gestalt zu erkennen, die auf dem Dachfirst kauerte.

»Er möchte ins Haus«, sagte sie.

»Nur über meine Leiche!« erwiderte ihr Gatte aus dem Bett hinter ihr.

Am nächsten Morgen, als Margot dem Milchmann auf der Türschwelle die Wochenrechnung bezahlte, kam der Kater um die Hausecke geschlichen.

Der Milchmann, ein junger Mann mit glattrasiertem Kopf und einem Ohrring, sagte: »Hallo, Hamish! Ich sehe, sie haben dich hier zurückgelassen!«

»Sie kennen ihn?« rief Margot.

»Aber ja. Es ist der Kater von Mrs. Frayne, der Dame, die vor Ihnen hier gewohnt hat.«

»Aber sie ist doch weit weg gezogen! Und trotzdem hat er den Weg hierher zurückgefunden!« Margot blickte den Kater staunend an.

»Katzen sind schlau«, befand der Milchmann.

»Also gut, schreib ihr«, befahl Duncan. »Schreib ihr, das Tier sei hier bei uns, und wir werden es in einen Korb setzen und ihr per Bahn zuschicken.«

Margot schrieb. Mrs. Frayne schrieb zurück: sie sei froh, daß es Hamish gut gehe. Sie habe sich Sorgen gemacht. Er sei innerhalb von vierundzwanzig Stunden aus seinem neuen Heim fortgelaufen. Es habe wohl keinen Zweck, ihn zurückzuschicken; er würde nur wieder fortlaufen. Habe seine Anhänglichkeit an sein altes Heim nicht eine Belohnung verdient? Würden sie ihn vielleicht übernehmen wollen?

»Nein!« fauchte Duncan. »Eine Unverschämtheit von diesem Weib!«

Da hörte sich Margot mit lauter, fester Stimme sagen: »Ich würde ihn gern behalten. Er kann mir Gesellschaft leisten, wenn du weg bist. Ja, ich glaube, ich werde ihn behalten.«

Duncan starrte sie überrascht an. Sie widersprach ihm so selten! Diesmal verriet ihm ein neuer Ton in ihrer Stimme, daß sie fest entschlossen war.

»Na schön«, sagte er widerwillig. »Aber sorg dafür, daß er mir nicht in die Quere kommt.«

Duncan hätte sich keine Sorgen zu machen brauchen, daß Hamish ihm je zu nahe kam. Der Kater hielt sich konsequent von ihm fern. Wenn Duncan das Wohnzimmer betrat, erhob sich Hamish von seinem Lieblingsplatz vor dem breiten steinernen Kamin und stolzierte hinaus, zitternd vor Mißbilligung. Wenn er gezwungen war, sich in einem Raum mit Duncan aufzuhalten, kauerte er sich zusammen und rührte sich nicht; nur die äußerste Spitze seines langen schwarzen Schwanzes zuckte von Zeit zu Zeit, als schicke verhaltene Wut eine elektrische Ladung durch sein Rückgrat.

Hamishs Anwesenheit veränderte Margots Leben. Sie sprach mit ihm, wie sie es mit einem Menschen getan hätte. Jeden Morgen gegen elf Uhr nahmen sie ein zweites Frühstück zusammen ein: Margot trank Kaffee, und Hamish bekam eine Untertasse voll Milch. Sie hatte immer Magermilch gekauft, weil Duncan wegen seines Cholesterinspiegels besorgt war, doch Hamish machte sich nichts aus Magermilch; also kaufte Margot von nun an einen Liter Vollmilch pro Woche, allein für Hamish.

Sie kaufte sich auch ein Buch »Wie pflegt man seine Katze«. Zu ihrem Schrecken sprach sich der Autor strikt dagegen aus, Katzen Milch zu geben. Er betonte, Milch sei ein Nahrungsmittel, nicht etwas zum Trinken, und als Katzennahrung unbekömmlich. Ausgewachsenen Katzen durfte man nach seiner Ansicht überhaupt keine Milch vorsetzen.

Margot las den betreffenden Abschnitt Hamish laut vor. Er saß auf einem Stuhl ihr gegenüber, zwischen ihnen der Küchentisch, sah sie mit seinen topasfarbenen Augen an und hörte ihr zu. Als sie fertig war, warf er einen müden Blick auf das Buch, und seine Barthaare sträubten sich. »Der hat vielleicht eine Ahnung von Katzen!« schien er zu sagen. »Und so was nennt sich nun Fachmann!«

Der Sommer ging vorüber. Margot vergaß Perth und ihren Groll darüber, daß man sie aus ihrem früheren Heim vertrieben hatte. Sie verstand allmählich Hamishs Anhänglichkeit an dieses Haus.

Es war sehr alt und aus grauem Granit, in dem, wenn man genau hinsah, schieferblaue und rosa Einsprengsel schimmerten.

Der große Kamin, vor dem Hamish so gerne lag und döste,

hatte immer noch einen Eisenhaken, an dem in früheren Zeiten ein Kessel gehangen hatte. Die Ziegel an der Rückwand waren so schwarz wie Hamishs Pelz von zweihundert Jahren sengender Flammen.

Unter den Steinfliesen solcher Kamine hatten in alten Zeiten die Hausgeister gewohnt. Der Ursprung dieses Aberglaubens liegt im Dunkeln. Vielleicht war der Geist ein Feuergott. Oder eben nur eine Hausgottheit, wie sie vom antiken Rom bis zum Fernen Osten angebetet wurde. Aber er wachte aufmerksam über sein Reich und konnte nicht von ihm getrennt oder vertrieben werden. Jeder neue Hausbesitzer mußte ihn erst mit kleinen Opfergaben in Gestalt von Essen und Trinken günstig stimmen. Wenn man das versäumte, zog Unglück ins Haus ein, denn der Geist wurde, wie es seinem heftigen, hitzigen Wesen entsprach, sehr leicht zornig.

Vielleicht verschmolz die Erinnerung an den Hausgeist irgendwann mit der Sage vom Heiligen Nikolaus. Noch heute stellen Kinder in freudiger Erwartung Hackfleischpasteten und Gläser voll Sherry als Gabe für den Nikolaus hin, der in seinem leuchtend roten Mantel am Weihnachtsabend durch den Kamin das Haus betritt und die belohnt, die ihm treu sind.

Was die hölzerne Wendeltreppe des Hauses betraf, so knarrte und quietschte sie vor Alter. Ihr Geländer hatten zahllose Hände blank gerieben, und ihre Stufen waren ausgetreten und uneben.

»Das muß alles neu gemacht werden«, sagte Duncan mit irrem Funkeln in den Augen.

»Untersteh dich!« rief Margot.

Sie vertrat in diesen Tagen immer energischer ihren Standpunkt, und das verwunderte ihn offensichtlich.

Auf dem obersten Treppenabsatz stand ein alter Schrank. Über dem Türrahmen las man in Messingzahlen das Datum 1788. Mrs. Frayne hatte ihn nicht mitgenommen, weil er, wie sie sagte, bereits bei ihrem Einzug dort gestanden hatte und, so – weit sie wußte, immer zum Haus gehört hatte. Oben auf dem Schrank war einer von Hamishs Lieblingsplätzen. Er gelangte hinauf, indem er zuerst auf den Geländerpfosten am oberen

Ende der Treppe und dann auf den Schrank sprang, wo Margot eine alte Decke für ihn hingelegt hatte.

Manchmal gingen sie und Hamish in der warmen Sonne zusammen spazieren, stiegen den steilen Pfad neben dem rauschenden, plätschernden Bach empor. Große Felsbrocken, die bereits zahllose Jahrhunderte erlebt hatten, waren von oben heruntergerollt und lagen nun überall verstreut. Dichtbelaubte Bäume verdeckten den Himmel. Würdevoll und in sicherem Abstand vom Wasser stolzierte Hamish ein Stück hinter ihr. Wenn sie jemandem begegneten – vor allem jemand mit einem Hund –, kletterte er auf den nächsten Baum, bis der Fremde vorüber war. Die Hunde machten respektvoll einen Bogen um den Baum und um Hamish, sehr oft ängstlich und mit schlaff herunterhängendem Schwanz. Nur die Tapfersten wagten es, nervös zu bellen – so groß war die Macht von Hamishs unheimlichen topasfarbenen Augen.

Als der Herbst näherrückte, zeigten die Bäume wundervolle Farben: tiefes Rot, blasses Orange und Goldbraun. Die Pracht ringsum war so groß, daß Margot jeden Morgen, wenn sie aus dem Bett stieg, das Fenster aufstieß und einfach dastand und das alles bestaunte.

Ihr wurde bewußt, daß sie sich zum ersten Mal in ihrem Leben verliebt hatte. Sie war verliebt in dieses alte Haus, in die Berge und Wälder, die es umschlossen, in alles. Sie liebte es viel mehr, als sie je Duncan oder irgend etwas anderes geliebt hatte. Sie wollte nie wieder von hier weg. Sie gehörte hierher, so wie Hamish sich hierher gehörig fühlte. Sie und der Kater, beide zusammen.

Aber irgend etwas ging vor. Den ganzen Sommer lang war irgend etwas vorgegangen. Um ganz ehrlich zu sein: es hatte angefangen, bevor Margot und Duncan aus Perth weggezogen waren, doch Margot hatte die Zeichen ignoriert.

Immer öfter blieb Duncan noch spät in Perth »im Büro«. Aber immer, wenn sie anrief, um zu fragen, wie sie es mit dem Abendessen halten solle, kam nur die Putzfrau an den Apparat und sagte, alle seien längst gegangen.

Dann rief Duncan immer öfter am späten Nachmittag an und teilte ihr mit, er würde am Abend nicht nach Hause kommen. Er habe soviel Arbeit, daß er nicht weg könne, und es sei vernünftiger, über Nacht im Büro zu bleiben und erst am nächsten Abend heimzufahren.

Das nächste war, daß er sich ein paar teure Hemden und zwei oder drei ziemlich auffällige Krawatten kaufte. Früher hatte er dezente Farben und Muster bevorzugt. Er legte sich auch ein parfümiertes Rasierwasser zu.

An den Wochenenden joggte er. Dafür kaufte er sich einen königsblauen Trainingsanzug mit einem weißen Blitz auf der Bluse. In diesem auffallenden Dress lief er in großen, voluminösen weißen Trainerschuhen keuchend die Hügel hinauf und hinunter und kehrte dann mit erschreckend rotem Gesicht und schweißüberströmt zurück.

»Ich muß in Form bleiben!« sagte er. Aber er sagte nicht warum.

Nach ein paar mit Joggen verbrachten Wochenenden schwollen seine Knöchel an, und seine Schienbeine schmerzten. Montag früh konnte er nur noch zum Auto hinken. Margot und Hamish sahen schweigend zu.

Und dann kamen die Telefonanrufe. Sie kamen, wenn Duncan zu Hause war, und immer stürzte er (oder hinkte sehr schnell, je nach seinem physischen Zustand) zum Apparat, bevor Margot dort anlangte. Wenn sie vor ihm den Hörer abnahm, legte der Anrufer auf, sobald sie »Hallo?« sagte.

»Hamish«, sagte sie eines Morgens über den Küchentisch hinweg zu dem Kater, »man kann nicht ewig blind und taub sein. Er hat eine andere.«

Hamish zwinkerte mit seinen Topasaugen und sah sie aufmerksam an.

»Wie lange geht das schon, frage ich mich? Sicher schon eine ganze Weile, das sollte mich nicht wundern. Darum hat er mich hierher verschleppt, so weit weg von Perth! Damit ich hier festsitze und er sich ungestört amüsieren kann! Ich nehme an, sie ist jung und hübsch. – Aber was um Himmels willen sieht sie in ihm?« setzte sie nachdenklich hinzu.

Schließlich war er ein ziemlich sturer Charakter, und soviel sie wußte, war Tischlern seit je seine einzige Leidenschaft. Vielleicht aber war er bei seiner neuen Freundin ganz anders, unterhaltsam und aufregend. Schwer vorstellbar. Aber andererseits, vielleicht sollte sie sich darüber nicht wundern.

Sie war sechsundvierzig. Manchen Frauen sah man ihr Alter nicht an, aber sie hatte immer so alt ausgesehen, wie sie tatsächlich war. Sogar als Kind war sie immer ein oder zwei Jahre älter geschätzt worden. (»Erst fünf? Und so – so ein hübsches kleines Mädchen!«) Die Brille verbesserte ihr Aussehen auch nicht gerade.

Sie war immer kurzsichtig gewesen. Sie hatte es mit Kontaktlinsen versucht, war damit aber nicht zurechtgekommen. Elegante Kleider sahen bei ihr nach nichts aus, und deshalb blieb sie bei Röcken und Pullovern. Das war es. Frau in mittleren Jahren, Brillenträgerin und nicht hübsch.

»Und nun auf dem Abstellgleis!« ließ sie den Kater wissen. »Ausrangiert für ein neueres, schickeres Modell, Hamish!«

Hamish sah sie an, als wolle er Protest erheben.

»Nein, ich weiß, was du denkst«, sagte Margot, »aber du irrst dich. Es macht mir nichts aus, daß Duncan mich häßlich findet. Soll sich der alte Bock doch zum Narren machen. Ich will ihn eigentlich gar nicht. Ich will nur mein Heim, dies Haus hier, und wenn ich nicht aufpasse, werde ich es verlieren. Und du, Hamish, ebenfalls. Wir beide. Dann können wir zusehen, wo wir bleiben.«

Bei diesen Worten senkte Hamish seine recht kleinen und sonderbar am Kopf sitzenden Ohren und sah verärgert aus.

Aber sie hatte ihm die Wahrheit gesagt. Sie schwebte in Gefahr, das einzige zu verlieren, was sie leidenschaftlich liebte: das Haus. Sie besaß kein eigenes Geld. Sie hatte keine berufliche Karriere aufzuweisen, weil Duncan nicht gewollt hatte, daß sie arbeitete. (Eine Frau, die Erfolg im Beruf hatte, das war ihr zu spät aufgegangen, hätte er als Bedrohung für sein Ego empfunden.) Sie hatten keine Kinder. Alles gehörte Duncan.

Wenn ihre Ehe geschieden wurde, würde das vorhandene Geld, so vermutete sie, geteilt werden, aber wie sie Duncan kannte, würde er alles so drehen, wie es für ihn vorteilhaft war. Er war, verdammt noch mal, Anwalt. Selbst wenn sie ihn dazu überreden könnte, ihr das Haus zu überlassen, würde sie es sich nicht leisten können, darin wohnen zu bleiben. Man nehme nur die Heizkosten und die Kosten für die Instandhaltung! Und sie war auch auf ihren kleinen Wagen angewiesen in einer so abgelegenen Gegend, wo die Busse so selten fuhren. Bald würde der Winter einbrechen und alles tief verschneit sein. Dann wäre sie wirklich von der Welt abgeschnitten.

»Wenn das Wetter schlecht wird, kriegt er es sicher satt, dauernd zwischen Perth und hier hin und her zu pendeln. Dann wird er hier ausziehen«, sagte sie zu dem Kater. »Wir müssen rechtzeitig etwas tun, Hamish!« Aber sie wußte wirklich nicht, was das sein könnte.

Inzwischen brachte sie das alte Haus auf Hochglanz, wienerte blank und wischte Staub. Das leidenschaftliche Verlangen, es zu behalten, wurde immer stärker in ihr. Sie wollte es nicht loswerden, um keinen Preis!

Das Telefon klingelte weiterhin dann und wann, und wenn sie den Hörer abnahm, wurde stets aufgelegt, wie zuvor. Duncan, Gott stehe ihm bei, kaufte sich ein Paar Jeans.

Er lehnte es auch ab, rotes Fleisch zu sich zu nehmen, und kaute zum Frühstück knirschend Knäckebrot anstatt Toast.

»Das tut er, Hamish«, sagte Margot zu dem Kater, »damit er in die Jeans paßt! Wenn er so weitermacht, ist sie sein Tod!«

Hamish gähnte ausgiebig, schob den Unterkiefer vor und die Oberlippe zurück, so daß nadelscharfe Zähne und eine rosa Zunge sichtbar wurden. Es war ein kätzisches Hohnlächeln, wie sie es noch nie gesehen hatte.

Eines Morgens, als die Luft schon empfindlich kalt war, erzählte ihr der Milchmann, daß nachts im Hochland Schnee gefallen war. Der Winter war im Anmarsch.

Duncan verkündete, er müsse zum Wochenende zu einer Geschäftskonferenz nach Edingburgh fahren. Als Margot am Freitag morgen ins Schlafzimmer ging, packte er gerade seine bunten Krawatten und die Jeans ein.

Sie hatte ihn nicht anklagen wollen, weil sie keine stichhaltigen Beweise hatte. Aber jetzt – vielleicht machte es der Anblick dieser hoffnungslos unpassenden Kleidungsstücke – konnte sie nicht mehr an sich halten. Es schoß alles aus ihr heraus. Sie sagte, sie wisse, daß er eine andere habe.

Er versuchte gar nicht, das abzustreiten. Mit prahlerischer Fröhlichkeit gab er zu, daß das stimme. Sie heiße Fiona. Sie sei noch nicht lange mit ihrem Jurastudium fertig, ein kluges Mädel und so charmant. All das erzählte er Margot mit lächelndem Stolz, der sowohl abstoßend wie albern war.

»Und was«, fragte Margot verächtlich, »fängt ein kluges, charmantes Mädchen mit einem humorlosen Mann mittleren Alters an, der langsam eine Glatze kriegt?«

Fiona, wurde sie belehrt, fand ältere Männer interessanter. Sie hatte Duncan gestanden, einen gleichaltrigen Partner habe sie noch nie in Erwägung gezogen. Junge Männer seien unreif. Ältere Männer hätten Erfahrung.

»Die einzige Partnerschaft, an der sie interessiert ist«, sagte Margot, »ist die in deiner Firma.«

Duncan erklärte, das sei eine niederträchtige Bemerkung. Aber zufällig habe er ohnehin die Absicht, Fiona die Partnerschaft in allem anzubieten. Ja, er wolle die Scheidung. Er sei sicher, daß sie eine annehmbare Regelung finden würden.

»So? Und wie soll die aussehen?« fragte Margot mit zitternder Stimme. »Annehmbar für wen?«

Duncan sagte, er hoffe, sie werde sich nicht kleinlich erweisen. Sie dürfe ihm und Fiona doch nicht ein glückliches Leben verweigern, nur weil sie so unzufrieden war. Er sei enttäuscht, daß sie sich so kindisch aufführe. Vielleicht sollte sie zum Arzt gehen und sich irgendwelche Pillen oder etwas anderes verschreiben lassen? Wahrscheinlich waren es die Wechseljahre.

Margot ging einfach darüber hinweg. »Was wird mit diesem Haus?« fragte sie heiser.

»Das verkaufen wir natürlich«, sagte Duncan. »Und das Geld wird geteilt. Dann hast du genug, um dir irgendwo eine kleine Wohnung kaufen zu können.«

»Ich will keine Wohnung!« schrie sie. »Ich will mein Heim!«

»Nun sei doch nicht töricht«, sagte er. »Was willst du denn in einem großen leeren Haus wie dem hier anfangen?« Und mit diesen Worten schritt er aus dem Zimmer und zur Treppe.

Sie stürzte ihm nach und packte seinen Arm. Er versuchte sie abzuschütteln, doch sie hielt ihn fest und schrie auf ihn ein:

»Zwanzig Jahre lang habe ich dir den Haushalt geführt, als unbezahlte Haushaltshilfe! Zwanzig Jahre lang nichts als Kochen und Saubermachen und Einkaufen! Ein Dach über dem Kopf ist das einzige, was ich hatte – und auch das mußte ich mir verdienen! Was für eine Partnerschaft hast du *mir* je angeboten? Unser Haus habe ich nie mit dir geteilt! Es war nur meine Arbeitsstelle – der Ort, wo ich für dich sorgte. Und nun sagst du mir, das ist etwas, was du nach Belieben zurücknehmen kannst. So wie du mir mein Heim in Perth genommen hast, so möchtest du mir jetzt auch dies hier wegnehmen! Aber daraus wird nichts, hörst du! Ich lasse mir das nicht gefallen, ich lasse es nicht zu!«

Duncan erwiderte scharf, es sei nicht seine Schuld, wenn sie mit ihrem Leben nicht zufrieden gewesen sei. Er habe immer angenommen, sie sei vollkommen glücklich, und wenn sie das nicht gewesen sei, nun, dann sei er nicht dafür verantwortlich.

»Heuchler!« kreischte sie. Er stieß einen Schrei der Empörung aus und versetzte ihr einen so heftigen Stoß, daß sie ihn losließ und das Gleichgewicht verlor.

Sie fiel gegen die Wand hinter ihr, glitt aus und landete auf dem Fußboden, ein Bein angezogen, das andere ausgestreckt. Die Brille war ihr von der Nase gerutscht, und sie mußte kriechend nach ihr suchen, bevor sie etwas anderes tun konnte. Als sie sie wieder aufgesetzt hatte, sah sie, daß Duncan die Treppe hinuntersteigen wollte, ohne ihr hochzuhelfen. Sein Rücken war steif vor Selbstgerechtigkeit.

Keiner von beiden hatte den Kater bemerkt, so sehr hatte sie ihr Streit in Anspruch genommen. Während ihrer Auseinandersetzung hatte Hamish geduckt auf dem alten Schrank verharrt, der auf dem Treppenpodest stand, mit flach anliegenden Ohren und peitschendem Schwanz. Plötzlich, ohne jede Warnung, setzte er zum Sprung an.

Für Margot, die immer noch auf dem Fußboden saß, hatte das Wesen, das da vom Schrank herunterschoß, keine Ähnlichkeit mehr mit Hamish. Es war größer, ja riesig, sein tiefschwarzes Fell war gesträubt; aus Augen, die mit geschmolzenem Gold gefüllten Höhlen glichen, schossen gelbe Flammen, und ein wütendes Hohnlächeln ließ die scharfen weißen Zähne sehen. Seine Vorderbeine waren ausgestreckt wie Fledermausflügel, und als es durch die Luft sauste, ließ es ein grauenvolles Zischen hören, wie sie es sich weder bei einem Menschen noch bei einem Tier je hätte vorstellen können.

Duncan hörte es und fuhr herum. Einen Augenblick lang, nur eine Sekunde lang spiegelte sein Gesicht blankes Entsetzen. Er hob den Arm und wollte ihn schützend vor sein Gesicht halten, aber zu spät. Der Kater wickelte sich um seinen Kopf. Blutrote Striemen zogen sich quer über Wangen und Stirn des Mannes. Blut spritzte aus der Haut an den Stellen, wo sich die scharfen Krallen eingegraben hatten. Duncan stolperte auf den ausgetretenen alten Stufen, als er versuchte, das Tier wegzustoßen und sich gleichzeitig am Geländer festzuhalten.

Beides gelang ihm nicht. Er fiel, stürzte krachend die volle Länge der Treppe hinunter; sein Körper glitt hilflos von Stufe zu Stufe, der Kopf schlug auf dem Geländer auf, Mann und Kater zusammengeschlossen in gräßlicher Umarmung.

Sie landeten mit einem Aufprall, der die ganze Treppe und den Treppenabsatz erbeben ließ. Dann herrschte Stille, und das war noch schlimmer.

Margot richtete sich mühsam auf und rannte die Treppe hinunter.

»Hamish? Ist alles in Ordnung mit dir? Wo bist du?«

Ein leises Knurren war die Antwort. Sie sah Topasaugen in der entfernten Ecke der Diele funkeln. Der Kater saß dort geduckt, das Fell immer noch gesträubt, mit dem Schwanz den Boden peitschend. Duncan lag am Fuß der Treppe, halb auf den Rücken gedreht. Sie kniete hin und beugte sich über ihn.

Seine Augen flackerten und sein Mund bewegte sich, aber es kam kein Ton heraus. Dickes dunkles Blut tröpfelte erst aus einem Ohr, dann aus seiner Nase und schließlich aus seinem

Mund. Endlich gab er einen Laut von sich, ein undeutliches Murmeln. In seinem Blick lag eine verzweifelte dringliche Forderung, doch er bewegte sich nicht. Vielleicht konnte er es nicht.

Sie sprang auf und rannte zum Telefon. Als sie den Hörer abhob, hörte sie ein neuerliches warnendes Knurren. Aus der Ecke starrten sie Hamishs Topasaugen mit mesmerischer Kraft an, als wollten sie ihr verbieten, Hilfe herbeizurufen.

Gehorsam legte sie den Hörer wieder auf und setzte sich auf den Stuhl neben dem Telefontischchen. Dort saß sie vielleicht eine Viertelstunde. Dann rollte sich Hamish auseinander und stolzierte davon, ins Wohnzimmer. Margot erhob sich schwerfällig und ging zu Duncan. Seine Augen starrten sie blicklos an.

Sie lief zurück zum Telefon und verlangte einen Krankenwagen.

Im Krankenhaus wurde Duncan für tot erklärt. Etwas später am Tag erschienen zwei Polizeibeamte, ein Mann und seine Kollegin. Beide waren sehr freundlich, aber sie stellten eine Menge Fragen, sanft und eindringlich.

»Ihr Gatte hatte schwere Verletzungen im Gesicht«, sagte die Polizeibeamtin. Sie blickte zu Hamish hin, der schläfrig blinzelnd in einem blassen Sonnenstrahl dalag. »Offenbar sind es Spuren von Tierkrallen. Ist der Kater – eh – bösartig?«

»Nein, überhaupt nicht«, sagte Margot mit fester Stimme.

»Können Sie uns genau sagen, was passiert ist?«

»Unglücklicherweise kann ich das nicht, weil ich nicht da war, als es geschah«, erwiderte Margot.

Was war das? Sie war die wahrheitsliebendste Frau, die man sich vorstellen konnte! Wie kam es, daß ihr diese Lüge so glatt über die Lippen ging? Sie hörte ihre eigene Stimme, aber irgendwie war es nicht sie, die da sprach. Es war jemand anders, der durch sie sprach, der ihre Stimmbänder benutzte. Sie fragte sich, was um Gottes willen sie als nächstes herausbringen würde.

»Vermutlich hat es sich so abgespielt«, sagte eine Stimme – ihre Stimme. »Mein Mann liebte den Kater sehr ...«, die Stimme brach ganz überzeugend. »Das Tier ritt sehr gern auf seiner Schulter. Es schläft auch oben auf dem Schrank, der auf dem

Treppenpodest steht. Ich vermute, es passierte, als Duncan die Treppe hinuntergehen wollte und Hamish auf seine Schulter sprang. Das kam unerwartet für ihn, und er reagierte heftig. Der Kater geriet in Panik und krallte sich an ihm fest – und der arme Duncan stürzte die Treppe hinunter.«

Die beiden Polizeibeamten wechselten Blicke. Sie fragten, ob sie die Treppe untersuchen dürften. Margot hörte, wie sie dabei miteinander redeten. Der Mann sagte: »Diese alte Treppe ist eine Todesfalle! Ein Wunder, daß nicht schon früher einer von ihnen heruntergestürzt ist und sich überschlagen hat!«

Sie kamen zurück, und die Frau sagte: »Ich sehe, da steht ein Koffer an der Schlafzimmertür.«

»Ja. Mein Mann hatte eine Geschäftsreise vor.« Margots Stimme zitterte. »Es ist ein furchtbarer Schock für mich. Wir waren zwanzig Jahre verheiratet.«

Die beiden bekundeten lebhaftes Mitgefühl. Sie machten ihr eine Tasse Tee und fragten, ob es jemand gäbe, den sie anrufen könnten, damit er herkäme und bei ihr bliebe.

»Sie sollten jetzt wirklich nicht allein sein«, riet die junge Beamtin.

»Ich habe Freunde in Perth«, sagte Margot. »Ich kann einen von ihnen anrufen, wenn ich – wenn ich mich zu einsam fühle.«

Vor dem Holzklobenfeuer in dem großen steinernen Kamin rollte sich Hamish auf den Rücken und streckte sich lang aus – er erinnerte an einen langen schwarzen Pelzstreifen.

»Könnten wir uns vielleicht den Kater für ein paar Stunden ausleihen? Er ist bei uns sehr gut aufgehoben, und wir bringen ihn heute abend wieder zurück.«

Sie hatten keinen Katzenkorb, also kramte Margot einen Picknickkorb aus Weidengeflecht hervor, und Hamish wurde trotz seines kläglichen Miauens darin eingeschlossen.

Die beiden Beamten brachten Hamish wie versprochen zurück. »Die Gerichtsmediziner wollten nur einen Blick auf seine Pfoten werfen«, erklärten sie.

Hamish hatte den Transport im Picknickkorb übelgenommen. Er war ganz gekränkte Würde und drehte Margot fast eine

Stunde lang den Rücken zu. Aber auch so konnte sie sehen, wo zwischen den Ballen seiner Pfoten etwas Fell herausgeschnitten worden war. Sie vermutete, die Polizei habe nach Spuren von Duncans Blut gesucht, und fragte sich, ob sie wohl welche gefunden hatte.

Sehr spät an diesem Abend, nachdem die Polizeibeamten gegangen waren, klingelte das Telefon, und als Margot den Hörer abnahm, wurde wie früher aufgelegt.

»Sie wundert sich, warum er nicht gekommen ist, Hamish!« sagte Margot zu dem Kater.

Hamish, dessen Erinnerung an den Picknickkorb langsam verblaßte und der nach der ganzen Aufregung Hunger verspürte, ging in die Küche und setzte sich vor seine Schüssel. Margot zerkrümelte für ihn ein halbes Weetabix in lauwarmer Milch, eine Leckerei, die er besonders schätzte.

Am nächsten Morgen erschienen die Polizeibeamten wieder und sagten, es täte ihnen leid, daß sie sie belästigen müßten, aber sie hätten sich gern noch einmal umgeschaut. Sie kletterten auf einen Stuhl und sahen oben auf dem Schrank Hamishs Decke liegen.

Sie maßen die Treppe aus. Schließlich waren sie, wie sie erklärten, befriedigt.

»Ein tragischer Unfall«, sagte der Mann. »Und wenn man sich vorstellt, daß Ihr armer Gatte den Kater so gern mochte!«

Am Wochenende klingelte das Telefon noch dreimal. Beim letzten Mal sagte Margot nicht mehr »Hallo?«, als sie den Hörer abnahm. Sie sagte nur: »Er kommt nicht zu Ihnen. Er ist tot.«

Am anderen Ende der Leitung holte jemand scharf Atem. Aber Margot legte auf, bevor die Anruferin irgendwelche Fragen stellen konnte.

»So, Hamish«, sagte sie. »Das ist erledigt. Jetzt haben wir das Haus für uns.«

Dicht gefolgt von dem Kater, ging sie ins Wohnzimmer und setzte sich mit Schreibblock und Kugelschreiber vor das Feuer. Ihr war der Gedanke gekommen, daß das Haus in solch einer malerischen Touristengegend geradezu ideal war für Übernachtungen mit Frühstück. Während sie schrieb und Pläne machte, nahm Hamish seinen angestammten Platz vor dem Kamin ein. Die Holzscheite knisterten und prasselten ein wenig, aber im übrigen herrschten Frieden und Stille.

Ernest Thompson-Seton
Die Müllkatze

Das erste Leben

»M-i-l-z und L-e-b-e-r!« tönte es schrill die Scrimperstraße in New York herunter. Sicher war der buntscheckig gekleidete Rattenfänger von Hameln da, denn alle Katzen der Nachbarschaft schien der bekannte Klang zauberhaft anzulocken; die Hunde dagegen trugen eine verächtliche Gleichgültigkeit zur Schau.

»Milz und Leber!« hörte man's jetzt noch lauter, und nun kam auch der Kern der Sache zum Vorschein: ein unansehnlicher, schmutziger kleiner Mann mit einem Schubkarren; hinter ihm drängten sich ein paar Dutzend Katzen, die seinen Ruf mit einer dem ersten Wort ganz ähnlich klingenden Stimmübung begleiteten. Alle fünfzig Schritt, das heißt, sobald sich wieder ein Haufen Katzen gesammelt hatte, machte der Karren halt. Der Mann mit der Zauberstimme nahm aus dem Behälter seines Karrens einen Fleischspieß, an dem Stücke stark duftender, gekochter Leber hingen, und schob mit einem langen Stock die Stücke hinunter. Jede Katze nahm eins, machte kehrt und eilte mit angelegten Ohren, mit leichtem Tigergeheul und tigerähnlichem Blick davon, um ihre Beute an irgendeinem sicheren Zufluchtsort zu verzehren.

»Milz und Leber!« Und immer noch kamen sie, ihr Teil zu ergattern. Alle waren dem Fleischmann wohlbekannt. Die da war Castigliones Tiger, jene Jones' Schwarze, hier kam Palitzkys Schecke und dort Frau Dantons Weiße. Während sich Blenkenschoffs Malteserin am Karrenrad rieb, kroch in den Karren Sägers alter Goldpeter, ein unverschämter Spitzbube, dessen Herr nie ans Bezahlen dachte – sie alle mußte er im Gedächtnis behalten und ihre Zeche in Rechnung stellen. Der Herr der einen war ein sicherer Zahler, vierzig Pfennig die Woche, der der anderen nahm es nicht so genau. John Waschis Katze da drüben kriegte nur eine kleine Portion, denn John hatte noch bedenklich viel auf dem Konto. Dagegen fiel für den Wirtskater, den man an seinem weißen Halskragen und seinem gestreiften Fell erkannte, ein besonders großes Stück ab, da der Wirt ein freigebiger Mann war. Ebensogut ging es der Schutzmannskatze, sie brachte zwar keinen Heller ein, wurde aber doch mit besonderer Rücksicht behandelt, weil dem Fleischmann das gleiche von ihrem Herrn widerfuhr.

Eine schwarze Katze mit weißer Nase kam vertrauensvoll mit den andern gelaufen, wurde aber unbarmherzig zurückgewiesen. Ach, Mieze konnte das nicht verstehen. Seit Monaten war der Schubkarren ihre Nährmutter gewesen; warum nun die Unfreundlichkeit? Das ging über ihr Begriffsvermögen; aber der Fleischmann wußte wohl, warum: Ihre Herrin bezahlte eben nicht mehr. Zwar hatte der lahme Peter seine Kunden nicht im Buch, sondern nur im Kopf, aber dieser war ganz untrüglich.

Von diesen oberen »Vierhundert« in unmittelbarer Nähe des Karrens hielten sich andere etwas abseits, weil sie nicht auf der Liste, auf der gesellschaftlichen Rangliste sozusagen, standen; aber der köstliche Duft und die entfernte Möglichkeit, ein Abfallstück zu erwischen, hielten sie fest. Unter diesen Mitläufern befand sich eine schmächtige Graue, die, von keiner Menschenseele versorgt, auf eigenen Erwerb angewiesen war, wie man schon an ihren eingefallenen Seiten und ihrem nicht ganz sauberen Fell erkennen konnte. Auf den ersten Blick sah man, daß sie in irgendeinem Winkel bei der Müllgrube hauste. Während sie mit einem Auge unablässig nach den vornehmeren Genossinnen schielte, lugte das andere nach etwaigen Hunden aus. Sie sah die Glücklichen eine nach der anderen mit ihrer köstlichen Tageszuteilung davonziehen, aber keine Aussicht, selbst etwas abzubekommen, bis ein mächtiger Kater ihrer Klasse auf eine der Kostgängerinnen lossprang, um ihr einen Teil abzunehmen. Die Angegriffene ließ ihr Fleisch fallen, um sich zur Wehr zu setzen, und ehe irgend jemand eingreifen konnte, hatte die Graue die Gelegenheit wahrgenommen, die Beute gepackt und sich in Sicherheit gebracht.

Durch das Loch in Menzels Nebentür ging ihr Weg über die Hintermauer; dann setzte sie sich hin und verschlang das Stück

Leber, leckte sich den Bart, empfand das Gefühl vollkommener Glückseligkeit und begab sich auf Umwegen zu dem verlorenen Hinterhof, wo ihre Jungen in der Tiefe einer alten Kiste ihrer harrten. Ein klägliches Miauen erreichte ihre Ohren. Mit verdoppelter Eile strebte sie der Kiste zu und sah, wie ein mächtiger schwarzer Kater kaltblütig ihre Brut vertilgte. War er auch zweimal so groß wie sie, so griff sie ihn doch unverzüglich an, und er machte es wie die meisten Tiere, wenn man sie bei unrechtem Tun ertappt: Er gab Fersengeld. Nur ein Junges war noch übrig, ein kleines Ding, das seiner Mutter glich, aber lebhafter gefärbt war, grau mit schwarzen Tupfen und einem weißen Fleckchen an der Nase, den Ohren und der Schwanzspitze.

Natürlich war die Mutter ein paar Tage lang traurig, aber das verlor sich, und alle ihre mütterliche Fürsorge galt nun dem Überlebenden. Der kannibalische alte Kater aber erwies sich doch als ein verkappter Wohltäter, denn die Alte wie ihr Junges gediehen offensichtlich seit dem Familientrauerspiel. Die Sorge um das tägliche Brot war nicht mehr so aufreibend. Allerdings hatte unsere Graue beim Fleischmann selten Glück, aber es fehlte nicht an Müll- oder Abfallkästen; und enthielten sie einmal keine Fleischreste, so waren doch sicher wenigstens Kartoffelschalen darin, die den Hunger einen Tag fernhalten halfen.

Eines Abends drang ein wundervoller Geruch in Mutters Nase. Er kam vom Strande des New York im Osten begrenzenden und von Brooklyn trennenden Meeresteils, des East River. Ein neuer Geruch muß immer untersucht werden, und ist er nicht nur neu, sondern auch anziehend, so bleibt für Mieze nur *ein* Weg übrig. Er führte sie zu den Docks hin und dann hinaus auf die Werft. Ein plötzliches Geräusch, ein Gebell und ein Getrappel brachten ihr im nächsten Augenblick zum Bewußtsein, daß ihr alter Feind, der Werfthund, ihr den Weg abgeschnitten hatte. Wie entkommen? Es blieb ihr nur eine Möglichkeit, und sie machte sich diese zunutze. Von der Werft sprang sie auf das Fahrzeug, von dem der Geruch kam. Auf diesem Wege konnte der Hund nicht folgen, und als das Fischerboot am nächsten Morgen absegelte, war Mieze als unfreiwilliger und blinder Mitreisender dabei und wurde nicht mehr gesehen.

Das junge Kätzchen wartete vergebens auf seine Mutter. Der Morgen kam und verging; der Hunger meldete sich, und gegen Abend trieb es die Verwaiste unwiderstehlich dazu, nach Nahrung auszugehen. Sie kroch aus der alten Kiste, schlich geräuschlos zwischen dem alten Gerümpel vorwärts, roch an allem, was eßbar zu sein schien, fand aber nichts Genießbares.

Schließlich kam sie an eine Holztreppe, die hinunter zu Jap Malees Vogelhandlung im Kellergeschoß führte. Die Tür stand ein wenig offen, und sie schritt verwundert in eine Welt voll starker, merkwürdiger Gerüche und voll lebender Wesen, die sich ringsum in Käfigen befanden. Ein Neger, der untätig auf der Kiste in der Ecke saß, sah den kleinen Fremdling eintreten und folgte ihm neugierig mit den Blicken. Miezchen kam bei ein paar Kaninchen vorbei, die es nicht beachteten. Es gelangte darauf zu einem Fuchskäfig mit weiten Gitterstäben. Der Herr im roten Frack befand sich in der äußersten Ecke. Jetzt kroch er leise mit glühenden Augen näher. Schnüffelnd wanderte das Kätzchen bis zu dem Gitter, steckte sein Köpfchen hinein, schnüffelte wieder und wandte sich dem Futternapf zu, wurde aber sofort von dem Fuchs gepackt. Ein entsetztes »Miau« war zu hören, aber ein einziges Schütteln schnitt den kläglichen Ton ab und hätte Miezchens zähem Leben mit einem Male ein Ende gemacht, wäre nicht der Neger als Retter erschienen. Er hatte keine Waffe, konnte auch nicht in den Käfig hinein, aber er spuckte so energisch und mit solcher Fülle dem Fuchs ins Gesicht, daß dieser das Kätzchen fallen ließ und in seinen Winkel zurückkehrte, wo er blinzelnd sitzen blieb. – Der Neger zog das Kätzchen heraus. Das unsanfte Schütteln hatte es anscheinend betäubt, ihm jedenfalls viele Schmerzen erspart; es schien unverletzt, nur benommen zu sein. Eine Zeitlang drehte es sich sinnlos im Kreise herum, dann erholte es sich allmählich, und nach ein paar Minuten schnurrte es auf dem Schoß des Schwarzen, ohne sich durch die Rückkehr Jap Malees, des Vogelhändlers, irgendwie stören zu lassen.

Jap war ein waschechtes Londoner Kind, das erst ein Jahrzehnt New York durch seine Anwesenheit zierte; aber seine Augen bildeten so kleine, bescheidene Schlitze quer über seiner runden, flachen Gesichtsscheibe, daß sein Rufname völlig verdrängt worden war von dem sehr zutreffenden Spitznamen »Jap«(aner).

Gegen die Vögel und Säugetiere, durch deren Verkauf er seinen Lebensunterhalt bestritt, war er nicht gerade unfreundlich, aber er wußte genau, was er wollte, und darunter auch, daß er hungrige Kätzchen nicht brauchen konnte.

So gab der Neger der Verirrten so viel zu fressen, wie sie irgend zu sich nehmen konnte, trug sie dann zu einem abliegenden Häuserblock und setzte sie dort in einen Hof, wo außer einem Müllhaufen altes Eisen und sonstiges Gerümpel lag.

Eine volle Mahlzeit ist alles, was Mieze in zwei, drei Tagen nötig hat, und unter dem Einfluß der so aufgespeicherten Wärme und Kraft fühlten sich ihre Lebensgeister höchst angeregt. Sie schritt um die Haufen alten Eisens und sonstigen Krams herum und warf neugierige Blicke auf die Kanarienvogelkäfige, die weitab hoch oben in den Fenstern der umliegenden Häuser hingen. Sie lugte wißbegierig über die Zaunwände, bemerkte einen großen Hund, kroch lautlos wieder hinunter, machte ein geschütztes Plätzchen im vollen Sonnenschein ausfindig, legte sich hin und schlief eine Stunde lang. Ein leises Fauchen weckte sie, und vor ihr stand eine große schwarze Katze mit glühenden grünen Augen, dem starken Nacken und den viereckigen Kinnbacken, die den Kater kennzeichnen; eine Narbe lief über sein Gesicht, und sein linkes Ohr war zerfetzt. Er schaute das Kätzchen nichts weniger als freundlich an; seine Ohren legten sich ein wenig nach hinten, sein Schwanz pendelte hin und her, und ein leiser, tiefer Ton drang aus seiner Kehle. In voller Unschuld schritt das Kätzchen auf den Artgenossen, den es nicht wiedererkannte, zu. Er aber rieb sich die Seiten seiner Kinnbacken an einem Pfosten, kehrte langsam um und verschwand. Das letzte, was sie von ihm sah, war seine Schweifspitze. Die kleine Heimatlose hatte keine Ahnung, daß sie gerade dem Tode so knapp entgangen war wie kurz zuvor im Fuchskäfig.

Am Abend begann der Hunger von neuem zu quälen. Sorgfältig prüfte Mieze den langen, unsichtbaren Luftstrom, den wir Menschen Wind nennen. Den anziehendsten Hauch suchte sie sich aus und folgte ihm. In einem Winkel des Hofes lag ein

Müllhaufen mit vielen Gemüse- und Kohlabfällen. Darunter fand sie etwas, das einigermaßen eßbar zu sein schien. Ein Wassereimer unter einem Leitungsrohr gab ihr Gelegenheit, den Durst zu löschen.

Die Nacht verwandte sie hauptsächlich zum Herumstrolchen auf dem Hofe, auf dem sie sich bald heimisch fühlte. Den nächsten Tag verbrachte sie wie zuvor und schlief in der Sonne. So verging die Zeit. Manchmal fand sie ein gutes Mahl auf dem Müllhaufen, manchmal auch nichts. Einmal traf sie auch den schwarzen Kater dort, zog sich aber schnell zurück, ehe er sie bemerkte. Der Wassereimer war gewöhnlich an seinem Platz; sonst fanden sich wohl ein paar trübe Lachen nicht weit davon. Dagegen war der Abfallhaufen unzuverlässig; einmal ließ er sie drei Tage lang ohne Nahrung. Sie schlich an dem hohen Zaun entlang, fand ein kleines Loch, durch das sie kriechen konnte, und befand sich auf der offenen Straße. Das war eine neue Welt. Ehe sie aber weit gekommen war, hörte sie etwas auf sich zustürzen; ein großer Hund kam herangesprungen, und Mieze hatte kaum noch Zeit, durch das Zaunloch zu schlüpfen. Sie war entsetzlich hungrig und dabei froh, ein paar alte Kartoffelschalen zu finden, die den Hunger etwas beschwichtigten. Am Morgen schlief sie nicht, sondern strich hungrig, Nahrung suchend, umher. Im Hofe schilpten ein paar Sperlinge, die Mieze zwar schon oft gesehen hatte, jetzt aber mit neuen Augen anblickte. Der scharfe Stachel des Hungers hatte den in ihr schlummernden Jagdtrieb geweckt; sie wußte, diese Sperlinge waren Jagdtiere, waren geeignet, den Hunger zu stillen. Unwillkürlich strich sie von Deckung zu Deckung heran, aber die Schilper waren wachsam und flogen rechtzeitig davon. Nicht einmal, sondern viermal wiederholte sie den Versuch, aber das einzige Ergebnis war die Erkenntnis, daß Sperlinge zu den eßbaren Dingen gehörten – wenn man sie erwischen konnte!

Am fünften Tage wagte sich die kleine Katze, von dem verzweifelten Verlangen nach Nahrung getrieben, noch einmal auf die Straße. Als sie fern von dem sicheren Hafen des Zaunlochs war, begannen ein paar Jungen, mit Steinen nach ihr zu werfen. Voll Angst lief sie fort; da tauchte ein Hund auf und jagte mit den Straßenbengeln hinter der Geängstigten her, deren Lage gefährlich wurde. Zu ihrem Glück kam sie gerade an einen eisernen Zaun, der um ein Haus führte, und drückte sich zwischen den Gitterstangen durch, als sie der Hund eben eingeholt hatte. Eine Frau am Fenster des Oberstockes rief dem Hund ein paar laute Worte zu, um ihn zurückzuscheuchen. Dann warfen die Kinder der Frau der Gejagten ein Stück Fleisch hinunter, so daß sie das köstlichste Mahl in ihrem Leben hatte. Unter der Freitreppe fand sich ein sicheres Plätzchen, und dort saß sie geduldig, bis die Nacht den Mantel der Ruhe über alles Lebendige breitete; dann schlich sie in ihren gewohnten Müllwinkel zurück.

So ging es zwei Monate lang. Mieze nahm an Größe und Kraft wie an genauer Kenntnis der nächsten Umgebung zu. Sie machte sich mit der ganzen Downey-Straße bekannt, wo lange Reihen von Müllkästen jeden Morgen neue Überraschungen boten. Auch sonst sammelte sie Erfahrungen, zum Beispiel über die Hauseigentümer. So war das große Gebäude für sie nicht eine römisch-katholische Missionsanstalt, sondern ein Ort, wo die feinsten Konservenbüchsen mit Hummer- und Fischresten zu finden waren. Bald machte sie auch die Bekanntschaft des Fleischmannes und schloß sich der Katzenschar an, die scheu den äußeren Kreis bildete. Auch den Werfthund nebst zwei oder drei anderen Vertretern seiner Art lernte sie kennen; sie wußte, was sie von ihnen zu erwarten hatte und wie sie ihnen am besten entgehen konnte. Dabei hatte sie das Glück, eine neue Nahrungsquelle zu finden. Viele tausend Katzen haben sicher schon hoffnungsvoll um die verführerischen Milchkannen gelungert, die der Milchmann in aller Frühe auf Treppenstufen und Fensterbretter stellt, und es war der reinste Zufall, daß unser Miezchen eine fand, deren Deckel entzwei war, so daß sie ihn heben und einen herzhaften Morgentrunk tun konnte. Milchflaschen freilich spotteten ihrer Bemühungen, aber so manche Kanne hatte einen Deckel, der nicht völlig schloß, und das Kätzchen ließ sich die Mühe nicht verdrießen, alle solche Kannen in ihrem Bezirk ausfindig zu machen. Allmählich dehnte sie diesen durch immer längere Streifzüge aus, bis sie sich auch im nächsten Häuserblock auskannte und schließlich auch wieder zwischen die Fässer und Kisten des Hofes hinter der Vogelhandlung geriet.

Der alte Hof der Eisenhandlung war für sie niemals ein rechtes Heim gewesen, sie war sich dort immer wie eine Fremde vorgekommen, aber hier fühlte sie sich als Eigentümerin, und die Anwesenheit einer anderen kleinen Katze erregte ihren eifersüchtigen Groll. Sie trat ihr mit drohender Miene entgegen. Schon standen sich beide fauchend und spuckend gegenüber, als ein Eimer Wasser, den man ihnen von einem oberen Stockwerk über den Leib goß, sie gründlich durchnäßte und ihre Wut erheblich kühlte. Beide flüchteten, die andere über den Zaun und unsere Mieze unter dieselbe Kiste, wo sie das Licht der Welt erblickt hatte. Die ganze Umgebung hier, vor allem aber der Hof selbst hatte es ihr angetan, weshalb sie ihn wieder zu ihrem Standort wählte. Zwar fand sich hier nicht mehr eßbarer Abfall als im bisherigen Hof, und Wasser fehlte ganz, aber dafür wurde er hin und wieder von Ratten und auch von Mäusen erster Güte aufgesucht; diese verschafften ihr nicht nur eine sehr schmackhafte Abwechslung in den Mahlzeiten, sondern unmittelbar auch einen Freund.

Jetzt war Mieze völlig ausgewachsen und stellte sich als eine überraschend schöne Vertreterin der »getigerten« Katzenart dar. Sie hatte schwarze Tupfen auf hellgrauem Grunde, und die vier weißen Schönheitspflästerchen an Nase, Ohren und Schwanzspitze gaben ihr ein vornehmes Aussehen. Sie verstand es vorzüglich, ihren Lebensunterhalt zu erwerben, und doch gab es Tage, an denen sie Not litt und wieder vergeblich versuchte, einen Sperling zu fangen. Sie lebte zunächst ganz einsam, aber bald trat eine neue Macht in ihr Leben.

Eines Augusttages lag Mieze in der Sonne, als eine große schwarze Katze auf einer Mauer auf sie zukam; sie erkannte sofort den alten Kater an seinem zerfetzten Ohr und verkroch sich in ihre Kiste. Er ging langsam seinen Weg, setzte mit leichtem Schwung auf einen Schuppen am Ende des Hofes und schritt quer über das Dach, als eine gelbe Katze auftauchte. Der schwarze Kater stierte und heulte sein Gegenüber an, der gelbe

Kater tat das gleiche, während ihre Schwänze von einer Seite zur andern peitschten. In tiefen Kehltönen gaben sie ihren kriegerischen Gefühlen Ausdruck und schritten mit nach hinten gelegten Ohren und gespannten Muskeln aufeinander zu.

»Jau – jau – auh!« sagte der Schwarze.

»Wau – u – u!« lautete die etwas tiefer gestimmte Antwort.

»Ja – uau – uau – uauh!« sagte der Schwarze und rückte näher.

»Wauh – u – uh!« erwiderte der Gelbe, sich zu voller Höhe aufrichtend, und trat mit großer Würde ebenfalls näher. »Wau – uh!« und er rückte noch näher, während sein Schwanz von rechts nach links flog.

»Ja – uau – jau – uh!« schrie der Schwarze mit erhobener Stimme und fuhr etwas zurück, als er die breite Brust so dicht vor sich sah.

Ringsum öffneten sich Fenster, und menschliche Stimmen wurden laut, aber das Katerschauspiel ging weiter.

»Jau – jau – auh!« grollte der Gelbe, die Stimme senkend, während die des Nebenbuhlers sich hob. »Jauuh!« fügte der Mongole nachdrücklich hinzu und trat noch einen Schritt vor.

Jetzt waren ihre Nasen nur noch eine Handbreit voneinander entfernt, sie standen schräg gegeneinander, jede zum Krallen bereit, jede des gegnerischen Angriffs gewärtig. Drei Minuten lang starrten sie einander stumm und wie Bildsäulen an, nur daß die Schwänze in heftiger Bewegung von einer Seite zur andern flogen. Dann fing der Gelbe wieder an: »Jau – au – auh!« sagte er in tiefem Tone.

»Je – e – e – e – e – eh!« zeterte der Schwarze, bemüht, durch sein Kriegsgeschrei Schrecken zu erregen, zog sich dabei aber um ein Weniges zurück.

Der Gelbe rückte dafür etwas heran; schon berührten sich die Barthaare, noch eine Annäherung, und fast trafen ihre Nasen aneinander.

»Ja – u – uh!« kam es aus dem Maul des Gelben wie ein tiefer Seufzer.

»Je – e – e – eh!« gellte der Schwarze und zog sich wieder ein wenig zurück, und jetzt stürzte sich der gelbe Kämpe mit Zähnen und Krallen wie besessen auf ihn.

Oh, wie sie rollten und bissen und kratzten, namentlich der Gelbe!

Kopfüber, kopfunter, bald dieser oben, bald der andere, meist aber der Gelbe, und immer weiter rollte der kämpfende Knäuel das Dach hinab, bis er, unter Hurrarufen aus allen Fenstern, am Rande angelangt, hinunterkugelte. Aber nicht eine Sekunde verloren sie bei diesem Fall auf den Hinterhof, beständig rissen und krallten sie einander beim Hinabstürzen, besonders der Gelbe. Und als sie, immer noch kämpfend, den Boden berührten, war wieder der Gelbe oben, und als sie voneinander ließen, hatte jeder so viel abgekriegt, wie er brauchte, namentlich der Schwarze! Er kletterte eine Wand hinauf und verschwand blutend und heulend vom Schauplatz, während von einem Fenster zum andern die Kunde flog, Caileys »Neger« habe nun doch vor dem Gelben Tom Fersengeld geben müssen.

Nun war der Gelbe Tom entweder ein sehr findiges Tier, oder unsere Mieze versteckte sich nicht sehr sorgfältig, jedenfalls fand er sie zwischen den Kisten, und sie machte keinen Fluchtversuch, wahrscheinlich, weil sie Zeugin des Zweikampfes gewesen war. Nichts ist für das weibliche Herz verführerischer als kriegerischer Ruhm. Hinfort waren der Gelbe Tom und Mieze die besten Freunde. Nicht als ob sie ein gemeinsames Leben geführt und ihre Nahrung geteilt hätten – das kommt bei Katzen selten vor –, aber sie erkannten einander doch besondere freundschaftliche Vorrechte zu.

Der September war vorüber, und schon waren die kurzen Oktobertage angebrochen, als in der alten Katzenkiste ein besonderes Ereignis eintrat. Wäre der Gelbe Tom erschienen, so hätte er fünf kleine Kätzchen in den Armen ihrer Mutter, unserer Müllkatze, zusammengerollt liegen sehen können. Es war etwas Wunderbares für sie. Sie empfand den ganzen Stolz, den eine Tiermutter empfinden kann, und das ganze Entzücken; sie liebte die Kleinen und beleckte sie mit einer Zärtlichkeit, die sie selbst hätte in Erstaunen setzen müssen, wären ihr dergleichen Gedanken möglich gewesen.

Ihr Dasein war nicht mehr freudelos; aber auch ihr Sorgenpäckchen war beträchtlich drückender geworden. Sie bedurfte jetzt ihrer ganzen Kraft, um den nötigen Lebensunterhalt herbeizuschaffen. Die Last steigerte sich noch, als ihre Jungen herumzukriechen begannen. Daß Sorgen und Mühen stromweise kommen und das Glück tropfenweise, weiß man in der Welt der Hinterhöfe nur zu gut. Mieze hatte in zwei Hungertagen zwei Scharmützel mit Hunden und einen Steinhagel von Malees Neger zu bestehen gehabt. Dann drehte sich der Wind. Am nächsten Morgen fand sie eine volle Milchkanne ohne Deckel, konnte einer Kostgängerin des Fleischmannes ein Stück Leber abjagen und fand einen großen Fischkopf, und das alles innerhalb zweier Stunden. Eben war sie mit jener vollkommenen Befriedigung heimgekehrt, wie sie nur ein voller Magen verleiht, als sie ein kleines braunes Geschöpf in ihrem Hinterhof erblickte. Ihre Jagderinnerungen erwachten mit Macht; sie wußte nicht, was das war, aber sie hatte verschiedene Male Mäuse getötet und verzehrt, und dies war offenbar eine riesige Maus mit gestutztem Schwanz und langen Ohren. Mieze stellte der großen Maus mit außerordentlicher, aber unnötiger Vorsicht nach, denn das junge Kaninchen saß ruhig da und schaute vergnügt in die Welt hinein. Es machte gar keinen Versuch davonzulaufen, und Mieze sprang darauf los und packte es. Da sie keinen Hunger hatte, trug sie die neue Beute zu ihrer Wohnkiste und warf sie ihren Jungen vor. Das Tierchen war nur wenig verletzt, und da es nicht aus der Kiste hinauskonnte, verkroch es sich zwischen die Kätzchen. Als diese dann von der Mutter ihre Abendmahlzeit erhielten, zauderte der Fremdling nicht lange und wollte auch seinen Teil haben. Die Alte war überrascht. Da sie satt war, ließ sie den unfreiwilligen Gast gewähren, und so kam es, daß das Kaninchen ein Glied der Familie und hinfort mit den Kätzchen gehütet und gefüttert wurde.

Zwei Wochen vergingen, die Kätzchen tummelten sich fleißig zwischen den Kisten umher, während das Kaninchen drin bleiben mußte. Als Jap Malee die Jungen im Hinterhof herumkriechen sah, sagte er dem Neger, er solle sie abschießen. Das tat er denn auch eines Morgens mit einem kleinkalibrigen Gewehr. Eins nach dem andern hatte er erlegt und in den Spalten des Holzhaufens, auf dem sie herumgekrochen waren, verschwinden sehen. Da kam die Alte auf der Mauer mit einer Werftratte im Maul dahergelaufen. Der Schwarze hatte auch sie abschießen wollen, besann sich aber beim Anblick der Ratte eines andern: Eine Katze, die Ratten fing, verdiente zu leben. Es war zufällig ihre allererste Ratte, aber sie rettete sie vor dem sicheren Tode. Die Alte lief über den Holzhaufen ihrer Kiste zu und wunderte sich wahrscheinlich, daß sich dort kein Junges auf ihren Ruf einstellte, und das Kaninchen wollte von der Ratte nichts wissen. Mieze legte sich hin, das Kaninchen zu säugen, lockte aber dabei beständig die säumenden Jungen. Diesem Ton folgend, kroch der Neger geräuschlos bis zu der Stelle und bemerkte, als er in die Kiste blickte, zu seinem größten Erstaunen darin eine große Katze, ein lebendiges Kaninchen und eine tote Ratte.

Die Katzenmutter legte ihre Ohren zurück und fauchte. Der Schwarze verschwand, aber eine Minute später wurde ein Brett auf die Öffnung der alten Kiste gelegt und diese mit allem, was tot oder lebendig darin war, in den Vogelkeller getragen.

»Da schauen Sie her, da ist das kleine Karnickel, das wir verloren haben. Die Alte hat's gestohlen und ihren Jungen zum Spielen gebracht«, rief der Neger.

Mieze und Kaninchen wurden vorsichtig in einen geräumigen Drahtkäfig gesetzt und als glückliche Familie vorgezeigt, bis das kleine Nagetier nach ein paar Tagen krank wurde und starb.

Mieze gefiel es in dem Käfig ganz und gar nicht. Wohl litt sie keine Not, aber sie lechzte nach der freien Luft. Wahrscheinlich wäre ihr die Freiheit zuteil geworden, aber – in den vier Tagen ihrer Gefangenschaft hatte sie sich so gesäubert und geleckt, daß ihre außergewöhnliche schöne Färbung sichtbar wurde, und Jap entschloß sich, sie zu behalten.

Das zweite Leben

Jap Malee war eine so unredliche Krämerseele, wie sie nur je in einem Kellergeschoß mit billigen Kanarienvögeln gehandelt hat. Er war ganz mittellos, und der Neger hielt nur darum bei ihm aus, weil der »weiße Herr« mit ihm Tisch und Bett teilte und ihn auch sonst wie seinesgleichen behandelte. Jap hielt sich für eine grundehrliche Seele, aber in der Nachbarschaft war es nicht unbekannt, daß er das meiste durch Unterbringung und Wiederzustellung gestohlener Hunde verdiente. Das halbe Dutzend Kanarienvögel war mehr ein Aushängeschild. Aber Jap glaubte an sich und an seine Zukunft. »Ich sag dir, Sam, mein Kerlchen, ich werd noch mal mit vieren lang fahren«, sagte er gern, wenn ein kleiner Erfolg seine nicht allzu saubere schmächtige Brust schwellte. Er war ehrgeizig in seiner schwächlichen, sprunghaften Weise, und manchmal kitzelte ihn der Wunsch, sich als Züchter bekanntzumachen. Ja, er hatte einmal die Kühnheit gehabt, eine Katze für die »Katzen- und Schoßtier-Ausstellung« anzumelden. Dabei verfolgte er drei nicht sehr klare Ziele: Erstens wollte er seinem Ehrgeiz Genüge tun, zweitens sich beständigen freien Eintritt verschaffen und drittens: »Wissen Sie, man muß doch die wertvollen Katzen kennenlernen, wissen Sie, wenn man Katzen züchten will.« Aber es war eine arg feine Ausstellung gewesen, Jap hätte eingeführt werden müssen, und sein erbärmliches, angeblich »halbpersisches Blut« wurde mit Verachtung zurückgewiesen. Die Zeitungsspalten unter »Verloren« und »Gefunden« waren die einzigen, die für Jap Interesse hatten, doch hatte er sich eine Notiz über »Züchtung zur Erzielung eines schönen Felles« ausgeschnitten und aufbewahrt. Der Ausschnitt zierte die Wand seines Kellergelasses, und angeregt davon, machte er ein die Müllkatze sehr grausam dünkendes Experiment. Zuerst seifte er ihren schmutzigen Pelz mit einer Masse ein, welche die zwei oder drei Arten von Leibesschmarotzern, die sie mit sich herumtrug, vertilgen sollte. Als das geschehen war, wusch er sie trotz Zähnen, Krallen und Geheul gründlich mit Seife und warmem Wasser ab. Mieze war außer sich vor Wut und Entrüstung, aber ein warmes und wohltuendes Gefühl erfüllte sie, als man sie in einem Käfig unweit des Ofens trocknen ließ; und ihr Fell blühte förmlich in wunderbarer Weichheit und Weiße. Jap und sein Gehilfe waren von dem Ergebnis hochbefriedigt, und Mieze hätte es selbst wohl auch sein sollen. Aber das war nur die Einleitung, der eigentliche Versuch kam erst.

»Nichts ist für die Züchtung eines schönen Felles so gut wie reichliche, stark ölige Nahrung und dauernder Aufenthalt in kalter Temperatur«, hieß es in dem Ausschnitt. Der Winter war da, und Jap Malee stellte Miezes Käfig in den Hof, wo er nur gegen Regen und direkten Wind geschützt war, und fütterte sie mit Ölkuchen und Fischköpfen, soviel sie davon hinunterbringen konnte. Schon nach einer Woche war der Erfolg sichtbar. Mieze wurde schnell rund und glatt, hatte sie doch nichts zu tun als zu fressen, Fett anzusetzen und ihr Fell zu lecken. Ihr Käfig wurde rein gehalten, und das frostige Wetter und die ölhaltige Nahrung bewirkten ganz natürlich, daß Miezes Fell jeden Tag dichter und glänzender wurde. Was Wunder, daß sie zur Mittwinterzeit eine ungewöhnlich schöne Katze war mit dem reichsten und schönsten Pelz und mit einem Muster, das zum mindesten kein gewöhnliches war. Jap war über das Ergebnis des Versuchs sehr erfreut, und da ihn schon ein geringer Erfolg mit den kühnsten Hoffnungen zu erfüllen pflegte, so träumte er von unvergänglichem Ruhm. Warum sollte er nicht die Katze auf die demnächst stattfindende Ausstellung schicken? Der Mißerfolg des vergangenen Jahres lehrte ihn aber Vorsicht. »'s geht nicht, weißt du, Sam, sie als Mistkatze einzuführen, weißt du«, bemerkte er zu seinem Gehilfen; »aber man kann's schon so einrichten, daß es den Leuten gefällt! Nichts geht über'n guten Namen, weißt du. 's sollte so was sein wie ›Majestät‹ – hm, jaja, Majestät wirkt immer. Nu, wie wär's mit ›Majestät Bill‹ oder ›Majestät Sam‹, wie? Aber 's geht nicht, 's sind Katernamen. Höre, Sammi, wie heißt doch die Insel, wo du geboren bist?«

»Analostan.«

»Oh, das ist gut! ›Majestät Analostan‹, beim Daus! Die einzige verbriefte ›Majestät Analostan‹ in der ganzen Ausstellung. Nobel, sehr nobel«, und sie kicherten um die Wette.

»Und jetzt noch 'n Stammbaum!«

So wurde ein langer Schwindel-Stammbaum nach Vorschrift angefertigt. Eines Nachmittags lieferte Sam in geborgtem Zylinder die Katze samt Stammbaum am Eingang der Ausstellung ab. Er war einmal in einem feinen Barbierladen angestellt gewesen und verstand es, vornehm aufzutreten – eine Fälligkeit, die

Jap Malee völlig abging. Dafür war er aber außerordentlich stolz auf seine Eigenschaft als Aussteller, und das um so mehr, als er am Eröffnungstag am Eingang erschien und die vielen Wagen und Zylinder neuester Mode sah. Der Anblick überwältigte ihn. Der Türsteher faßte ihn scharf ins Auge, ließ ihn aber mit seiner Eintrittskarte herein, weil er ihn vermutlich für den Stallknecht eines Ausstellers hielt. Im Saal sah man Samtteppiche vor langen Reihen von Käfigen. Jap schlich die Nebengänge entlang, schaute nach den Katzen aller Art, sah die blauen und roten Ehrenbänder, blickte überall herum, wagte aber nicht, nach seinem eigenen Ausstellungstier zu fragen, inwendig zitternd bei dem Gedanken, was die erlauchte Versammlung sagen würde, wenn sie merkte, wie er sie betrogen hatte. Er hatte nun alle Seitengänge durchwandert und viele preisgekrönte Tiere gesehen, aber keine Spur von Majestät Analostan! In den Gängen nach dem Mittelpunkt zu drängten sich mehr Menschen, aber auch hier fand er seine Mieze nicht und kam zu dem Schluß, die Richter hätten später doch sein Tier von der Ausstellung zurückgewiesen. Tut nichts, dachte er, ich habe doch meine freie Eintrittskarte und weiß jetzt, wo persische und Angorakatzen zu »finden« sind.

In der Mitte der Halle befanden sich die wertvollsten Tiere; hier war auch der Menschenknäuel am dichtesten. Um den Verkehr in geregelten Bahnen zu halten, waren Stricke gezogen, und zwei Schutzleute hielten den Menschenstrom in Fluß. Jap mengte sich darunter; er war zu klein, um über die Vordermänner hinwegzuschauen, und obgleich die vornehmen Leute vor der Berührung mit seiner schäbigen alten Kleidung zurückwichen, konnte er nicht näher kommen; aber aus den Äußerungen vor ihm merkte er bald, daß hier die Krone der Ausstellung zu sehen war.

»O welche Schönheit!« sagte eine hochgewachsene Frau.

»Welcher Adel!« erwiderte die Angeredete.

»Man kann gar nicht verkennen, in welcher Umgebung sich diese Feinheit Menschenalter hindurch herausentwickeln mußte!«

»Welche Würde – welche Gemessenheit!«

»Sie hat einen einwandfreien Stammbaum fast bis zur Pharaonenzeit, wie ich höre.«

Und der arme, schmutzige, kleine Jap wunderte sich über seine eigene Kühnheit, seine Müllkatze in eine so erlauchte Gesellschaft zu bringen.

»Verzeihung, gnädige Frau.« Der Direktor der Ausstellung erschien und bahnte sich einen Weg durch die Menge. »Der Künstler der Sportzeitung ist hier mit dem Auftrag, die 'Perle der Ausstellung› sofort mit dem Griffel zu verewigen. Darf ich Sie bitten, ein wenig beiseite zu treten?«

»Ach, Herr Direktor, können Sie den Besitzer nicht überreden, das schöne Geschöpf zu verkaufen?«

»Hm, ich weiß nicht«, war die Antwort. »Soviel ich weiß, ist er ein sehr begüterter Mann, und man kann gar nicht an ihn herankommen; ich will es aber versuchen, gnädige Frau. Er wollte seinen Schatz gar nicht ausstellen, so sagte mir sein Hausmeister. He, Sie da, aus dem Weg!« grollte der Direktor, als sich der schäbige Mann eifrig zwischen den Künstler und die blaublütige Katzenkönigin schob. Aber Jap Malee wollte unter allen Umständen wissen, wo sich etwa eine so wertvolle Katze »finden« ließe. Er kam nahe genug, um einen Blick auf den Käfig zu werfen, und dort las er einen Anschlag mit folgendem Wortlaut: »Das Blaue Band und die goldene Medaille der Katzen- und Schoßtier-Ausstellung ist der rassereinen, beglaubigten ›Majestät Analostan‹, eingeführt und ausgestellt von Herrn J. Malee, dem weltbekannten Züchter, zuerkannt worden. (Nicht verkäuflich.)«

Jap hielt den Atem an und starrte noch immer darauf. Ja, wahrhaftig, dort im vergoldeten Käfig auf Samtkissen unter der Hut von vier Schutzleuten, mit glänzendem Fell, Schwarz auf Hellgrau, und die blauen Augen halb geschlossen, lag seine Müllkatze, offenbar von all diesem Krimskrams zu Tode gelangweilt.

Jap Malee lungerte stundenlang um den Käfig herum und genoß die Ausrufe der Besucher wie einen berauschenden Trank. Er sah aber, daß es für ihn geraten sei, unerkannt zu bleiben; sein »Hausmeister« mußte alles Geschäftliche besorgen.

Unserer Müllkatze war der Erfolg der Ausstellung zu danken. Jeden Tag stieg ihr Wert in den Augen ihres Besitzers höher.

Er wußte nicht, welche Preise man für Katzen gezahlt hatte, und dachte, er schieße den Vogel ab, als sein »Hausmeister« den Direktor ermächtigte, die Analostan für hundert Dollar zu verkaufen.

Und so kam die Müllkatze in ein Haus der vornehmen Fünften Avenue. Zuerst zeigte sie sich unglaublich wild und scheu. Ihren Widerwillen gegen Liebkosungen erklärte man aber für vornehme Abneigung gegen derartige Vertraulichkeiten. Ihr Zurückweichen vor dem Schoßhund bis in die Mitte des Speisetisches faßte man als den Ausdruck des tief eingewurzelten, wenn auch irregeleiteten Wunsches auf, eine unwürdige Berührung zu vermeiden. Ihre Angriffe auf einen Kanarienvogel sah man ihr nach, weil sie in ihrer orientalischen Heimat an ein solch willkürliches Verfahren gewöhnt sei. Die vornehme Art, wie sie den Deckel einer Milchkanne aufhob, fand besonderen Beifall. Ihre Abneigung gegen ihren seidengefütterten Korb war verständlich, und Fensterscheiben gab es in ihrem früheren orientalischen Königsschlosse nicht. Auch daß sie den Teppich beschmutzte, zeugte von ihren orientalischen Anschauungen, während man ihr Wühlen im Mülleimer als eine kleine verzeihliche Übertretung ansah, wie sie in hochgeborenen Kreisen so häufig ist. Unsere Mieze wurde gehegt und gepflegt, gewiesen und gepriesen, aber sie war dabei nicht glücklich; Mieze hatte Heimweh! Sie krallte an dem blauen Band um ihren Hals, bis sie es los hatte; sie sprang gegen die Fensterscheiben, weil dort der Weg hinauszuführen schien; sie wich vor Menschen und Hunden zurück, weil sie sich immer feindlich und grausam gegen sie gezeigt hatten, und sie saß und schaute auf die Dächer und Hinterhöfe da hinter dem Fenster, weil sie sich sehnte, lieber dort zu sein.

Aber sie war in steter Hut und durfte niemals hinaus, so daß sie den Genuß, im Müllkasten wühlen zu können, nur dann haben konnte, wenn diese unentbehrlichen Gefäße wieder im Hause waren. Aber an einem Märzabend, als die Kasten für den früh erscheinenden Müllwagen hinausgestellt wurden, nahm Majestät Analostan ihre Gelegenheit wahr, schlüpfte aus der Tür und verschwand im Nu aus dem Gesichtskreis.

Natürlich gab's da einen großen Aufruhr, aber Mieze fragte nach nichts, ihr einziger Gedanke war, wieder heimzukommen. Zunächst rannte sie spornstreichs davon, froh, mit jedem Schritte von dem Ort ihres letzten qualvollen Aufenthaltes weiter fortzukommen. Als sie dann etwas ruhiger geworden war und der Hunger sich zu regen begann, duckte sie sich lauernd in einem Vorgarten an die Wand, wo Sperlinge herumflatterten. Ein rauher März-Ostwind hatte sich erhoben, und dieser brachte ihr eine besonders willkommene Botschaft; ein Mensch würde es einen unangenehmen Dockgeruch genannt haben, für Mieze bedeutete es aber einen Gruß aus der Heimat. Sie trottete sofort die lange Straße ostwärts hinunter, immer an den Gittern der Vorgärten entlang, hin und wieder einen Augenblick wie ein Standbild stillstehend oder, immer darauf bedacht, die dunkelste Seite zu gewinnen, schnell über die Straße springend. Endlich kam sie zu den Docks und zum Meeresarm. Aber die Gegend war fremd für sie. Nun konnte sie sich am Wasser hin nach Norden oder nach Süden wenden. Ein unbestimmtes Gefühl zog sie jedoch nach Süden, und zwischen den lagernden Warenballen, den krumm verlaufenden Meereseinbuchtungen und den endlosen Einzäunungen dahineilend, gelangte sie nach ein paar Stunden zu vertrauten Gerüchen und bekannten Bildern; und ehe die Sonne aufging, war sie, müde und matt und halb lahm, durch dasselbe alte Loch in demselben alten Zaun und über die Mauer in ihren Hinterhof hinter dem Vogelkeller gekrochen, ja sogar zurück in dieselbe alte Kiste, wo sie geboren worden war.

Oh, hätte die Familie aus der Fünften Avenue sie nur hier in ihrer orientalischen Heimat sehen können!

Nach langer Rast kam sie ruhig, als sei nichts geschehen, von der alten Kiste herunter und schritt auf die Stufen zu, die nach dem Keller hinabführten, natürlich immer auf der Suche nach etwas Eßbarem. Da ging die Tür auf, und wer stand da? Unser Schwarzer, Herrn Malees »Hausmeister«. Er schrie in den Keller hinein: »Sehen Sie, Herr, kommen Sie her! Ist da nicht die Majestät Analostan zurückgekommen?« Jap kam und konnte gerade noch die Katze auf die Mauer springen sehen. Sie riefen laut in ihren lockendsten, weichsten Tönen: »Puß, Puß, arme Puß, komm, Miez!« Aber Mieze zeigte durchaus keine Lust, dem Rufe der beiden zu folgen; sie verschwand hinter der Mauer, um wieder wie in alten Zeiten auf Nahrungssuche zu gehen.

Majestät Analostan war für Jap das Große Los gewesen; sie hatte ihm die Mittel gebracht, seinen Keller besser auszustatten und ein paar Käfige mehr anzuschaffen. Es war nun für ihn von größter Wichtigkeit, Ihre Majestät wieder einzufangen. Köder von riechendem Fleisch und andere unfehlbare Lockmittel wurden ausgeworfen, bis Mieze, von ihrem alten Bekannten, dem Hunger, getrieben, sich an einen großen Fischkopf in einer Kastenfalle machte; der Schwarze, der sie beobachtet hatte, zog an der Schnur, der Deckel klappte zu, und eine Minute später befand sich Ihre Majestät Analostan wieder unter den Gefangenen im Keller. Inzwischen hatte Jap fleißig die Zeitungsanzeigen unter »Verloren« und »Gefunden« verfolgt. Richtig, da stand: »25 Dollar Belohnung« usw. Am selben Abend stellte sich Herrn Malees »Hausmeister« vor dem Hause der Fünften Avenue mit der verlorengegangenen Katze ein. Empfehlungen von Herrn Malee. Die Majestät Analostan sei in die Nachbarschaft und in die Wohnung ihres alten Herrn zurückgekehrt. Herr Malee habe das Vergnügen, die Majestät Analostan wieder zuzustellen. Natürlich konnte man Herrn Malee keine Belohnung anbieten, aber der Hausmeister war nicht abgeneigt und ließ sehr deutlich erkennen, daß er die versprochene Belohnung und noch etwas mehr erwarte.

Mieze wurde von nun an mit doppelter Sorgfalt bewacht; aber sie wurde von Tag zu Tag unbändiger und unzufriedener und hätte das alte Leben der Not diesem sorgenlosen Dasein bei weitem vorgezogen.

Der Frühling brach in New York mit aller Macht an. Die schmutzigen Sperlinge kugelten sich übereinander bei ihren Straßengossenkämpfen, allnächtlich fand in den Höfen Katzenkonzert statt, und die Familie in der Fünften Avenue plante ihre Übersiedlung aufs Land. Es wurde gepackt, das Haus geschlossen, und fort ging's nach dem Landhaus, einige fünfzig Kilometer weit, und Mieze ging in einem Korb natürlich mit.

»Gerade, was ihr fehlt: eine Luft- und Ortsveränderung, damit sie sich ihrer früheren Eigenschaften entwöhnt und sich wohlfühlt.«

Diese Reise war eine große Marter für die freiheitsdurstige Mieze, welche die ganze Zeit hindurch in ihrem dunklen Korb alles über sich ergehen lassen mußte: die Wagenfahrt auf dem holprigen Pflaster, die Umladung und Weiterfahrt auf der Eisenbahn, die ihr wegen der widerlichen Gerüche und der unbekannten, schrecklichen Geräusche besonders unangenehm war, die Einschiffung und Überfahrt auf der Dampffähre, die einige süße, heimatliche, nur zu schnell verfliegende Dockgerüche mit sich brachte, dann die Weiterfahrt auf der Eisenbahn, endlich wieder die Umladung in einen rumpeligen Wagen und zum Schluß die Ankunft im Landhaus. Da wurde der Korb aufgehoben und Mieze wieder in Freiheit gesetzt.

Hier behandelte jedermann sie mit besonderer Freundlichkeit. Man wollte es der königlichen Katze recht angenehm machen; aber in Wahrheit brachte es niemand fertig, ausgenommen – vielleicht die dicke Köchin, deren Bekanntschaft Mieze machte, als sie auf ihrer Wanderung durchs Haus in die Küche kam. Diese kugelrunde Person strahlte mehr heimische Düfte aus als irgend etwas, das unsere Katze seit Monaten angetroffen hatte, und sie übte auf die Majestät Analostan eine entsprechende Anziehung aus. Als die Köchin erfuhr, man hege die Furcht, die Katze werde nicht bleiben, sagte sie: »Das woll'n wir schon machen; wo sich 'ne Katze die Beine leckt, da is se auch zu Hause.« So fing sie die unnahbare Majestät in ihrer Schürze und beging das schreckliche Majestätsverbrechen, ihr die Füße mit Topffett einzuschmieren. Natürlich war das unserer Mieze sehr unbehaglich, wie ihr dort eigentlich alles unbehaglich war; sobald sie aber auf den Boden gesetzt wurde, fing sie an, ihre Pfoten zu lecken und fand offenbar Geschmack an dem Fett. Eine Stunde lang leckte sie an allen vieren, und die Köchin erklärte triumphierend: »Nu bleibt se ganz gewiß.« Und sie blieb auch, zeigte aber eine höchst auffällige, standeswidrige Vorliebe für die Küche, die Köchin und den Mülleimer.

Wenn diese eigentümlichen Neigungen auch mit Bedauern bemerkt wurden, so war man doch froh, Majestät Analostan zufriedener und zugänglicher zu sehen. Nach ein paar Wochen ließ man ihr mehr Freiheit, bewahrte sie auch vor jeder drohenden Gefahr; die Hunde lehrte man, sie nicht zu behelligen; keinem Jungen oder Mann am Ort wäre es auch nur im Traum eingefallen, einen Stein nach der Katze von königlichem Geblüt zu werfen. Auch zu essen hatte sie mehr als genug. Dennoch fühlte sie sich nicht glücklich. Sie sehnte sich nach vielem, sie wußte selbst nicht wonach. Alles hatte sie, ja, aber doch nicht das, was sie wünschte. Reichlich zu essen und zu trinken, gewiß, aber die Milch schmeckt nicht so gut, wenn man nach Belieben gehen und aus einer Untertasse trinken kann, soviel man will, man muß sie sich aus einer Blechkanne stehlen, wenn man Durst und Hunger im Leib nagen fühlt, sonst fehlt das Beste daran.

Ja, es gab in der Tat einen Müllhof hinter dem Haus und ebenso einen Hof daneben und noch dazu einen geräumigen – aber da gab es überall Rosen, was war das schon! Selbst die Pferde und Hunde rochen hier anders; das ganze Land ringsum war eine abstoßende Wüste widerwärtiger Gärten und Graswiesen ohne Leben, ohne eine einzige Mietwohnung oder einen Schornstein in der Nähe. Wie ihr das alles verhaßt war! Es gab nur ein einziges süßduftendes Gesträuch an dem entsetzlichen Platz, und das stand in einem verachteten Winkel. Es war für sie ein Vergnügen, daran zu knabbern und sich in den Blättern zu wälzen; es war ein lichter Punkt in dem trüben Bild, aber der einzige; denn seit ihrer Ankunft hatte sie noch keinen angegangenen Fischkopf gefunden; keinen echten Müllkasten zu Gesicht bekommen, und alles in allem war es der häßlichste, unangenehmste und schlechtestriechende Ort, den sie je kennengelernt hatte. Sicher wäre sie schon in der allerersten Nacht auf und davon gegangen, hätte sie es tun können. Später konnte sie es, aber inzwischen hatte sich ihre Anhänglichkeit an die Köchin entwickelt und bildete ein Band, das sie festhielt. Eines Tages aber – der Sommer war schon zu Ende – traf vieles zusammen, ihre Sehnsucht nach dem freien Leben wieder kräftig zu wecken.

Ein mächtiger Ballen, der in den Docks gelagert hatte, kam in das Landhaus. Was er enthielt, war ohne Belang, aber er hatte eine Menge höchst scharfer und anziehender Dock- und Hinterhofgerüche an sich. Sicher liegt der Sitz der Erinnerung in der Nase, und so wurden die Geister aus Miezes Vergangenheit ihr mit Gewalt vor die Seele gezaubert. Am nächsten Morgen zog die Köchin ab, infolge einer »Unstimmigkeit«, die gerade durch diesen Ballen heraufbeschworen war. Das hieß die Taue kappen, und dazu wollte am selben Abend der jüngste Sohn des Hauses, ein entsetzlicher kleiner Amerikaner, dem jeder Sinn für majestätische Hoheit abging, eine Blechdose an den Schwanz der Blaublütigen binden; Mieze aber antwortete auf diese Frechheit Jung-Amerikas mit einer Pfote, die für diesen Fall mit fünf Fischhaken ausgestattet war. Das Geheul des mißhandelten Amerikas brachte Amerikas Mutter auf die Beine. Ein von Frauenhand geworfenes Buch verfehlte natürlich sein Ziel, und Mieze wandte sich zur Flucht, natürlich die Treppe hinauf. Wird eine Ratte gejagt, so läuft sie die Treppe hinunter, ein Hund läuft in der Ebene fort, die Katze aber nach oben. Mieze versteckte sich im Dachstock so gut, daß man sie nicht auffand, und wartete die Nacht ab. Dann schlich sie die Treppe hinab, versuchte es so lange an allen Moskito-Türen, bis sie eine nicht geschlossene fand, und floh in die schwarze Augustnacht hinaus. Pechschwarz für Menschenaugen, war sie für unsere Katze nur grau. So fand sie unschwer ihren Weg durch die widerwärtigen Sträucher und Blumenbeete, knabberte zum letztenmal an ihrem einzigen Lieblingsstrauch und machte sich unverzagt auf den Heimweg.

Wie konnte sie denn auf einem Weg zurückkehren, den sie niemals gesehen hatte? Alle Tiere haben mehr oder weniger einen Richtungssinn. Er ist beim Menschen sehr schwach, beim Pferd sehr stark entwickelt, und Katzen haben auch ein reichliches Teil von dieser Gabe empfangen. Dieser geheimnisvolle Wegweiser führte sie westwärts, nicht klar und bestimmt, sondern nur als ganz allgemeiner Trieb, der einfach deshalb ein zuverlässiger Führer war, weil sich der Weg leicht verfolgen ließ. In einer Stunde hatte sie zweieinhalb Kilometer zurückgelegt und den Hudson erreicht. Dabei hatte ihr die Nase oft genug die Richtigkeit des Weges bestätigt. Ein Geruch nach dem andern kam ihr wieder, genau wie einem Menschen, der eine Strecke in einer fremden Straße gewandert ist, sich vielleicht auf keinen einzigen Zug des Straßenbildes besinnt, aber sich daran erinnert, wenn er es wiedersieht: »Ja, ja, das habe ich schon einmal gesehen.« So war Miezes Hauptführer der Richtungssinn, aber die Nase machte sie sicher: »Ja, jetzt hast du recht, hier sind wir im letzten Frühjahr durchgekommen.«

Am Fluß stieß die Katze auf die Eisenbahn; auf dem Wasser konnte sie nicht gehen, sie mußte sich also entweder nach Norden oder nach Süden wenden. In diesem Fall ließ ihr Richtungssinn keinen Zweifel, er sagte: »Südwärts!«, und Mieze trottete den Flußpfad zwischen der Eisenbahn und der Einzäunung entlang.

Das dritte Leben

Katzen können sehr schnell auf einen Baum oder über eine Mauer kommen. Handelt es sich aber darum, in langem, beständigem Trott Kilometer auf Kilometer stundenlang abzuhaspeln, so gilt nicht der Katzensprung, sondern der Hundetrott. Obwohl der Weg gut war und geradeaus führte, war eine Stunde vergangen, ehe sie weitere drei Kilometer zwischen sich und die Rosenhölle gebracht hatte. Sie war müde und ziemlich lendenlahm und gedachte sich auszuruhen, als ein Hund dicht bei ihr an den Zaun gelaufen kam und ein für ihre Ohren so schreckliches Gebell anschlug, daß sie entsetzt davonsprang. Sie lief so schnell wie möglich den Weg weiter und fürchtete dabei immer, es könnte dem Hund gelingen, auf die andere Seite des Zaunes zu kommen. Nein, noch nicht! Aber er rannte dicht an ihm entlang und bellte fürchterlich, während Mieze auf der sicheren Seite fortsteuerte. Das Bellen des Hundes ging in leises Rumpeln über, dann in ein lautes Rumpeln und Dröhnen, endlich in ein schreckliches Gedonner. Ein Licht schien immer heller. Mieze warf einen Blick zurück; nicht mehr der Hund, sondern ein riesiges schwarzes Ungetüm mit einem lodernden roten Auge kam an, heulend und spuckend, wie ein ganzer Hof voll Katzen. Mieze strengte alle ihre Kräfte aufs äußerste an, kam auch schneller vorwärts als je in ihrem Leben, aber über den Zaun zu springen wagte sie doch nicht. Sie lief wie ein Hund, sie flog dahin, aber alles umsonst; das Ungeheuer holte sie ein, verfehlte sie jedoch in der Dunkelheit und raste weiter in die Nacht hinein, wo es bald verschwand. Mieze aber duckte sich atemlos nieder; sie war seit dem ersten Hundegebell ihrer Heimat fast um einen Kilometer näher gekommen.

Das war ihr erstes Zusammentreffen mit dem fremden Ungetüm, fremd nur für ihre *Augen*, ihre *Nase* schien es schon zu kennen und sagte ihr, dies sei ein weiterer Merkstein für den Heimweg. Aber Mieze verlor bald fast alle Furcht vor diesen Ungeheuern. Sie waren offenbar sehr dumm und konnten sie nicht finden, wenn sie ruhig unter einen Zaun kroch und dort still liegenblieb. Bis zum Morgen war sie mehrmals mit ihnen zusammengestoßen, aber regelmäßig unverletzt davongekommen.

Um Sonnenaufgang kam sie zu einem hübschen kleinen Hofwinkel und war so glücklich, in einem Aschenhaufen noch etwas Genießbares zu finden. Den Tag über trieb sie sich um ein Stallgebäude herum, in dem sich einige kleine Jungen und zwei Hunde befanden, so daß es zwischen diesen beiden Feuern beinahe mit ihr aus gewesen wäre. Sonst war es dort ähnlich wie bei ihr daheim, aber trotzdem fiel es ihr gar nicht ein, dort zu bleiben. Die alte Sehnsucht trieb sie fort, und am nächsten Abend machte sie sich wieder auf. Den ganzen Tag hatte sie die einäugigen Donnerer vorbeirollen sehen und sich an sie gewöhnt; so lief sie die ganze Nacht ununterbrochen weiter. Den nächsten Tag brachte sie in einer Scheune zu, wo sie eine Maus fing, und der folgende Tag verlief wie der letzte, nur daß sie einen Hund traf, der sie zwang, eine lange Strecke auf der eigenen Spur zurückzulaufen. Mehrmals verlief sie sich, indem sie falschen Straßen folgte, aber regelmäßig fand sie sich früher oder später wieder zurecht und verfolgte die einmal eingeschlagene Richtung nach Süden. Tagsüber verbarg sie sich in Scheunen oder suchte Hunden und kleinen Jungen zu entgehen, und nachts humpelte sie ihre Straße weiter, denn sie hatte jetzt wunde Füße bekommen. Aber vorwärts ging es, südwärts, immer südwärts – Hunde, Jungen, Donnerer, Hunger – Hunde, Jungen, Donnerer, Hunger – doch weiter und immer weiter lief sie, und von Zeit zu

Zeit gab ihre Nase die erfreuliche Auskunft: »Das ist ganz gewiß ein Geruch, an dem wir im Frühjahr vorübergekommen sind.«

So verfloß eine Woche, und Mieze kam schmutzig, ohne blaues Band, mit wunden Pfoten, müde und matt an der Harlembrücke unweit der Stadt New York an. Obwohl die Brücke von köstlichen Gerüchen umhüllt war, gefiel sie unserer Mieze nicht. Die halbe Nacht wanderte sie am Ufer auf und nieder, fand aber keine andere Möglichkeit, weiter nach Süden zu kommen, als auf dieser oder einer anderen Brücke; auch sonst gab es nichts Besonderes außer der Tatsache, daß die Männer in dieser Gegend nicht minder gefährlich waren als die Jungen. Schließlich kam sie doch wieder zur Harlembrücke zurück; sie roch so vertraut, und von Zeit zu Zeit, wenn ein Einauge darüber lief, hörte die Müllkatze jenes eigentümliche, rumpelnde Donnern, das sich ihr auf der Frühjahrsreise so eingeprägt hatte. Die Ruhe der Nacht lag über die Erde ausgebreitet; als Mieze den einen Strebebalken hinaufkletterte, ließ sie sich auf einen tiefer liegenden Nebenbalken fallen und duckte sich nieder. Natürlich traf das dumme Ungeheuer sie nicht und rumpelte weiter, und alles wäre gut gegangen, aber das Ungeheuer kehrte um, oder ein anderes, ganz gleiches, kam plötzlich fauchend und sprühend hinter ihr her. Mieze sprang auf die Schienenbahn und strebte in fieberhafter Eile dem ersehnten Ufer zu. Sie hätte es auch heil erreicht, wäre nicht ein drittes rotäugiges Ungetüm zischend und pfeifend von diesem selben Ufer auf sie zugekommen. Alle Eile half ihr nichts, sie war zwischen zwei Feinde eingeklemmt. Es gab keinen Ausweg als einen verzweifelten Sprung von dem Holzwerk hinab in – sie wußte selbst nicht was. Hinab, hinab, hinab ging's – ratsch, platsch ins tiefe Wasser; kalt war es Ende August nicht, aber ach, so entsetzlich! Sie prustete und hustete, als sie wieder an die Oberfläche kam, schaute sich um, ob die Ungeheuer hinter ihr her schwämmen, und schlug die Richtung nach dem anderen Ufer ein. Niemals hatte sie schwimmen gelernt, und doch schwamm sie, einfach darum, weil die Haltung und die Bewegungen der Katze beim Schwimmen die gleichen sind wie beim Gehen. Sie war an einen Ort geraten, der ihr nicht behagte – kein Wunder, daß sie fortstrebte und ihre vier Beine bewegte: Sie schwamm zum Ufer. Zu welchem Ufer?

Die Sehnsucht nach der Heimat geht niemals fehl: Das Südufer war das einzige, der Heimat nächstliegende. Sie strampelte hinaus, triefend naß, die schlammige Böschung hinauf und zwischen Kohlen- und Staubhaufen hindurch, und sah bald so schwarz, schmutzig und unmajestätisch aus, wie eine Straßenkatze nur aussehen kann.

Als sie sich vom ersten Schreck erholt hatte, fühlte sie sich nach dem Bad um so wohler. Ein wohltuendes Gefühl äußerer Wärme vereinte sich mit dem wohltuenden Gefühl innerer Überlegenheit; denn hatte sie nicht den Kampf mit drei von den furchtbaren Riesen glücklich überstanden?

Ihre Nase, ihre Erinnerung und ihr Richtungssinn trieben sie an, wieder den Geleisen zu folgen; aber dort drohten die entsetzlichen Donnerwesen, und so veranlaßte sie die Vorsicht, sich seitwärts zu wenden und dem Strand mit seiner heimische Gerüche atmenden Luft zu folgen; so blieb sie glücklich vor den Schrecken des dort liegenden Tunnels bewahrt.

Länger als drei Tage irrte sie in den Ausbuchtungen des East River umher. Einmal geriet sie auch versehentlich auf eine Dampffähre und wurde auf ihr nach dem New York gegenüberliegenden Long Island befördert, aber sie benutzte die nächste Gelegenheit zur Rückfahrt. Endlich, in der dritten Nacht, erreichte sie bekannten Boden, nämlich die Stelle, wo sie die Nacht nach ihrer ersten Flucht zugebracht hatte. Von da an ging es schnell und sicher vorwärts, denn nun wußte sie genau, wohin sie wollte. Auch war sie nun durch die hohe Schule der Listen im Kampf mit Hunden und Menschen gegangen. Rascher bewegte sie sich, und glücklicher fühlte sie sich bei dem Gedanken, daß sie sich in wenigen Minuten sicher und gemütlich in ihrer »orientalischen« Heimat, ihrem alten Hinterhof, ausstrecken könne. Noch eine Wendung, und sie mußte den Häuserblock zu Gesicht bekommen.

Aber – was war das?! Er war nicht mehr da, Mieze wollte ihren Augen nicht trauen, aber es half alles nichts. Da, wo früher gerade oder krumm oder schief die Häuser des Blocks emporgestrebt hatten, da war jetzt ein wüstes Durcheinander von Stein- und Holzmassen, und dazwischen klafften große Löcher im Boden.

Mieze wanderte ringsherum. Sie erkannte aus vielen Bruchstücken und den anhaftenden Gerüchen, daß sie in der alten Heimat war, daß der Vogelhändler hier gelebt hatte und dort ihr alter Müllhof gewesen war, aber alles war zerstört, völlig zerstört und hatte nur noch eine Spur von den ihr ans Herz gewachsenen heimischen Gerüchen. Mieze wandte sich bedrückt und mit dem Gefühl völliger Verzweiflung hinweg. Die Liebe zur vertrauten Örtlichkeit war das vorherrschende Gefühl in ihr. Alles hatte sie aufgegeben, um eine Heimat zu erreichen, die gar nicht mehr da war, und wieder fühlte sich ihr tapferes kleines Herz wie zertreten. Sie schritt über die stumme Öde und fand weder Trost noch irgend etwas zu essen. Die Zerstörung erstreckte sich über mehrere Straßen und reichte bis zum Strand. Es war kein Feuer; das hatte Mieze schon einmal erlebt; eher sah es aus, als habe hier ein ganzer Haufen der rotäugigen Ungeheuer gehaust. Mieze wußte freilich nichts von der großen Brücke, die sich gerade von hier aus erheben sollte.

Als die Sonne heraufkam, suchte die arme Heimatlose ein Unterkommen. Ein benachbarter Block stand zur Zeit noch, und dahin zog sich Majestät Analostan zurück, da sich auch an ihn einige Erinnerungen knüpften. Aber zu ihrem Erstaunen fand sie, daß es dort von Katzen wimmelte, die, wie sie selbst, das alte Heim verloren hatten; und als die Müllkästen hinausgestellt wurden, hingen bald an jedem ein paar Katzen. Hungersnot herrschte in dem Lande. Nachdem Mieze das Elend ein paar Tage durchgemacht hatte, begab sie sich ergeben in ihre zweite Heimat in der Fünften Avenue, aber da war alles verschlossen und wie ausgestorben. Sie wartete einen Tag lang vergeblich auf eine Änderung, hatte noch einen unangenehmen Zusammenstoß mit einem großen Mann in blauem, goldbeknopftem Rock und kehrte in der nächsten Nacht an den überfüllten Standort zurück.

September und Oktober gingen langsam dahin. Viele Katzen kamen vor Entbehrung um oder waren zu schwach, den Nachstellungen ihrer natürlichen Feinde zu entgehen. Mieze aber half ihre Jugendkraft durch die Zeit der Not.

Auf dem Trümmerfeld war eine große Veränderung vor sich gegangen. An die Stelle der früheren Grabesruhe war lärmendes Leben getreten. Bald war, Ende Oktober, ein schlankes, hohes Gebäude fertig, und unsere Mieze näherte sich, vom Hunger getrieben, eines Morgens geduckt einem Mülleimer, den ein Neger, wie sie dachte, vor dieses neue Haus gestellt hatte. Unglücklicherweise war der Eimer nicht für Küchenabfälle bestimmt; er war eine neue Erscheinung in dieser Gegend: ein Scheuereimer. Eine traurige Enttäuschung, aber dabei war doch ein kleiner Trost, denn an dem Griff haftete ein vertrauter Geruch. Während sie diesen noch prüfte, kam der schwarze Aufzugswärter wieder heraus. Trotz seiner blauen Uniform verstärkte der Geruch seiner Person den angenehmen Eindruck, den der Eimergriff gemacht hatte. Mieze hatte sich aber vorsichtig auf die andere Straßenseite zurückgezogen, während der Neger sie unverwandt anschaute.

»Ist das nicht die Majestät Analostan?« rief er dann. »Hier, Miez, Miez! Komm doch, Miez, hier! Ich seh's, sie hat Hunger.«

Hunger! Seit Monaten hatte sie keine richtige Mahlzeit gehabt. Der Neger verschwand im Gebäude und kam bald wieder mit einem Teil seines eigenen Frühstücks zum Vorschein.

»Hier, Miez, Miez, Miez, Miez!« Es sah sehr gut und verführerisch aus, aber Mieze traute dem Frieden nicht recht. Endlich legte der Mann den Schinken auf das Pflaster und ging zurück zur Tür. Unsere Katze kam sehr mißtrauisch näher, beschnüffelte das Fleisch, ergriff es und rannte wie eine kleine Tigerin davon, um ihre Beute in Ruhe zu verzehren.

Das vierte Leben

Damit begann eine neue Zeit. Sobald Mieze jetzt den Hunger nagen fühlte, kam sie an die Tür des neuen Gebäudes, und sie bekam eine immer bessere Meinung von dem Neger. Offenbar hatte sie den Mann bisher nicht richtig verstanden; sie hatte ihn immer für ihren Feind gehalten, und nun erwies er sich als ihr Freund, als der einzige Freund, den sie hatte.

Eine Woche lang hatte sie großes Glück. Es gab sieben gute

Mahlzeiten an sieben Tagen hintereinander, und wie zum Nachtisch fand sie nach dem letzten Mahl eine fette tote Ratte – ein ausgemachter Glücksfall. In ihrem ganzen Leben hatte sie bisher kaum eine ausgewachsene Ratte getötet, jetzt aber packte sie erfreut die Beute und schleppte sie als köstlichen Vorrat für späteren Bedarf davon. Als sie an dem neuen Gebäude vorüberkam, erschien gerade ein alter Feind von ihr, der Werfthund, auf der Bildfläche, und Mieze zog sich natürlich nach der Tür hin zurück, hinter der sie ihren Freund wußte. Gerade als sie der Tür nahe kam, machte der Neger diese auf, ein feingekleideter Mann trat heraus, und beide sahen die Katze mit ihrer Beute.

»Sieh da, was für eine Katze!«

»Ja, Herr, es ist meine Katze, sie ist ein Schrecken für die Ratten, Herr! Hat sie alle rein umgebracht, daß keine mehr da sind, darum sieht sie auch so dünn aus.«

»Nun, lassen Sie sie keine Not leiden«, sagte der Mann mit der herablassenden Miene eines reichen Hausbesitzers, »Sie müssen sie füttern!«

»Ja, Herr, der Lebermann kommt jeden Tag, einen Vierteldollar die Woche«, erwiderte der Neger, indem er schnell besonnen den Mehrbetrag von fünfzehn Cent als Lohn für seinen guten Einfall in den eigenen Beutel rechnete.

»Schon gut. Das ist meine Sache.«

»Milz und Leber!« ertönt der katzenbeschwörende Zauberruf des alten Fleischmannes, während er seinen Schubkarren vor sich her schiebt, und in Scharen kommen die Katzen wie ehemals, um ihr Teil zu erhalten.

Da gibt's schwarze, weiße, gelbe und, nicht zu vergessen, graue Katzen, und vor allem gibt es Katzenherren und -herrinnen, die man alle im Kopf haben muß. Der Karren hält vor dem neuen Gebäude.

»Ihr da, gemeines Pack, schert euch!« schreit der Lebermann und fuchtelt mit seinem Stecken, um den Weg für die kleine graue Katze mit den blauen Augen und dem weißen Näschen frei zu machen. Sie erhält ein ungewöhnlich großes Stück, denn Sam teilt seine Einnahme in zwei gleiche Teile, und Mieze zieht sich mit ihrer Tageszuteilung in einen stillen Winkel des großen

Gebäudes, das nun das ihre ist, zurück. Sie ist in ihr viertes Leben eingetreten, das ein Glück verheißt, wie sie es sich nie hat träumen lassen. Zuerst war alles gegen sie, jetzt schien alles für sie zu sein. Daß sich ihr Gesichtskreis durch das Reisen erweitert hat, ist sehr zweifelhaft; aber sie wußte, was ihr guttat, und es ward ihr zuteil. Auch befriedigte sie ihren langgenährten Ehrgeiz, indem sie nicht *einen* Sperling fing, sondern gleich zwei, nämlich zwei, die sich im Rinnstein balgten.

Wir haben keinen Grund anzunehmen, daß sie je eine weitere Ratte gefangen hat; aber der Schwarze schafft womöglich eine tote herbei, die er vorweisen kann, damit das Kostgeld nicht entzogen werde. Die tote bleibt im Flur liegen, bis der Eigentümer kommt, dann wird sie mit Entschuldigungen fortgefegt. »Ja, man muß sich vorsehen bei der Katze; 's ist feine Rasse, 's ist ein Schrecken für die Ratten.«

Seitdem hat sie mehrmals Junge gehabt. Der Schwarze denkt, der Gelbe Tom sei der Vater, und sicher hat der Schwarze meistens recht.

Verschiedene Male hat er unsere Mieze verkauft, und zwar mit dem besten Gewissen von der Welt; weiß er doch, daß es nur eine Frage von wenigen Tagen ist, bis Majestät Analostan wieder heimkommt. Zweifellos legt er das Geld zur Erreichung eines hohen, ehrgeizigen Zieles zurück. Mieze ihrerseits hat sich mit dem ihr erst so unheimlichen Aufzug befreundet; sie fährt darin hinauf und hinunter. Ja, der Neger behauptete steif und fest, sie habe einmal, als sie im obersten Stockwerk war und den Fleischmann kommen hörte, sich in die Höhe gereckt, mit der Vorderpfote den Knopf gedrückt und so den Aufzug hinaufbekommen, um dann damit hinunterzufahren.

Sie ist wieder rund und schön. Sie gehört nicht nur zu den Vierhundert des inneren Schubkarrenkreises, sondern sie ist als vornehmste Kostgängerin allgemein anerkannt. Der Lebermann behandelt sie geradezu mit Hochachtung. Nicht einmal die mit Rahm und Küchlein aufgefütterte Katze der Pfandleihersfrau kann sich mit der Majestät Analostan messen. Aber trotz ihres Glücks, ihrer gesellschaftlichen Stellung, ihres königlichen Namens und ihres Stammbaums gibt es für sie doch im Leben kein größeres Vergnügen, als hinauszukriechen und sich in der Dämmerung herumzutreiben; denn jetzt wie in allen ihren früheren Lebensphasen ist sie im Grunde nichts anderes und will nichts anderes sein als eine schmutzige kleine Müllkatze.

Era Zistel
Mildred

Die beiden Frauen beugten sich über die Kiste, in der die Katzenmutter lag.

»Ich lasse ihr die weiße und die schwarze, denke ich.«

»Und die anderen willst du ermorden? Wie kannst du nur!«

»Ich muß. Wo sollte ich sechs Junge unterbringen?«

»Die niedliche kleine Gefleckte? Die willst du nicht behalten?«

»Die Buntscheckige?« Die Frau langte hinunter und hob das Junge am Nacken hoch. Die Katzenmutter verfolgte jede Bewegung, die großen Augen spiegelten besorgten Stolz. »Nein, die nicht. Ein Mädchen. Ich kenne niemanden, der ein Katzenmädchen haben möchte.«

»*Ich* möchte sie haben.«

»Bist du verrückt? Was willst *du* denn mit einer Katze anfangen?«

»Also – ich finde sie niedlich. Und ich will nicht, daß sie umgebracht wird.«

Die Frau legte das Kleine wieder in die Kiste, und die Mutter wusch sie hingebungsvoll.

»Überleg dir das noch mal. Ich behalte sie bis morgen.«

»Das brauche ich mir nicht noch mal zu überlegen.«

»Du willst sie also wirklich? Du bleibst dabei?«

»Ich ändere meine Entschlüsse nie. Ich habe gesagt, ich nehme sie, nicht wahr?«

Und so entschied eine Laune über Mildreds Schicksal. Sie war dazu bestimmt, am Leben zu bleiben.

Die erste Nacht, die sie in ihrem neuen Heim verbrachte, mauzte sie kläglich und hielt ihre Besitzerin die ganze Nacht lang wach, was zur Folge hatte, daß diese am nächsten Tag bei ihren Verhandlungen mit dem Fleischer, dem Bäcker und dem Kerzenzieher eine gewisse nörgelnde Unzufriedenheit an den

Tag legte. In der folgenden Nacht fing Mildred wieder an zu mauzen, aber dann fand sie das Bett, in dem ihr Frauchen lag, und nachdem sie es sich darin bequem gemacht hatte, ein Stück unter dem Kissen, wo die schwere, süße Wärme sie wie eine starke Droge einhüllte, vergaß sie allmählich jene andere Wärme, aus der man sie genommen hatte.

»Brave kleine Mildred«, murmelte ihr Frauchen und streichelte den kleinen Körper ihrer Gefährtin mit träger, besitzergreifender Hand. »Süße Träume, meine Zuckerpflaume!«

Mildred gewöhnte sich daran, auf »Zuckerpflaume« und auf verschiedene andere Kosenamen zu hören. Sogar der Ausruf »meine kleine Pampelmuse« ließ sie, wenn er in einem bestimmten Ton erfolgte, aufmerksam ein Ohr spitzen, und wenn dieser Ton noch ein ganz klein wenig verstärkt wurde, kam sie angesprungen, Schwanz hochgestellt, Vorder- und Hinterpfoten auf verschiedenen Spuren laufend, dorthin, wo ihr Frauchen sich gerade aufhielt.

An ihr war nichts auszusetzen, und sie selber fand auch nichts auszusetzen. Sie vergötterte ihr Frauchen, und ihr Frauchen vergötterte sie. Und in solch unnormalem Zustand vollkommenen Einvernehmens lebten sie mehr als vier Monate lang, bis ein anderes Wesen auf der Bildfläche erschien und mit ihm ein neuer Kosename in Gebrauch kam.

Die ersten paar Male, als Mildred die Worte »Harry Liebling« in jenem besonderen Ton gesprochen hörte, sprang sie auf ihr Frauchen zu, nur um dann geistesabwesend gestreichelt zu werden. Danach spitzte sie nur aufmerksam ein Ohr. Sie durfte den Ruf nicht gänzlich ignorieren, denn da dieser Ton so lange ihr gegolten hatte, bestand immer noch die Chance, daß er ihr wieder gelten konnte. Nach einer Weile bekam sie es heraus. Der Ruf galt Harry, wenn er da war. Wenn Harry nicht da war, galt er ihr. Sie haßte Harry.

Sie haßte ihn nicht nur deswegen. Er war der Typ, der ihr ohne ein »Darf ich?« oder »Verzeihung!« oder sogar ein »Schsch!« mit gleichgültiger Hand einen Schubs versetzte, so daß sie plötzlich aufschreckte und sich zu einem überstürzten ungeschickten Abgang von dem Stuhl gezwungen sah, den er okkupieren wollte. Sie haßte ihn nicht wegen seiner Grausamkeit, denn er tat ihr niemals wirklich weh, sondern wegen seiner Gleichgültigkeit. Sie haßte ihn, weil nicht einmal ihr liebevollster Blick, den sie ihm in der ersten Zeit mit schamloser Falschheit geschenkt hatte, ihn von anderen Beschäftigungen wegzulocken vermochte; weil nicht einmal ihre ausgefallensten Streiche ihn dazu bewegen konnten, zu lächeln und ihr freundlich eine Hand entgegenzustrecken. Sie haßte ihn, weil er daran schuld war, daß sogar ihr Frauchen während seiner Anwesenheit und manchmal noch Stunden danach vergaß, daß es eine Mildred im Haus gab. Aber am meisten haßte sie ihn, weil sie seine wilde Entschlossenheit spürte, das in Besitz zu nehmen, was bis zu seinem Erscheinen allein ihr gehört hatte.

Manchmal, wenn er, in ihrem Lieblingssessel sitzend, stumm die Zeitung las und sie auf dem Fußboden hockte, den Rücken ihm zugewandt, und sich ruhig das Gesicht wusch, während sich ihr Frauchen im Schlafzimmer zum Ausgehen fertig machte, spürte sie den heimlichen, lautlosen Krieg, der zwischen ihnen tobte. Vielleicht spürte er ihn ebenfalls. Denn manchmal, wenn sie mit schneller Bewegung den Kopf drehte und ein paarmal nervös an ihrem Schwanz leckte, sah sie, daß die Hand, die die Zeitung hielt, herabgesunken war und seine Augen sie anstarrten. Dann sträubten sich die Haare auf ihrem Rückgrat.

Schließlich begann sie ihn zu fürchten: als sie merkte, daß seine Haltung ihr gegenüber nicht mehr nur Gleichgültigkeit war.

Wenn Harry wütend war, ging er mit langen Schritten im Zimmer auf und ab.

Die Frau beobachtete ihn, und aus einer weitentfernten Sofaecke, in der sie sich sicher fühlen konnte, beobachtete ihn auch Mildred. Die Bewegung der beiden Augenpaare war durch das hin und her gehende menschliche Pendel so koordiniert, daß es aussah, als verfolgten sie ein langsames Tennismatch.

»Ich will es nicht!« sagte Harry und stolzierte in dem kleinen Zimmer hin und her, in dem sein Zorn sich nicht verflüchtigen konnte. »Nicht in meinem Haus. Ich will es nicht. Die Möbel zerkratzt. Überall Katzenhaare. Jedesmal, wenn ich mich auf einen deiner verdammten Stühle setze, muß ich eine Woche lang bürsten, um das Zeug von meinen Hosen herunterzukriegen. Und dauernd dieses ganzes Getue ihretwegen! Lieber Gott, manchmal könnte man denken, es sei ein Baby und nicht eine Katze, so wie du von ihr sprichst. Es ist ekelhaft.

Herrje, es ist Zeit für Mildreds Dinner!« ahmte er sie höhnisch nach. »Tut mir leid, ich muß rasch weg ... ja, beeil dich, beeil dich, beeil dich; meine kostbare Mildred stirbt vor Hunger. Sie weiß doch nicht, was mit mir ist. Sie wird besorgt sein, sie wird hungrig sein, sie wird sich einsam fühlen ... Mein Gott. Mach noch eine Weile so weiter, dann werde ich auch noch verrückt. Wenn es wenigstens ein Hund wäre, das könnte ich vielleicht noch verstehn. Aber so viel Gewese wegen einer Katze, und noch dazu einer lausigen kleinen Straßenkatze ...«

Er versetzte der Kante einer Falten werfenden Brücke einen Tritt, fand Spaß daran und ließ auf dem Rückweg einen zweiten Tritt folgen.

»Mir scheint, du bist der, der das Gewese macht, Harry«, wandte die Frau schüchtern ein. »Wenn ich nur wüßte, was ich mit ihr tun soll ...«

»Mit ihr tun? Gib sie weg. Wirf sie raus. Irgendwas. Nur schaff sie fort, das ist alles. Sie oder ich, verstehst du? Ich liebe dich. Ich will dich heiraten. Aber ich will verdammt sein, wenn ich deine Katze mitheirate.«

Die Frau fühlte, wie ihre Widerstandskraft nachließ, und brach in Tränen aus.

Mildred, die am äußersten Ende des Sofas saß, spürte die Spannung zwischen den beiden, die sie beobachtete, und das erste Aufflackern von Angst. Genau in diesem Augenblick langte ihr Frauchen plötzlich nach ihr, nahm sie in die Arme, drückte sie fest an sich, so fest, daß es weh tat, und ließ nasse Tropfen auf Mildreds makelloses Fell fallen. Mildred empfand das nicht nur als peinlich, sondern auch als ausgesprochen unangenehm. Eine eigentümliche, ihr bisher unbekannte Mischung aus Abscheu und Entsetzen zwang sie, sich freizukämpfen aus den ihren Besitz umklammernden Armen, die sich krampfhaft zuckend immer fester um sie schlossen, aus der klebrigen Nässe und den gräßlichen Lauten, die ihr Frauchen von sich gab. Sie kämpfte. Ein Geräusch von zerreißendem Stoff, ein bestürzter Aufschrei, ein Fluch von Harry. Dann war sie unter einem Stuhl in der Ecke des Zimmers und leckte sich das Tränensalz aus dem Fell und ein paar Blutstropfen von ihren scharfen Krallen.

Sie hatte sich falsch verhalten. Sie wußte fast sofort, daß sie in ihrem heimlichen Kampf mit Harry an Boden verloren hatte. Weil er, obwohl er über sie fluchte, nicht mehr wütend war. Er war zufrieden, er triumphierte!

Von nun an, wenn sich die Szene wiederholte, was immer öfter der Fall war, ließ sie sich widerstandslos hochnehmen, pressen und drücken und mit den Tränen ihres aufgeregten Frauchens benetzen. Mit schlaffem Körper und geschlossenen Augen ließ sie das alles stoisch über sich ergehen, ohne jede Lebensäußerung, von ihrem Herzschlag abgesehen, bis zu dem Augenblick, in dem ihr Frauchen sich umdrehte und ihre Arme plötzlich um Harry schlang. Dann sprang sie mit einem Satz von dem Schoß hinunter, der sie für eine Weile vergessen hatte, und verbrachte die nächste herrlich ruhige Stunde damit, ihr zerzaustes Fell zu glätten und die salzige Tränenflüssigkeit wegzureiben.

Das ging einige Zeit so weiter, bis sie ihren nächsten und entscheidenden Fehler machte. Es geschah, als ihr Frauchen nachts im Bett zu weinen anfing. Nach über vier Monaten gleichbleibender Ruhe war Mildred überzeugt davon, daß die Nacht zum Schlafen da war. Als ihr Frauchen sie aus ihrem angenehmen Nirwana riß, sie an die Brust drückte, das Bett mit ihrem Schluchzen zum Wackeln brachte, sie wieder freigab, um sich die Nase zu putzen, und sie dann erneut an sich preßte, fand Mildred das unangenehm und unverständlich. Sie wartete ruhig, geduldig, bis ihre Herrin es das nächste Mal für nötig hielt, sie freizulassen, um nach einem Taschentuch zu suchen. Dann flüchtete sie mit einem schnellen Sprung aus dem Bett. Sie überhörte die klägliche Stimme, die nach ihr rief und sie bat zurückzukommen, und verbrachte den Rest der Nacht zusammengerollt auf ihrem Lieblingsstuhl im Wohnzimmer.

Und das war das Ende.

Am nächsten Tag war ihr Frauchen nicht mehr dieselbe. Am Morgen übersah sie Mildred. Genau wie Harry ging sie eine Zeitlang im Zimmer auf und ab, danach setzte sie sich hin und weinte, und dann hob sie Mildred auf den Schoß. Sie nahm Mildreds kleinen Kopf zwischen die Hände und zwang sie, ihr in die Augen zu blicken. Mildred haßte das. Sie blickte ihrem Frauchen liebend gern in die Augen, aber nur, wenn sie Lust dazu hatte, nicht, wenn sie dazu gezwungen wurde. Also drehte sie den Kopf bald nach der einen, bald nach der anderen Seite und versuchte freizukommen, bis ihr Frauchen sie schließlich loslassen mußte, aber erst, nachdem sie ihr mit der Hand einen Klaps gegeben hatte, der Mildred mehr erschreckte, als daß er ihr wehtat.

Verwirrt und wütend zog sie sich auf ihren Stuhl zurück und machte mit ihrer Zunge hastig die Schäden wieder gut, die man ihrem Äußeren zugefügt hatte. Ihr Frauchen weinte immer noch, aber nach einer Weile beruhigte sie sich, und schließlich wurde sie ganz still. Unendlich erleichtert entspannte sich Mildred, faltete ihre Pfoten unter ihrer hübschen kleinen Brust und versank in einen angenehmen Tagtraum. Doch bald merkte sie, daß etwas anderes im Anzug war. Ihre Herrin ging wieder auf und ab, aber diesmal entschlossener, als bereite sie sich darauf vor auszugehen. Das war an sich nichts Ungewöhnliches, nur die Art, wie sie ging, ihr finsteres Schweigen ... etwas lag in der Luft ...

Als sie sich Mildred wieder näherte, geschah es lediglich, um Mildred etwas um den Hals zu legen. Dabei fiel kein Wort. Ihre Augen blickten fremd, unfreundlich, ihre Hände waren gleichgültig wie die einer Fremden. Mildred schaute hinunter auf das Ding, das um ihren Hals hing, und versuchte es mit der Zunge loszuwerden, aber sie entdeckte, daß es sich nicht wegwaschen ließ.

Dann plötzlich, ohne Warnung, nahmen diese gleichgültigen Hände sie hoch und trugen sie durch das Zimmer zu der einen Tür, hinter der sie noch nie gewesen war, seit sie durch sie hineingekommen war. Das lag zu lange zurück, als daß sie sich noch daran hätte erinnern können. Die Tür öffnete sich und schloß sich hinter ihr mit einem lauten und endgültigen Knall. Auf der anderen Seite der Tür war Schrecken und Wahnsinn, war Getöse, Hupen, Quietschen, Rasseln, brüllende Tollheit. Mildred kämpfte stumm, wild, außer sich, grub ihre Krallen tief in alles Erreichbare, aber sie konnte sich nicht aus den Fangarmen befreien, die sie festhielten.

Nach einer Weile öffnete sich eine andere Tür und schloß sich, und alles war wieder still. Der Schrecken verebbte, und an seine Stelle trat Erschöpfung. Sie war in Sicherheit, sie wurde in Armen gehalten, die sie kannte, und für den Augenblick war das genug. Aber nun stellte ihr Frauchen sie auf den Boden, mitten in die fremde, unvertraute Umgebung. Der Schrecken kehrte zurück. Sie versuchte sich auf die Arme hinaufzukrallen, doch sie wurde weggeschoben und weggestoßen. Wieder öffnete und schloß sich eine Tür, und sie war allein.

Einen Augenblick lang begriff sie weder, wo sie sich befand, noch was mit ihr geschehen war. Sie blieb da, wohin man sie gestellt hatte, verharrte völlig regungslos, kein Muskel bewegte sich, ihre Augen starrten blicklos. Dann drehte sie sich rasch um und kratzte an der Tür, durch die ihr Frauchen so schnell verschwunden war. Die Tür ging nicht auf. Sie roch daran, versuchte die Pfote durch einen engen Spalt zu schieben, versuchte ihn schnell und mit wilder Energie zu erweitern, gab das auf und drehte sich wieder um, die fremde Welt rings um sich zu erforschen.

Sie befand sich in einer kleinen, leeren Vorhalle, aus der eine lange Treppe aufwärts führte. Die Vorhalle wie die Treppe lagen totenstill und reglos da, aber für empfindliche Nüstern gab es eine Fülle von Gerüchen. Sie schritt den Umkreis des kleinen Raums ab, roch eingehend an den Wänden, dem Fußboden und der ersten Stufe. Viel Leben war hier festgehalten, doch da das meiste davon außerhalb ihres Erfahrungsbereichs lag, hatte es keine Bedeutung für sie.

Als sie ihre Inspektion beendet hatte, setzte sie sich in eine Ecke und wartete. Sie wartete lange. Das Ding, das ihr um den

Hals hing, begann sie zu ärgern. Sie kratzte daran, reckte den Hals und schob ihre rosa Zungenspitze vor, doch es drehte sich nur immerfort um ihren Hals herum. Sie konnte es einfach nicht loswerden. Sie schüttelte den Kopf, scheuerte mit der Pfote an einem Ohr, erhob sich und setzte sich wieder. Eine undeutliche Erinnerung gewann langsam Gestalt, eine Erinnerung an ihre Babyzeit, als sie sich in dem riesigen Raum verloren gefühlt und geweint hatte: dann kam ihre Mutter auf sie zugelaufen, leise mauzend, und zeigte ihr den Weg zurück in ihre Kiste.

Es war eine angenehme Erinnerung, bei der ihr wohlig warm wurde. Ihre Spannung ließ nach. Sie öffnete das Mäulchen, und ein leiser Laut kam heraus, der Ruf des Katzenbabys, das sich verirrt hatte. Ihr wurde immer wohliger zumute. Sie wiederholte den Ruf, lauter, immer lauter. Und endlich kam vom oberen Ende der Treppe ein Laut als Antwort.

Die Frau klopfte, wartete, klopfte noch einmal. Die Tür öffnete sich.

»Entschuldigen Sie bitte«, sagte die Frau, »aber ist das Ihre Katze da unten im Flur?«

Die andere Frau drehte sich um und blickte hinter sich. »Nein«, sagte sie, »meine ist hier.«

»Ach, dann verzeihen Sie. Da unten miaut eine Katze, und ich dachte –«

»Im Flur? O ja, jetzt höre ich es auch.« Die andere Frau zog die Tür zu, und die beiden gingen die Treppe hinunter.

Mildred hörte sie kommen, blickte auf und eilte den ersten Treppenabsatz hoch, ihnen entgegen. Auf dem Treppenpodest blieb sie stehen, setzte sich hin und wartete. Sie öffnete das Mäulchen, aber jetzt gab sie keinen Laut von sich. Ihr Ruf war ja irgendwie beantwortet worden. »Na«, sagte die eine Frau, »hallo, Kätzchen. Wie bist du denn hier hereingekommen?«

Mildred erhob sich, den Schwanz steil aufgerichtet wie eine Fahnenstange, und setzte sich gleich darauf wieder hin. Sie blinzelte und öffnete ihr Mäulchen noch einmal, ohne einen Ton von sich zu geben. Ihre runden Augen blickten flehend erst die eine, dann die andere Frau an.

»Sie muß irgend jemandes Hauskatze sein. Sehen Sie doch, wie zutraulich sie ist!«

Die Frau beugte sich vor und strich Mildred über den Kopf. Ihre Hand hielt inne, tastete dann suchend herum.

»Warten Sie ... da ist etwas um ihren Hals. Nanu ... was ist das?«

Mildred saß unbeweglich da.

»Mein Name ist Mildred«, las die Frau, drehte dann das Pappschild um und sah die Worte auf der anderen Seite: »Bitte sei gut zu mir!«

»Jemand muß sie hier hereingebracht haben.«

»Ja. Wahrscheinlich haben sie festgestellt, daß die Tür unverschlossen ist, da haben sie sie in den Hausflur geschoben und sind weggegangen.«

»Ja, meinen Sie? Sie wollten dich nicht mehr, meine arme Mildred? Warum bloß, frage ich mich. Du bist so ein hübsches kleines Ding.«

Beim Klang ihres Namens stand Mildred auf. Es tat ihr wohl, ihn zu hören, aber die Art, wie die beiden Frauen sie betrachteten, ließ sie wieder unsicher werden. Dies hier war eine Art Krisis, und sie wußte nicht, wie sie ihr begegnen sollte. Sie machte einen Buckel und stolzierte grazil von der einen Frau zur anderen, rieb ihren Körper gegen deren Beine, fühlte ihre Freundlichkeit und ihr Mitleid, merkte aber zugleich, daß etwas anderes, was sie am meisten brauchte, ihr nicht gewährt wurde. Schließlich setzte sie sich wieder vor die beiden hin, adrett, die kleinen Pfoten ordentlich nebeneinander gestellt, den Schwanz an den Körper geschmiegt. Alle ihre Empfindungen legte sie in ihren Blick, als sie zu ihnen hochschaute. Aber die beiden blieben stumm.

»Was meinen Sie, was sollen wir mit ihr tun?« sagte die eine der beiden schließlich.

»Wenn ich das wüßte! Wenn ich keinen Hund hätte ...«

»Wenn ich nicht schon eine Katze hätte, würde ich sie nehmen. Aber meine würde sie in Stücke reißen.«

»Und ebenso mein Hund.«

»Wir können doch nicht zulassen, daß sie getötet wird?«

»Sie ist so ein hübsches Ding. Und so sanft.«

»Ja, das wäre jammerschade, aber ... was ist mit Larry?«
»Oh, Larry würde sie nehmen, glaube ich.«
»Wir können ihn morgen früh fragen.«
»Ja, aber wo lassen wir sie heute nacht?«
»Sie kann draußen auf dem Hof bleiben. Heute nacht bleibt es trocken. Ich lege eine alte Decke ans Fenster und gebe ihr Milch und etwas zu fressen.«
»Ja, tun wir das.«
Mildred sah sie erwartungsvoll an. Es war eine Entscheidung gefällt worden, soviel wußte sie. Würden sie sie mit zu sich nach Hause nehmen? Sie ließ sich hochheben und wegtragen, dorthin, wohin immer man sie zu bringen beschlossen hatte. Die Nacht war zum Schlafen da, das hatte man sie gelehrt. Aber diese Nacht war anders. Ihre Riesigkeit und Seltsamkeit erschreckte sie. Noch nie hatte eine Nacht eine so hohe Decke gehabt, noch nie Wände, die so weit weg waren. Wo war das Bett ihres Frauchens? Und ihr Frauchen, wo war sie? Wo war die süße, schwere, tröstende Wärme, die besitzergreifende Hand, die Stimme, die sie schläfrig Zuckerpflaume nannte?

Sie trank ein wenig von der Milch, die man ihr hingestellt hatte, und sehr viel von dem Wasser, roch an dem Essen und ließ es unberührt. Dann schmiegte sie sich an das Fenster, durch das sie in diese riesige, unbekannte, drohende Nacht gelangt war, zog sich so weit wie möglich von ihm zurück, wartete darauf, hereingenommen und zu ihrem Frauchen zurückgebracht zu werden.

Sie wartete lange, bis ihr schließlich die Zeit *zu* lang wurde.

Dann jammerte sie. Aber jetzt war es nicht mehr das Wimmern des Kätzchens, das sich verirrt hatte. Sie wimmerte, wie sie es getan hatte, wenn man sie aus Versehen im Kleiderschrank eingeschlossen hatte. Und auf dieses Wimmern hin war ihr Frauchen stets herbeigestürzt, hatte die Schranktür aufgeschlossen, sie herausgelassen und ein großes Aufhebens gemacht, weil sie eingeschlossen gewesen war. Sie wimmerte jetzt, weil sie ausgesperrt war, weil sie wollte, daß sich das Fenster öffnete, weil sie wollte, daß ihr Frauchen sie in die Arme nahm und nach Hause trug und sich diesmal noch mehr aufregte als sonst, weil dies hier viel schlimmer war, als in einem Kleiderschrank eingesperrt zu sein.

Aber plötzlich war sie ganz ruhig. Sie hob den Kopf und schnupperte. Sie spitzte die Ohren, um ein unbestimmtes Geräusch zu erfassen, legte sie wieder flach an, spitzte sie von neuem. Was war das? Gefahr? Sie wußte es nicht. Sie rollte sich noch fester zusammen, machte sich so klein wie möglich, drückte sich an die Glasscheibe. Aus einiger Entfernung löste sich ein Schatten aus dem nächtlichen Dunkel, schlich langsam und verstohlen auf sie zu, geradewegs auf sie zu, offenkundig in böser Absicht.

Ohne sich zu bewegen, schauderte sie vor dem Schatten zurück. Für einen Augenblick abgelenkt durch den Teller mit Essen, blieb er stehen und kam dann wieder näher, bis er nur noch ein paar Zentimeter von ihr entfernt war. Auch er schnupperte, kam noch näher heran, bis sie seinen heißen Atem auf ihrem Körper spürte. Sie verharrte reglos. Die Nase des Schattens berührte ihre, schnupperte an ihren Augen, ihren Ohren, ihren ganzen Körper entlang. Sie drehte den Kopf nicht, blinzelte nicht einmal mit den Augen, sondern richtete ihren Blick auf einen entfernten Punkt, sogar als der dunkle Kopf vor ihr alles war, was sie sehen konnte.

Schließlich wandte sich der Schatten ab. Er lief zurück zu dem Teller mit Essen, fraß geräuschvoll, starrte sie an und knurrte. Dann trank er ihre Milch, verschmähte das Wasser und trottete langsam und gemächlich davon.

Mildred rollte sich auseinander, streckte sich und gähnte erleichtert. Das war ihr erstes Zusammentreffen mit Blackie.

Blackie war Larrys Kater. Mildred wurde Larrys »andere Katze«.

Larry erschien jeden Morgen, sehr früh am Morgen, im Keller mit einer großen Kiste voller Müll, die er in einer Ecke abstellte; dann langte er in seine Tasche und zog ein in Papier eingewickeltes Päckchen heraus.

»He, Blackie, he, Blackie!« rief er. »Wo steckst du denn, Junge? Komm frühstücken, Blackie.« Dann fiel ihm etwas ein, und er fügte hinzu: »Komm her, du andere Katze. He du, Frühstück!«

Mildred lernte es, auf diesen Ruf zu antworten, obgleich die Stimme nicht die ihrsr Frauchens war und sie auch nicht Mildred genannt wurde, nicht einmal Zuckerpflaume. Sie gewöhnte sich daran, einfach die »andere Katze« zu sein, sie gewöhnte sich an Larry und gestattete sich sogar einige Male den Luxus, sich an Menschenbeinen zu reiben. Und manchmal beugte sich Larry hinunter, tätschelte ihr den Kopf und hielt ihr etwas zu fressen hin. Das nahm sie gierig entgegen, denn für gewöhnlich war das alles, was sie bekam. Im nächsten Moment war Larry, Mop und Besen geschultert, schon wieder fort, und sie war allein mit Blackie, der knurrte und spuckte und mit den Krallen nach ihr schlug, wenn sie dem Fressen auch nur nahe kam.

Dennoch war es nicht ganz so schlimm, wie es hätte sein können. Oben auf dem Fensterbrett, wo sie die erste Nacht ihres neuen Lebens verbracht hatte und wohin sich Blackie tagsüber niemals wagte, fand sie immer einen Teller mit Essen, wie sie es von früher her kannte, und eine kleine Untertasse voll Milch.

Sie gewöhnte sich daran, dort nach ihrem Futter zu suchen und sich mit dem zufriedenzugeben, was sie da fand. Sie gewöhnte sich an die Frau, die hinter dem geschlossenen Fenster stand und ihr oft zusah, wie sie fraß, und an die Katze, die manchmal bei der Frau war und ihr ebenfalls beim Fressen zusah, aber dabei so wild und aufgebracht knurrte, zischte und spuckte, daß Mildred, sogar nachdem sie sich daran gewöhnt hatte, manchmal die Bissen aus dem Mäulchen fallen ließ und davonschoß, nach Hause.

Als ihr Zuhause betrachtete sie jetzt den Keller, in dem sie auf einem Stapel leerer Kisten oben auf dem Kohlenberg in einer Ecke hinter dem Heizkessel schlief, da, wo sie Blackie nicht in die Quere kam. Sie gewöhnte sich daran, daß ihr vorher so makelloses Fell schmutzig von Kohlenstaub war und schmierig von all den Ausdünstungen des Kellers. Sie wusch sich nicht mehr, es war anstrengend und nutzlos. Sie gewöhnte sich an das Knistern der großen Küchenschaben und das Quieken der Mäuse und an Blackies Knurren, wenn er plötzlich seine Krallen in eine Ratte schlug, die er gefangen hatte. Sie gewöhnte sich an die Dunkelheit, die Feuchtigkeit, den Schmutz und die Einsamkeit. Es war kein gutes Leben, aber sie lebte.

Larry kam ins Zimmer, stellte den Eimer ab, legte seinen Scheuerlappen und seine Zeitungen auf den Boden und blickte durch das Fenster, das er putzen wollte.

»He du!« brüllte er durch die Glasscheibe, »was tust *du* denn hier?«

Mildred hob den Kopf und sah ihn an, dann fraß sie ruhig weiter. Sie machte sich nicht allzuviel aus Larry, aber sie hatte auch keine Angst vor ihm. Manchmal tätschelte er ihr den Kopf und ließ sie einen Bissen aus seiner Hand fressen. Manchmal, aber nicht oft. Sein Liebling war Big Blackie.

Doch plötzlich wurde das Fenster aufgestoßen, und etwas schlug ihr ins Gesicht. Erschreckt, einen Augenblick lang geblendet, zischte sie das Ding an, und dann, als die zusammengerollte Zeitung wieder auf sie niederzusausen drohte, sprang sie vom Fensterbrett und raste davon.

»Larry!«

»Ma'am?«

»Was haben Sie mit der Katze gemacht?«

»Ich hab sie fortgejagt, Ma'am. Ich hab ihr nichts getan. Das is meine andere Katze, Ma'am. Sie hat kein Recht, sich hier aufzuhalten. Sie gehört nach unten, in den Keller.«

»Ist das nicht die Katze, die wir im Treppenhaus gefunden haben?«

»Ja, Ma'am. Ich glaube, das is sie.«

»Sie kommt hierher, um zu fressen. Sie tut niemand etwas zuleide. Ich habe ihr jeden Tag was zu fressen hingestellt.«

»Ja, Ma'am. Ich seh das, Ma'am, und mir wär's lieber, wenn Sie das nich täten, Ma'am. Es is nich nötig, daß Sie ihr was zu fressen hinstellen. Das lockt nur Ungeziefer und Fliegen an. Die Mieter beschweren sich, und dann läßt es der Hauswirt an mir aus.«

»Aber sie hat Hunger, Larry.«

»Nein, Ma'am. Das is nich möglich. Sie kriegt von mir auch jeden Tag was zu fressen.«

»Ist das wahr?«

»Ja, Ma'am. Ich schwör's bei Gott. Ich füttere sie gut, sie und Blackie. Ich füttere sie gut, Ma'am, da brauchen Sie sich keine Sorgen machen. Jeden Morgen. Sie kriegen Leber und so was.«

»Also...«

Larry nahm das Geschirr, den halb leergefressenen Teller, die Untertasse mit der unberührten Milch, vom Fensterbrett und gab es der Frau. Dann begann er die Scheiben zu wienern.

Erst nach fast einer Woche wagte sich Mildred wieder dorthin. Der Hunger zwang sie dazu. Das Fensterbrett war leer. Kein Teller mit Essen, keine Untertasse mit Milch. Die Katze auf der anderen Seite des Fensters spuckte wütend und versuchte, mit ihren Krallen durch die Scheibe zu stoßen. Die Frau war nicht da. Mildred setzte sich einen Augenblick, ignorierte das Geräusch, schenkte dem wütenden Toben der Katze auf der anderen Seite der Fensterscheibe keine Beachtung. Sie senkte den Kopf und schnupperte an der Stelle, wo das Fressen immer gestanden hatte. Dann, nach einem letzten Blick zurück, dorthin, wo die Frau gewöhnlich hinter der Katze gewartet hatte, sprang sie hinunter und lief davon. Erst als sie wieder in ihrem Keller in Sicherheit war, fing sie an zu wimmern. Und das nicht lange, weil Blackie auf sie zu stolziert kam.

Morgens lief sie jetzt nicht mehr zusammen mit Blackie Larry entgegen, um ihn zu begrüßen. Jedesmal, wenn sie ihn erblickte, kehrte die Erinnerung an den schmerzhaften Schlag ins Gesicht zurück.

»He, Blackie, komm her, Junge!« rief Larry. »He, Frühstück! Komm her, du andere Katze!«

Manchmal kam er sogar jetzt noch auf sie zu und hielt ihr einen Bissen entgegen. Ihre Nüstern witterten den köstlichen Duft, doch dann dachte sie daran, wie diese selbe Hand sie mit der zusammengerollten Zeitung geschlagen hatte, und sie zog sich hastig zurück.

»Was is denn los mit dir, andere Katze?« wollte Larry wissen. »Warum hast du denn nie mehr Hunger? Ich wette, du hast zu viele Mäuse und Ratten gefangen. He, Blackie, du hast immer Kohldampf, nich wahr?«

Aus ihrer Ecke beobachtete Mildred die Szene, bis Larry wieder wegging; dann schoß sie los und holte sich ein Stück Fleisch. Manchmal konnte sie Blackies schnellen Krallen ausweichen, und manchmal spürte sie, wie sie eine brennende Schramme quer über ihre Nase rissen.

Sie begann Mäuse zu jagen, aber sie hatte wenig Erfolg. Sie war nicht so geschickt wie Blackie und auch nicht so geduldig. Für ihn war es ein Spiel; für sie wurde es eine Sache von Leben und Tod. Sie stellte sich ungeschickt an, verschätzte sich, mußte die Beute fahren lassen wegen des wütenden Hungers, den eben diese Beute stillen sollte. Manchmal, übersättigt und zufrieden, verzog sich Blackie und ließ eine tote Maus oder eine verstümmelte Ratte dort liegen, wo seine quälende Pfote der Sache überdrüssig geworden war. Und diese von Blackie verschmähten Kadaver bildeten jetzt ihre einzige Nahrung. Sie hielten sie am Leben. Aber der Hunger nagte ständig in ihr.

Sie träumte von wundervollen großen Schüsseln voller Milch. Sie schlich auf sie zu, schnupperte an ihnen und tauchte ihre Zunge in das kremige Weiß, und dann erwachte sie wieder. Sie wimmerte. Hunger und etwas anderes, das, ganz ähnlich dem Hunger, in ihr fraß und kämpfte, machte sie ruhelos. Sie schlich unaufhörlich herum, mauzend und nach etwas suchend, das ihr Frieden bringen würde. Als sie sah, daß Blackie ihr folgte, drehte sie sich um und zischte ihn an, ging auf ihn los, wie sie es vorher nie gewagt hatte, versuchte, ihre Krallen in sein Fleisch zu schlagen. Er wich ihr geschickt aus und warf sich dann auf sie, grub seine Zähne in ihren Nacken. Da mochte sie sich noch so verzweifelt winden, mochte jaulen und kämpfen, sie konnte sich doch nicht von ihm befreien.

Schließlich ließ sie ihm seinen Willen, so wie er bei dem Futter seinen Willen durchgesetzt hatte.

Der Hunger, bisher ein Nagen in ihrem Magen, wurde jetzt zu einem Schmerz, der ihren ganzen Körper durchzog. Während ihr Bauch anschwoll, wurde ihr übriger Körper immer magerer. Sogar ihr Kopf wurde kleiner, bis er nur noch aus Ohren und Maul und riesigen, starr blickenden Augen bestand. Aus der Entfernung beobachteten diese großen hungrigen Augen jede Bewegung, die Larry am Morgen machte, beobachteten seine braunen Hände, wie sie das Päckchen mit Futter aus der Tasche zogen, das Futter aus dem Papier wickelten und auf den Fußboden legten, beobachteten ihn, wie er ihr ihren Bissen entgegenstreckte.

Dann öffnete sich das Maul des Totenkopfs und stieß einen jämmerlichen Schrei aus. Sie konnte nicht anders, sie mußte schreien. Sogar Larry war erschüttert, weil es so verzweifelt klang.

»Komm her, andere Katze«, rief er ihr dann zu. »Komm und hol dir dein Frühstück. Ich seh doch, irgendwas stimmt nich mit dir. Du grämst dich ja zu Tode. Komm hierher, komm. Sonst bring ich dich weg, und du endest elend auf der Straße.«

Aber sie ging nicht zu ihm.

Eines Tages versuchte er sie einzufangen. Obwohl ihre Beine vor Schwäche zitterten, ihre Flanken geschwollen waren und sie sich nur noch schwerfällig bewegen konnte, gelang es ihr doch, seinen zupackenden Händen zu entwischen und zu fliehen. Der Keller mit seinen aufgestapelten Kisten, alten ramponierten Möbeln und all dem Brennholz bot viele Versteckmöglichkeiten. Schließlich gab Larry die Suche nach ihr auf und verschwand.

Am nächsten Morgen brachte er zwei Fremde mit. Mildred kam mauzend angelaufen, wie sie es jetzt immer tat, wenn sie Larry sah, und wartete darauf, daß er das Päckchen aus der Tasche zog.

»Versucht's gleich«, sagte Larry. »Näher wie jetzt kommt sie sowieso nie ran.«

Die beiden Fremden gingen auf sie zu, streckten ihr die Hände entgegen, lockten, schmeichelten. Sie wich zurück. Dann plötzlich versuchten sie etwas über sie zu werfen. Aber sie war zu schnell für sie. Ein Schrei, eine wilde Kletterpartie, das Geräusch herunterfallender Kisten, und sie war gerettet, saß sicher in ihrem Versteck. Die beiden Fremden fluchten, lachten und begannen sich mit etwas zu beschäftigen, was sie auf den Fußboden gestellt hatten.

»Aber daß ihr mir ja nich meinen Blackie fangt«, sagte Larry, während er, Mop und Besen schulternd, die Kellertreppe hinaufstieg. »Ich hab was übrig für den Kater.«

»Keine Sorge, wir fangen gar nichts. Das überlassen wir dir«, rief ihm der eine Mann zu. »Damit kriegt er sie«, sagte er zu dem andern. »Ich wette, es dauert keine Stunde, dann sitzt sie drin.«

Das, was sie da auf den Fußboden legten, verbreitete einen köstlichen Duft. Mildreds Nüstern weiteten sich. Sie hob den Kopf und schnupperte, dann miaute sie tonlos. Mit offenem Maul, schnell und angestrengt atmend, zwängte sie sich aus ihrem Versteck. Die Männer waren verschwunden. Larry war verschwunden. Das, was so gut roch, befand sich in einem Drahtkäfig. Sie näherte sich ihm vorsichtig.

Aber auch Blackie hatte den Duft gewittert. Fauchend machte er einen Satz auf Mildred zu. Sie wich zurück, beobachtete ihn neidisch, wie er den Käfig inspizierte, dann hineinkroch und sich über das Futter hermachte. Etwas schnappte ein. Blackie blickte erschrocken hoch, ließ ein warnendes Knurren hören und kehrte zu seinem Festschmaus zurück. Mildred sah zu, wie er fraß, sich kurz die Mundwinkel ableckte und dann aus dem Drahtkäfig hinauszukommen versuchte. Offenbar gab es keinen Weg hinaus. Er war gefangen.

Den ganzen restlichen Tag und die darauffolgende Nacht heulte und kämpfte er und riß mit Krallen und Zähnen an dem Maschendraht des Käfigs. Als der Morgen kam und Larrys Füße die Kellertreppe hinunterstapften, war er immer noch ein Gefangener, doch jetzt still, erschöpft und besiegt.

Larry warf einen Blick auf die Falle und riß den Mund auf. »Na ... das is doch ... Verdammter Mist! Das hatte ich ganz vergessen!«

Als Blackie die Stimme seines Herrn vernahm, brachte er die Kraft auf, in ein letztes langes Geheul der Verzweiflung und der Wut auszubrechen. Da explodierte Larry. Auch er stieß ein Geheul aus. Er lachte, bis ihm die Tränen in die Augen traten, er bog sich vor Lachen, bis seine Knie nachgaben. Auf dem Boden sitzend, hielt er sich die Seiten und lachte immer weiter, während Blackie hinter seinem Gitter und Mildred in ihrem Versteck verblüfft zuhörten und zusahen.

Dann schließlich, immer noch hin und wieder loswiehernd, erhob er sich und ging zu Blackie.

»So ein Mist! Wir stellen eine Falle auf für die andere Katze, und nun sitzt du da drin! Blackie, du bist ein Idiot. Du bist nichts wie'n großer dicker schwarzer alter Idiot. Weshalb hast du dich fangen lassen? Und jetzt möchtst du um jeden Preis raus, was?«

Kichernd öffnete er die Fallentür. Blackie erspähte die Freiheit, und wie ein geölter schwarzer Blitz schoß er davon.

»He, Blackie, he, Blackie! Komm zurück, Blackie, hier, Blackie, hier is dein Frühstück, Junge!«

Larry rief vergeblich. Das erstemal in seinem Leben hatte Blackie die Nase gründlich voll. Schließlich legte Larry das Papier mit dem Essen auf den Boden und verschwand, und an diesem Morgen wurde Mildred endlich einmal satt. Aber da ihr Magen nicht mehr daran gewöhnt war, daß er erhielt, was er verlangte, wurde ihr bald darauf übel.

Bevor Larry an diesem Abend nach Hause ging, kam er noch einmal in den Keller und stellte die Falle wieder auf. Von Blackie war nichts zu sehen, aber trotzdem sprach er zu ihm.

»Du bleibst weg von dem Ding da, Blackie, hörst du mich? Das Ding is für die andre Katze. Du gehst hier nich ran, und sie geht in die Falle, und morgen bring ich sie weg. Dann kriegst du immer eine doppelte Portion zu fressen. Wie findst du das, Blackie, he?«

Blackie hielt sich von der Falle fern, und ebenso Mildred. Am nächsten Morgen mußte Larry eine schöne große Ratte beseitigen, die sich darin gefangen hatte. Daraufhin erschienen auf seine Bitte die beiden fremden Männer und nahmen die Falle mit.

Mildred wanderte ruhelos umher, jagte nach etwas, was sie nicht finden konnte. Mit großer Anstrengung stieg sie die Kellertreppe hoch, hielt öfter inne, Vorderpfoten auf der einen Stufe, Hinterpfoten auf der anderen, und ihr schwerer Bauch hing tief herab. Sie war am Ende ihrer Kräfte. Sie war fast erledigt. Sie würde sterben, aber ein unerbittliches Naturgesetz forderte, daß sie vorher gebären mußte. Sie erreichte den Hof und streifte auf der Suche nach Beute auf ihm herum, aber sie fand nichts.

Ein heller Streifen Sonnenlicht zog sich schräg über den Hof. Als sie spürte, wie die Sonnenwärme ihren geschwollenen Körper liebkoste, begann sie zu schnurren. Aber plötzlich wurde sie wieder still und verharrte reglos, als hätte das gelbe Licht sie auf seinem Streifen erstarren lassen. Jemand rief sie bei ihrem Namen, rief nicht »andere Katze«, sondern jenen fast vergessenen Namen, den sie so lange nicht vernommen hatte.

»Mildred!«

Da war es wieder. Sie hob eine Pfote, bereit zur Flucht zurück in die Dunkelheit und Sicherheit ihrer Ecke hinter den Kisten im Keller. Doch zugleich fühlte sie sich von dem vertrauten Klang angezogen. Und sie war todmüde, zu müde, um zu rennen. Sie hob den Kopf, blickte in Richtung der Stimme und wimmerte.

»Hierher, Mildred!«

Es war die Frau am Fenster, die immer einen Teller mit Essen für sie aufs Fensterbrett gestellt hatte. Sie rief und klopfte mit der Hand auf das Fensterbrett. Mildred sah sie an, blickte dann auf das Fenstersims und mauzte. Die Frau lockte weiter.

Von den drei Erinnerungen, die mit der Frau und dem Fenster verbunden waren, verblaßten die an die fauchende, spuckende Katze hinter der Fensterscheibe und an die Hand mit der Zeitungsrolle, die ihr ins Gesicht geschlagen hatte, langsam immer mehr, während die Untertasse mit Milch fast wirklich wurde, als sie auf die Stelle starrte, wo die Untertasse in der Vergangenheit immer für sie bereitgestanden hatte. Auf dieses Traumbild bewegte sie sich jetzt zu, ihre Schwäche und ihre Ängste vergessend, ja sogar ihren schweren Bauch, der ihr den Sprung beinahe unmöglich machte. Doch irgendwie gelang es ihr, sich mit den Krallen an der rauhen Steinoberfläche festzuklammern und sich über den Rand des Fensterbretts zu ziehen. Dann lag sie erschöpft und schwer atmend da, unfähig, sich zu verteidigen.

Die Frau streckte eine Hand nach ihr aus. Mildred zuckte zusammen, doch sie konnte sich nicht mehr vom Fleck bewegen. Die Hand schlug sie nicht, sie strich ihr zärtlich über den Kopf.

Mit weitgeöffneten Augen spähte Mildred in das Zimmer. Sie suchte nach der Gefahr, an die sie sich erinnerte, ihr dünnes Fell sträubte sich vor Angst, ihre Flanken bebten in Erwartung eines plötzlichen heimtückischen Angriffs. Sie wußte, sie konnte sich ihm nicht mehr durch Flucht entziehen. Doch nichts geschah. Im Schatten des Raums nahm sie keine Bewegung wahr, keinen Laut, und allmählich verebbte ihre Furcht. Die Katze, die zu der Frau gehörte, gab es nicht mehr.

Zwei Erinnerungen konnten vergessen werden, doch die dritte wurde zur Wirklichkeit. Die Frau verschwand einen Augenblick, und als sie wieder erschien, stellte sie eine Untertasse voll Milch auf das Fensterbrett. Gierig schleckte Mildred die Milch auf, leckte den Teller ab und sah zu, wie die Hand sich ausstreckte und den Teller wegnahm.

Aber die Hand entfernte sich nicht sehr weit. Mildred drehte sich um, blickte auf den Hof hinunter, dann auf den Fußboden des Zimmers und wieder auf die Hand, die die Untertasse hielt. Einen Augenblick verharrte sie unsicher auf dem Sims zwischen zwei Welten. Dann sprang sie auf den Fußboden und folgte der Untertasse, die durch den Raum getragen wurde.

Nun war sie wieder Mildred. Sie war nicht mehr die andere Katze, die war sie nur in einem bösen Traum gewesen, und dieser Traum war jetzt vorüber.

In der Kiste, die man ihr zugewiesen hatte, lag sie still da und hörte der Frau zu.

»Meine Katze ist tot«, sagte die Frau. »Darum habe ich dich gerufen, Mildred. Sie war trächtig wie du, Mildred, aber irgendwas ist schiefgelaufen, und sie ist gestorben. Ich weinte, als ich ans Fenster trat, aber dann habe ich dich gesehen, und es war so, als ob ...«

Mildred verstand kein Wort von dem, was die Frau erzählte. Doch das eine verstand sie: sie hatte wieder ein Heim.

Morgen würde sie sich putzen, all den Kellerschmutz wegwaschen, um sich dieses Heims würdig zu erweisen.

Inzwischen ...

Sie seufzte tief und schloß die Augen.

Inhaber der Original- bzw. Übersetzungsrechte

Teresa Crane, Dieser verdammte Kater
That Damned Cat © Teresa Crane 1995, reproduced by permission of the author

Gottfried Keller, Spiegel, das Kätzchen
Aufbau-Verlag Berlin und Weimar 1966

Stella Whitelaw, Der Vorstadtlöwe
The Suburban Lion © Stella Whitelaw 1995, reproduced by permission of the author

Charles Perrault, Der gestiefelte Kater
Aus: Charles Perrault, Le Chat Botté et les autres Contes de Fées. Der gestiefelte Kater und die anderen Märchen. © Deutscher Taschenbuch Verlag, München 1983

James Herriot, Olly und Ginny
Aus: James Herriot's Cat Stories (Michael Joseph Ltd.), reproduced by permission of David Higham Associates. Olly and Ginny © James Herriot 1994

Jane Beeson, Der Wolf und die Katzen
The Wolf and the Cats © Jane Beeson 1995, reproduced by permission of the author and Andrew Mann Ltd.

Lynne Bryan, Katzengespräche
Cat Talk © Lynn Bryan 1993, New Woman 1993, Envy at the Cheese Handout 1995 published by Faber and Faber, London

Dinah Lampitt, Piccolo Mac

Piccolo Mac © Dinah Lampitt 1995, reproduced by permission of the author

Rudyard Kipling, Die Katze geht ihre eigenen Wege
The Cat that Walked by Himself
Abdruck der Übersetzung von Hans Rothe mit freundlicher Genehmigung des Paul List Verlag GmbH & Co KG, München

Elisabeth Beresford, Impeys neun Leben
The Nine Lives of Impey © Elisabeth Beresford 1995, reproduced by permission of the author and the Rosemary Bromley Literary Agency

Brenda Lacey, Der Eindringling
The Incomer © Branda Lacey 1995, reproduced by permission of the author and the Dorian Literary Agency

Mark Twain, Dick Baker und sein Kater
Aus: Mark Twain, Roughing It. Durch dick und dünn, 61. Kapitel. © Aufbau-Verlag Berlin und Weimar 1960

Ann Granger, Der Geist vor dem Kamin
The Spirit of the Hearth © Ann Granger 1995, reproduced by permission of the author

Ernest Thompson Seton, Die Müllkatze
The Slum Cat. Abdruck der Übersetzung mit freundlicher Genehmigung der Franckh-Kosmos-Verlags GmbH; Stuttgart

A^tV

Band 1174 **Lydia Adamson
Eine Katze hinter den
Kulissen**

Kriminalroman

Aus dem Amerikanischen von Julia Schade

228 Seiten
ISBN 3-7466-1174-1

Weihnachten in New York. Alice Nestleton, Detektivin mit der Vorliebe für Katzen, findet endlich Zeit, sich eine Ballettaufführung anzusehen. Doch hinter den Kulissen kommt es zu einem mysteriösen Zwischenfall. Der vormals gefeierte russische Tänzer Peter Dobrynin, der nun als Vagabund umherzieht, wird erschossen. Als ihre Freundin Lucia verdächtigt wird, schaltet Alice sich ein. Ein wahrer Alptraum beginnt: Unter den Obdachlosen der Stadt sucht sie nach dem Mörder – und begegnet der ungewöhnlichsten Katze von ganz New York.

AtV

Band 1272 **Frauenfeuer**

Erzählungen

Herausgegeben von Dorle Brinkmann

240 Seiten
ISBN 3-7466-1272-1

In dieser Anthologie steht schrille Jugend neben phantasievoller Verschrobenheit, warme Weisheit neben Erfindungsgeist und Lebenshunger. Die Erzählungen schildern einzigartige und alltägliche Frauen, die ihr Leben selbst in die Hand nehmen und einem keinesfalls schwachen Geschlecht angehören. Isabel Allende, Angeles Mastretta, Vladimir Nabokov, Harold Brodkey, Marlen Haushofer und andere zeigen weibliche Heldinnen, die nicht nur als Brandstifterinnen von Gefühlen ihre Spuren hinterlassen.

A^{t}V

Band 1258 **Alles Liebe**
Die schönsten Liebesgeschichten

Herausgegeben von Reinhard Rohn

280 Seiten
ISBN 3-7466-1258-6

Die Liebe! Wie könnten die Menschen ohne sie leben? Wie wollten die Autoren ohne sie ihre Geschichten erzählen? Mal ist die Liebe jung, mal romantisch, mal kommt sie wie ein zarter Windhauch daher, dann wieder voller Melancholie, aber nie ist die Liebe so wie beim Mal zuvor. Jede Liebe hat ihre Geschichte, und einige der schönsten sind in dieser Anthologie versammelt.